中学教育的守望与歌唱

ZHONG XUE JIAO YU DE
SHOU WANG YU GE CHANG

李自斌　著

武汉出版社

（鄂）新登字08号

图书在版编目CIP数据

中学教育的守望与歌唱 / 李自斌著. -- 武汉 ： 武汉出版社, 2017. 1

ISBN 978-7-5582-1191-1

Ⅰ. ①中… Ⅱ. ①李… Ⅲ. ①中学教育－文集 Ⅳ. ①G63-53

中国版本图书馆CIP数据核字 (2017) 第029291号

著　　者：李自斌
责任编辑：赵　可　谢　进
特约编辑：叶红云　刘清原
封面设计：刁　竞
出　　版：武汉出版社　　　　出　品：襄阳智城出版传媒有限公司
社　　址：武汉市江汉区新华路490号　　　邮　编：430015
电　　话：（027）85606403　85600625
http://www.whcbs.com　　　E-mail:zbs@whcbs.com
印　　刷：襄阳成君印务有限公司　　　　经　销：新华书店
开　　本：889mm×1069mm　　　1/32
印　　张：12　　　　　　　　　　　字　数：240千字
版　　次：2017年4月第1版　　　2017年4月第1次印刷
定　　价：42.00元

小而不为"，美德在代际之间传承。更重要的是，李老师的教书育人，坚持平等民主的人文理念，与自己的内心一致，没有分裂。他不是班级和教学事务被动的应对者，而是主动的思考者。在教育的爱、激励与创造中，他感受到了快乐。"只有爱才能被爱，与爱共振时是幸福的。""教育者是让受教育者成材，如果教育者让不同的受教育者都找到各自的成功，各自的快乐，难道教育者不是世上最快乐最成功最幸福的人吗？"诚哉斯言！教师的幸福在学生的快乐与成功之中延续。

我常常想，作为名牌高中的优秀教师，如何在应试的氛围中坚守自己的理想呢？总会有许多的撕裂、纠结与彷徨吧。幸运的是，在李老师身上没有特别突出地表现出个人理想与外在环境的不谐，他既在高考成绩方面战功赫赫，又能坚守着自己的教育信念。这一方面要归功于李老师所在的学校——襄阳四中环境比较和谐公平，同事之间良性竞争，合作比较多。所以在这种氛围下，一批优秀教师、特级教师成长起来，他们相互支持、彼此欣赏、同气连枝。另一方面，我认为李老师身上独特的个人特质也值得我们注意和学习。

他敬畏考试。"考试让努力者燃烧着希望，考试让成功者找到了自信，考试给了人生选择的机会，考试给了世俗社会以更多的公正。没有考试则没有竞争，没有竞争的社会无法进步，考试提高了人们的生命质量，考试推动了社会的进步！"在升旗仪式上他如此地教导着学生，无疑这也是他的真实想法。的确，在中国社会中没有人能漠视考试，与其愤世嫉俗，不如适应现实。而且，对于考试的敬畏，实际上是对社会公平和机会均等的渴望。虽然在一个社会阶层日益凝固化的社会中，考试是否能承载起社会公平的梦想还是一个问题，但渴望规则与公平的心理诉求是正当的。

更重要的是，他敬畏生命，他敬畏学生那一个个独特的、如花的生命。他写道："有时坐在教室里，同学们埋头自习，教室里静悄悄的，只有沙沙的写字声和轻微的翻书声，我环视着讲台下面这些熟悉的面孔，我感到自己不仅是在观察学生，更是在欣赏生命，欣赏一个个充满活力的生命。有时我也有一种惶恐：在他们年轻的生命历程中，作为老师的我应该扮演一个什么角色呢？我能为这些年轻的生命做点什么呢？我不能因为我而让这些年轻的生命失去光彩，我应该让这些年轻的生命更加多彩！因此我总是不断反省自己，希望自己竭力做得更好……"因敬而畏，只有对生命发展的责任感才会让教师惶恐，教师最大的恐惧就是害怕误人子弟。"我愿意以自己的知识、自己的精力、自己的见解告诉我的学生，使他们少走弯路……追求生命价值的最大化。因为我爱他们、爱生命，在欣赏年轻生命的同时我也在欣赏自己的生命。"这是一位愿意对学生掏心掏肺、愿意用生命来歌唱的教师！"每当我将一名一时糊涂而做错事的学生说服时，那种沟通的感觉是多么甜美；每当我将一名聪明的学生培养得更加优秀时，那种成功的感觉又是多么舒心……我与学生总有割不断的情、流不走的爱，总想在学生健康成长、成功过程中作为一名相助者。"这些真诚的文字是从教师心中涌出的最美诗篇，总能引起我心灵深处的共鸣与震荡。没有做过教师的人难解其中滋味！

　　他敬畏理想与教育。教师职业很普通，并无多大权势，也不能让人显贵，但他走上讲台总有一种崇高的使命感和责任感，"讲台大如天"。他说："我不仅自认为是在教书育人，更常会以挽救一颗颗灵魂、修补一颗颗破碎的心、为自己在从事一项神圣的事业而自豪。我知道我所从事的这一文科领域不会光彩照人，但我仍尽心尽力守望着这片神圣的领地，因为我在挽救灵魂，我在挽救家庭，我在稳定社会。我为自己的微薄之举有时竟有崇高之效而欣慰。"他静静守望着这片充满希望的教育田野，教育不仅是对他人灵魂的救赎，也是对自我灵魂的救赎。教育最终关涉到人类的终极价值和终极追求。谁若没有体会到这一层，便难以成为杰出的教师。

　　正是因为在心中坚守着这些底线，应试教育没有击碎他的梦想。从这个意义上来说，李老师既是平凡的，也是伟大的。正因为有千千万万像李老师这样的优秀教师，中国基础教育才有了进一步发展和繁荣的希望。也许从全书来看，内容还显得有点零散，还未能形成一个连贯融通的理论体系；细节的内容比较多，思想的内容还有些欠缺。但是，假以时日，再过一个10年，勤奋而笔耕不辍的李老师，一定能够吹尽狂沙始到金，在岁月流逝的慢火中炖出浓浓的思想汤汁。到那时，李老师也一定能更深地体会"天人合一，道法自然"的教育智慧和意境吧！

　　在当前社会变迁和教育转型的大背景下，中国教育面临社会各方质疑，教师也遭遇社会信任危机，无论是一线教师还是教育理论工作者，都肩负着振兴教育的责任，任重而道远。革命尚未成功，同志还需努力。

是为序，与李老师共勉之。

2016年8月6日，程红艳于华中师大桂子山

（系华中师范大学教育学系主任、教授。）

目 录

青春谁最狂——致学生

规则与理性——致家长

激情教学　阳光课堂——致教师

备考家书——致家人

选择与守望——致自己

与学生共舞，迈入高中新时代

——专题报告Ⅰ

引 子

每年中考之后，伴随着录取工作的进行，又一批新生将怀着喜悦的心情迈入高中。入校后，每个新生都会面临两个挑战：如何实现初中到高中的顺利衔接和转型？如何实现新的人生跨越？

衔接是一种过渡，一种接轨，一种承上启下，一种安全着陆。衔接不仅仅是高中新知识的传授，更是初中与高中知识的对接；不仅仅是高中学习方法的指点，更是初中到高中学习方法的转型。初中与高中，心理特点不一样，思维方式也不一样。从知识到能力、从过程到方法、从情感态度到价值观，不仅在课堂在校园，也包括在家庭在社会，许多深层次的领域都需要我们关注。转型中首先要解决的问题是角色定位，即需要对个人成长标高进行正确定位和对成长环境抱有理性期待。

"机会"如何在高中竞争中成为"机遇"

多年前，高中教育围绕分层教学有不同的声音，高分学生的家长希望单独编班教学，低分学生的家长要求全面打通同等授课，特别是后者总以教育的公平说事。作为教育者，我们很理解他们的心理，低分学生家长的说法的确有一定的道理，但经过全国各地多年的实践检验，现在似乎大家都接受了分层教学，讨论的关键则慢慢集中到了分层教学的落实和机会的公平上。

教育的公平在于一视同仁、人格平等、尊重差异、机会均等。民间故事里，兔子与乌龟从来不会被捆绑在一起跑步，因为一个爆发力强，一个耐力强，同步跑总有差异，捆绑跑都很难受。分层教学就是让学生根据自己的情况，有的参加百米短跑，有的参加马拉松比赛，都可以找到自己的优势和成长的信心。记得《亮剑》中李云龙的部队人员素养参差不齐，面对实力强大、装备精良的日军，该如何提高战斗力呢？李云龙将人员分类，有的战士射击准，就专门练狙击；有的战士投弹远，就进投弹队；有的战士拼杀强，就进冲锋队……这样各展优势，取长补短，效果也十分明显。

我们许多家长望子成龙心切，孩子基础差，想千方设百计进了快班，但家长的心情不等于孩子的基础，与其他同学的差距越来越远，孩子一个晚自习一两道题都啃不下来，郁闷了一晚上苦等下自习，怀着灰溜溜的心情进入梦乡。高中3年拖下来，信心没了，人也垮了！何苦？在大庙当小和尚不如到小庙当大和尚，待修炼有基础了再到大庙去做住持！

高中3年我们给了孩子两次机会来调整自己的步伐。中考成绩肯定是高一新生分班的主要指标和依据，据此分到不同类型的班级。许多家长总会解释孩子初中期间如何如何优秀，只是中考失利了，我们相信家长说的都对，但我们要充分认识到：所有的中考高考主要看分数，不谈原因和借口。"莫斯科不相信眼泪"，踏入社会不都是这样吗？从另外一个角度看，我们更应该做的是一起与孩子认真分析失利原因，让孩子能够直面失利，避免同样的失误再在高中发生。分班以后就开始起跑了，不要沉醉或伤心过去，不要幻想或担忧未来，一切重新开始！中考成绩作为一次性支票已经使用，但现在的起点不代表3年后的未来！高一一般会有6次大考，次次都重要，见证学生过程的努力，按照一定的比例将汇总成学生高二分班的依据，这就是实力！大家机会都是一样。平行班表现优秀的学生一年后可以进入特奥班，特奥班表现平平的学生也会淘汰出局调整到平行班。如果一次大考说不适应尚可理解，一年6次大考如果还在谈不适应，那就是态度，是能力了。勤能补拙，适者生存呀！襄阳四中，肩负着为社会培养高精尖人才的神圣使命，重点大学是群体追求，状元、北大、清华是特色追求。所以高二特奥班数量会有大幅度压缩，高二结束进入高三是否有局部优化调整，将根据年级实际情况确定。总之，竞争贯穿高中各阶段，绝对以成绩说话，真正的高手过招，让顶尖特优生在教师引导下脱颖而出，让每位学生的潜能得到开发。亲爱的同学，你是英雄你就出招！

襄阳四中的教育理念是"成就最好的自己，服务祖国和人民"。高中三年环环相扣，环环重要，要求学生不能停留，不能左顾右盼。教育的公平在于竞争机会的公开，在于给机会，在于给那些已进入校园就立即进入状态的努力者！过去不能说明现在，现在不能说明将来，但是现在的准备绝对影响将来！

机会不等于机遇，只有实力才是获取机遇的唯一通行证！

新生，谁在催你上学？

随着中考的远去，随着高一新生的录取缴费注册报到，随着9月的来临，越来越多的家长向高中录取学校询问，学生何时开学？能不能早点开学？能不能现在就开学？一脸的诚恳，一脸的无奈。

孩子告别了初中，经过假期阶段性的休整，马上就是充满挑战的高中3年，为何家长急着让孩子早点上学呢？家长们的诉苦几乎一样：中考刚结束，家长、孩子一起在家都还新鲜，时间一长矛盾就逐渐出现。为啥？都是独生子女，天天宅在家里，整天泡在线上，要么手机平板不离手，要么每天睡到自然醒，时间一长，家长看不习惯，不说憋在心里又难受，多说几句，孩子不愿意，相互赌气冷战。加上天气又热，家长还要忙工作，对孩子没精力多管，所以索性想早点交给学校老师，又规范生活，又学了知识，眼不见，心不烦，何乐而不为？初中已经毕业，所以家长盼着高中早开学，孩子早上课！

即将走向高中的新生同学，你真的是这样吗？你的难得的休整假期安排真的是脚踏西瓜皮——滑到哪里算哪里吗？实际上我们有些同学已经开始起跑了，或者说在为起跑做准备了。近年新高考新动向，特别注意对传统文化经典的考查，你有难得的相对集中时间，可以读些平时没时间阅读的中外名著。你也可以探讨高中学习方法与初中的不同，预习高中的教材，特别是数学、物理、化学和英语。有许多新生在假期充电，包括对英语口语进行培训，因为在高中，英语教学是全英语授课的，特别是县区的同学更应当注意，汉语夹英语的教学方法在高中是行不通的。有的同学请教相关教师，有的请教学兄学姐，有的提前借来高中相关教材预习，有的查询网络视频自学……途径多样，八仙过海各显神通，这些你关注了没有？你是否也是其中一员？记住，每次大的假期恰恰是差距悄悄拉开的时刻。

马上要开学了，你是否做好了准备？首先从思想上认识到初中已经彻底结束，高中生活即将开始，要做好思想准备，告别初中；其次在生活上要使自己饮食起居慢慢地有规律，不再晚睡晚起，将生物钟调整过来，适应高中早晨6点多起床、晚上10点半后休息的作息时间，并按时吃饭用餐；其三要告别其他活动，包括8月中旬以后不再考虑外出旅游，收拾准备高中学习用品，规划高中生活，了解新学校有关情况，做好开学的有关安排；其四，你是否学会了洗衣、叠被、整理内务？你是否做好了集体生活的思想准备？独生子女的你会独立处理集体生活的种种问题吗？

新生首先是军训一周，目的在于加强组织纪律意识、增强班级凝聚力。虽说襄阳四中在校园内军训，也兼顾天气状况，但是军训毕竟要有充沛的体力和高昂的斗志，班级建设在此产生，你是否能脱颖而出？你是否能成为军训标兵？你是否一周后能够接受检阅？都需要你扎实刻苦地进行训练。

新同学，崭新的高中生活在呼唤，你做好准备没有？不管何时我们都应该学会规划自己，自主安排，主动应对，因为命运掌握在你手中！

高一新生，你规划好了吗？

录取了，缴费了，马上报到了，准备军训了，崭新的高中生活即将开始了，高一新生，你对高中3年规划好了吗？

作为一名有20多年教龄的教师，一名带过12届高三的老班主任，我想提醒大家，要消除几个期待的误区。

误区1：进入襄阳四中就意味迈进了重点大学的门。

大错特错！襄阳四中是湖北省重点高中，中国百强中学，每年学生高考一本率非常高，都有1700人以上到重点大学读书。虽然全省的一本人数与总参考人数比是10%左右，而四中每年可以达到70%左右，但是毕竟不是百分之百！这些年，我们的学生也是有层次的，指标到校生、指令生、国际生等不同层次满足社会需要，学生间中考成绩高低差近100分，有的差距更大。武汉有的高中高考后只统计指令生，其余层次的学生不统计，所以他们的宣传很耀眼，一本几乎百分之百。为了贯彻均衡教育政策，近年我校新生录取指标到校的比例不断增加，例如2015年达到85%。各初中学校教育水平参差不齐，2015年我校指标到校的学生最低录取分数只有528.6分，但还是按指令标准录取。高中3年学生的发展是动态的，变数太大，如果不保持过去的努力态势，谁也不会是永远的强者，格局将重新调整，一切将重新洗牌。中考不等于高考，中考也不能代替高考，没有3年的艰苦努力和拼搏，谁也不敢说谁一定是高考的胜利者。3年后，走出四中的，有昂头挺胸的，也有垂头丧气的，只是看比例多少了。所以我对挤入四中获得学习资格的学生说，你很幸运，但是只能说成功的概率多一些，如果个人不努力，谁也成就不了你！你不一定就进入了重点大学保险箱。重点大学的划定是看3年后的高考分数，而不是哪所高中毕业、何种途径进高中，英雄是不问出身的！我对培养费交得多的学生这样讲：家庭帮你获得新起点，高中你需要发奋！我对指令生这样讲：过去努力值得肯定，但是高中不能懈怠。况且现在有的指令生资格进校的分数未必就比国际生的高，加上各个初中发展水平不一样，现在放在一起"起跑"，还不知3年后谁高谁低呢！中考不能说明高考，现在不能代表将来！

误区2：中考成绩A的同学一定能上北大、清华。

襄阳市从2010年起为了避免招生剧烈大战，采取高分和低分分数段呈现、中等成绩裸分呈现的方式，如高分层统一划为A。2014年全襄阳市（包括县市区）中考有280多人成绩为A，2015年收缩到A生180多人。而近3年即使是襄阳市高考北大、清华录取最多的年份，各种形式录取的北大、清华学生总数也只是50多人，况且每年同属A的学生中考成绩之间也有30分左右的差距。根据这些年跟踪分析，中考成绩好的未必高考成绩百分之百都好，中考成绩一般的未必不能上北大、清华，许多低进高出的典型就是例子。2014年全省理科状元龚晓曦，当年就是以指标到校的身份到四中的，中考成绩不高。2015年高考中，来自襄城区卧龙中学的许午川，原来中考成绩489分，高考679分。所以我们中考特优生也好，家长也好，要有恰当的期望值，如果换一套中考试卷来考可能成绩排名有新变化。我们每个人必须做好高中打拼3年的准备，一点松懈不得。你这次中考成绩是A只能说是北大、清华的苗子，生活知识告诉我们出苗率还有高低，北大、清华苗子生不等于北大、清华录取生。每年北大、清华招生组的老师是带着全省当年高考高分成绩信息单约谈签约的，而不是中考成绩单！所以一旦进入高中，所有的A生应将中考归零，一切重新开始！不信大家可以看看，9月底的高一摸底考试就会重新有个大排名。俱往矣，数风流人物，还看今朝！

误区3：以为自己3年后就是上重点大学，至少也是个武大、华科。

我们中国人的理想随着年龄的增长越来越小，小时候个个想当科学家，大一点想当政界商界的成功人士，中年以后才知道是个平凡人也不错。许多同学初入高中个个理想远大，很好，但是许多不切实际，定位不准。许多学生或家长高中3年会不断调整自己的期望值，高一时希望至少上武大、华科，高二降低到重点大学，高三有的想想本科也行吧。武汉大学、华中科技大学，全国赫赫有名，由于武汉地区高校云集，离我们襄阳近，随时到武汉就可以进高校校园转转，所以许多学生对武大、华科没有神秘感，更谈不上敬畏，想到上大学时觉得武大、华科就做个保底吧，殊不知武大、华科对外省考生来说是多么高大上的存在！还有的家长虚荣心作怪，孩子只是在武汉上大学，就容易被别人误以为在武汉大学上大学。虽然前些年这两所高校合并了一些高校壮大了队伍，但实际上武汉大学、华中科技大学还不是那么好考的。对襄阳四中学生来讲，如果高一平时成绩不是稳定在年级前1000名，不要谈上重点大学的把握性；如果不是理科年级前300名、文科年级前60名，不要谈武大、华科能否录取；如果平时不是理科年级前50名、文科年级前15名，一下子想考个北大、清华也有点痴人说梦。

如果有的毕业生家长说自己孩子考上了武大、华科，你不要盲目相信，你注意看他的通知书上校名还有后缀没有？二级学院太多了，有些人上了武汉大学二级学院，就被亲友宣传为上了武汉大学，你关键要看他是否在武昌珞珈山上学！

所以进校后，同学们要科学规划自己，家长们要科学定位孩子，这世道排坐分果果，是需要实力的！不比不知道，一比吓一跳，要视野开阔，不是在原来初中学校比，而是在襄阳四中1800多人中比，在全市范围比，在全省范围比，三年中我们要常常在此范围评价。高一"十一"放假回家，家长让孩子再谈谈感受也许更能体会，才知道山有多高，水有多深！前几天接待一位中考成绩不到560分的家长，他规划孩子争取上211高校，好像上个重点大学不在话下，我提醒家长，不急于定位，让孩子新生摸底考试以后再议。

摸底，摸谁的底？摸什么底？

军训之后，立即开始有序的高中教学，从初中到高中，从不熟悉到熟悉，一切都在过渡，一切都在适应，高一新生首先要做的就是适应与转型，尽快探索出适合自己的高中学习方法，给自己一个恰当的定位。

高一年级为此准备有一周的学法指导，主要学科都要轮流讲高中学习方法。习惯也在严格的监控中，带手机、迟到、就寝说话、书写不规范等都在"打击"的范围。理论上讲，连续28天的强化，好习惯就会养成！

同时，高一准备在"十一"放假前后进行摸底考试，这早已成为四中的传统。

摸谁的底？摸什么底？

摸底考试最大的意义是宣告中考阶段的彻底结束，警醒我们每一个同学不要再沉浸在中考的辉煌中，一切归零。摸底考试就要重新排序，你准备好了吗？别人已经开始跑了。中考成绩排在前面的同学，仅仅3个月后未必还在前面，中考靠后的未必没有新变化。3年总在变化中！

可爱的新生，你警觉了吗？你是在观望，慢条斯理地走，还是已经开始快跑？

这次摸底虽然不会调整高一的班级，但是高中起跑已经开始，从此不再间断，年级组织的每次大考成绩将成为你高二分班的主要依据。

考什么？语文、数学、英语肯定要考，物理、化学、生物也少不了，其他学科不是必选项。考试范围以现学的内容为主，兼顾一些初中知识。

怎么考？按高中模式制卷，与初中不一样。各科分值不一样，每科时间也不一样，题量更不一样，答题的要求也不一样。面向三年后的高考，一切按高中模式运转。

大家实力怎么样？过去的不算，听说的也不算，是骡子是马拉出来遛遛那才能看真本事。中考考得好的同学，新学期你的决心在变成行动吗？中考考得不理想的同学，父母的努力让你有机会进入四中，思索你当初对父母的承诺，你在努力吗？进四中不是为了新鲜和面子，而是为了高起点的战斗。

襄阳四中没有实行新生一进校就考试、然后开始分班淘汰的制度，我们认为那容易挫伤学生的自尊心和打击学生的上进心，对部分学生来讲是不公平的，犹如一个刚进入竞技场的斗士，眼睛还没有适应场地环境，身体还没有站稳就对他挑战刺杀。为此我们给大家一个适应和缓冲期，一个月，然后开始同标准的挑战和检阅！

这次摸底考试对家长也是一个考验。全年级近两千学生（近年最少的年级规模），不再是过去孩子初中小范围的竞争了，高手如云，尖子荟萃，在新的大排名中，孩子怎么定位？您怎么对孩子定位？您怎么思考他的未来？高中3年如何做？"十一"放假期间一定要与孩子在一起谈一谈，很必要也很重要。我们可以预见，许多国际生未必比指令生差，中考分数靠前的未必此次还靠前。

实际上家长也期待对进入高中后的孩子有个了解，也许这场考验之后，我们家长更为理性。

无论如何，我们每个学生和家长都要认识到：中考成绩是一次性支票，现在已经用了，高二不能用，高三不能用，高考更不能用。过去所有的随风而去，我们要立即出发！我们要用自己的汗水铸就实力敲开心仪大学之门！

面对高中的第一次大考，我们想大声地对同学们说：高一新的勇士们，我们将是百战不殆的英雄，我们将百炼成钢，让摸底考试来吧，让强劲的风吹吧！

摸底之后我们干什么？

高一摸底考试终于结束了，开学以来所开设的主要课程都做了测试，这是高一学生第一次大考，不管怎么样，宣告了高一不再是"新生"了，适应期已经结束！

难得又是一个国庆节，放假或许3天，在高中阶段已经够奢华了！也许除了寒假、暑假，没有比3天更长的假期了。

长长地舒一口气，终于暂时地解放了，可以离开学校，可以回家同家人团聚了，可以睡懒觉到自然醒不用担心迟到被抓被曝光，还可以见见不同高中就读的初中好友好好侃一侃。哎，总之，放假真好！

摸底后的放假对高一学生有特别的意义。

首先是放松。最好不要远游，近处可以转一转，虽然父母陪着不担心安全，但是毕竟有些累，思想也会分散，影响开学后的学习。该补觉的，好好睡一觉，养个精力充沛；该大吃的，让老爸老妈做些好吃的大撮一顿，毕竟千好万好没有家里好。反正前半天自由是属于我们学生的，只要不太过分就行。

其次是反思。待大假初期的激动之后，就要想一想前段时间的学习生活，想想得与失，与初中比较，与其他同学比较，自己是如何应对的。例如对学习目标的定位、高中学习方法的探索、考试试卷形式的把握、师生关系的处理、就寝环境的适应等等，所有的新问题老问题都梳理一遍。这个环节学生必须自己有独思的过程，或者在家长的引导下进行。现在学生15岁了，自我意识已经觉醒，按心理特点来说是完全可以独省的。

其三是规划。学生自己规划或者家长引导规划。家长不要按照初中的标准要求孩子，好像过去初中阶段成绩前10名，现在高中阶段也必须前10名，这是非常不理性的。即使中考考了A的学生，摸底考试年级总成绩前150名也属保本。给自己一定的定位，然后不断努力前进。这次能够考好，对学生信心是个很大的鼓舞，接着会带来一系列良性循环，越战越勇；这次考得不好的，也没有什么，给自己留了一定的上升空间，反正3年时间，有机会调整步伐，只是不要太慢！

总之，犹如军训一样，过去没有步伐一致的，现在随着口号节奏逐渐调整到位，开始"一二一"。

待回校后，学生要结合老师对试卷的评讲，好好分析和总结，老老实实地总结，不要怕麻烦和繁琐。做好改错本的整理非常必要，伟大的工程都是从零零碎碎的基石累积而成，成绩卓越的学霸都是有改错本的。成绩下来后要看总分排名，也要看各学科的排名，有班级排名也有年级排名，高中3年，可以将每次大考成绩都集中粘贴在一起，便于了解自己的学业变化轨迹。

孩子考试失误的家长不要太忧心忡忡，而应该找原因。是孩子开学后一直放松造成的，还是学法不适应，还是其他干扰？方便的时候可以找班主任聊聊（可能年级会提前通知召开家长会），了解一下实情，毕竟高中生的学业是最主要的。剩下的，当然就是期待和努力了，争取即将到来的期中考试考好一些。

座位也是平等理念的贯彻

襄阳四中学生的座位安排，一学期往往进行两三次大调整，其余属于微调，常态的就是一个时间段、左右前后循环调整，使同学们从不同的角度看黑板、听讲课，保证所有学生的视力卫生保健。由于目前学生近视人数太多，无论是您家的还是别家的孩子，每个孩子都是我们大四中的小宝贝儿，学校平等对待每一位学生就是最好的照顾。所以，有个别家长提出自己孩子眼睛近视，但这不能视为需要特别关照的理由，最好的办法就是学生及时配换眼镜。您的孩子是这样，市长的孩子在这里也是这样。学校为此反复强调下午第2节后，要随着及时响起的室内广播做眼保健操，许多学生不以为然，总是需要班主任督查，但要切记：自己的眼睛还是要自己爱护呀！

前段时间听一位家长很愤然地说自己孩子个子矮，被班主任安排在后排坐，认为与一所名校的标准不符。孩子个子矮可以得到照顾，人文关怀应该，关键是孩子是否特殊的矮？相对的矮就不好说了。教书育人的学校，该照顾一定要照顾，不能照顾的最好不照顾，"平等、公正、科学、正义"这是学校必须关注和培养的。有的同学恰恰不要这样的照顾，因为感到自己和同学们都一样。四中的课堂是允许学生离开自己的座位搬着凳子到前面听讲的，如果觉得自己远了，影响听讲、抄笔记，只要不影响老师讲课，在遵守课堂纪律的前提下，教室哪个位置都可以坐。这就是平时说的"听讲可以朝前坐，自习必须固定坐"的学校要求，如果前面视线被挡，只要不影响后面的，站着听讲也是正常的现象。况且固定坐在前面、后面也是阶段性的，不久又发生变化了。可能这位家长不了解，有些着急。可以直接找班主任聊聊，或用电话沟通下，也许误会就解除了，不要徒增烦恼！

据说有的学校班主任规定，成绩好的坐前面，成绩差的坐后面，泾渭分明，唯成绩论，制造学生间的不平等。这是有违师德的，可能有的家长、学生有这种经历。襄阳四中办学这些年，不存在老师对学生的座位歧视，这样的歧视也和我校面向全体的办学思想不一致。

当然，座位作为学生学习的外部环境确实很重要。有时候家长抱怨说自己孩子座位周围同学好说话、环境不好。的确，爱说话的同学既影响自己也影响他人，班主任应在调查清楚的前提下严肃处理。不管如何，我们每个人自己的行为不能成为阻碍、影响他人的因素，这也是符合敬畏规则、弘扬正气的要求。作为一名老班主任，我发现一种有趣的现象，对座位的挑剔度，相对而言，中生意见少一些，优生其次，后进生最多。正确的做法是，出现问题多找主观原因，少抱怨环境。我们成人常说"我们有时改变不了环境，我们就改变自己"，都是一样的道理，我们的家长不要让孩子从小养成怨天尤人的不良思维方式，问题都是别人的，唯独没有他自己。更何况有时候周围环境不安静恰恰就是自己孩子本人在制造，他坐在哪里都不受周围同学欢迎，因为他太闹。"团结紧张，严肃活泼"是当年毛泽东为中国人民抗日军事政治大学题写的，实际上也适合对学生课内、课外的动静要求。希望每位学生都成为受周围欢迎的人，人人成为良好学习环境的营造者和维护者。

每个人的性格不一样，我们可以适当考虑合理搭配，但前提是必须双方都认可。如果你找到班主任要求必须与某某同学坐同桌就有些苛刻了，你有选择权，对方也有选择权，如果对方不愿意又不好与你明说怎么办呢？当今的社会是个合作的社会，一个不会与他人和谐相处的人是不容易成功的，甚至会处处碰壁。按照自己的意愿安排周围世界是不现实的。苛刻要求周围一切人，生活也不太可能过得幸福。

有些东西我们可以选择，有些东西我们只能面对！挑剔是苍白的，积极应对才是良策。学校是个小社会，我们不仅要学会学习，而且要学会交往，愿我们每位同学都能拥有好的学习环境，都能积极维护好环境，让"同桌的你"不仅成为美好的回忆，更是共同成长的动力。

给国际学校新生特别的话

今年中考政策的大调整执行力之强出乎人们的预料，也顺应了人们对于公平教育的要求。绝对按网上志愿录取、绝对按中考成绩录取，录完招尽。特别是取消了择校计划后，非指令计划的录取，对我校来讲就只有国际部、国际学校的500人新生计划。我想至少有以下几点需要予以说明。

1. 国际部和国际学校实际是一类计划。不管国际部还是国际学校的录取新生，按照成绩都必须在襄阳四中西校区（国际学校）就读，都要求封闭住宿统一管理，都收取统一标准的高中培养费，都与东校区新生一起接受高一年级和学校的统一管理，都是襄阳四中在编正式教师教学，都是高一年级统一教学管理。不管志愿填报国际部还是国际学校进入四中的新生，将混在一起统一按成绩进行高一分班（以下统称"国际学校新生"）。

2. 今年国际学校的新生生源结构大为改善。今年中考工作采取先严格网上录取，然后再办理缴费注册手续。由于按照志愿成绩优先，据统计，今年在国际学校学习生活的新生中考成绩将主要集中在530分—540分，学生成绩层次整齐，大大好于往年。过去招收国际生采取的是先交培养费，然后再办录取手续。国际计划指标总要留一点，需要被迫招一些低分关系生，结果国际生成绩参差不齐，影响国际学校整体形象。今年则完全阳光招生，如果不是有些家长对国际部、国际学校志愿填报政策理解分歧，国际学校的最低录取分数可能还要高一些。所以各位新生，因为你，国际学校将更加美好。

3. **没有里子何谈面子？**家长给了起点，关键在于新生自己。许多学生因为听说是到国际学校（西校区）学习生活而不是在东校区，坚决不愿意来，好像委屈了、丢了人，面子上挂不住。学校绝对不会抬轿子，非请你来不可，大门一开，自愿进来，凡是来了的就要无条件地按学校管理规定执行。有的同学自己态度不佳，表现不好，成绩不出色，还想挑三拣四？现在是学生不可能，将来踏入社会照样不可能。用实力说话，实力就是里子，没有里子不要谈面子。培养费是物价部门10多年前的收费标准，但对于有的家庭来讲依然是一笔不菲的开支。高中是非义务教育阶段，该交的培养费必须交，现在家庭帮你多交了培养费就暂时垫平了与指令生的入学差距，获得享受优质高中教育资源的资格，但是你的学习态度、学习状态可是靠爹妈的钱摆不平的，必须依靠自己！

4. **量体裁衣定身培养，明年你走向哪里？**国际学校新生与指令生肯定在学习态度、学习方法、学习能力、行为习惯等方面存在差距，所以在坚持全年级统一要求的同时，必须针对性强化教育管理，这就是量体裁衣定身培养，这些年我们已经探索出一套培养方式。由于国际学校新生起点相对整齐，所以要与东校区新生有所区别、有所针对，在东校区之外还有一些活动和措施，学校将设立特殊的管理团队和教学团队，在全校一致性的前提下注重特殊性、特色性。封闭管理一年，安安静静，步调一致，没有特优生差距悬殊的紧张压抑，却有同步前进的成就自豪，在身心愉悦健康发展的同时，追求分层教学效果最大化。待高一学年结束，国际学校学生全部开拔进入东校区，与东校区学生按成绩混合排队，我想那时肯定有许多国际新生证明自己，靠实力昂然进入奥赛班、特奥班。

亲爱的国际学校新生，现在，我们只有高一起点的不同；3年中，我们有共同的身份：我们都是光荣的襄阳四中学生；3年后，希望我们的努力和汗水铺就自己更闪光的人生成长之路，不辱我们今年金秋对人生的庄严承诺！

（2015年）

做学生茫茫心海中的一盏灯

——专题报告II

引　子

　　立志在青少年学生心理咨询天地里做一番事业绝对是一种偶然。这种偶然完全出于对教育事业的热爱，对青少年的热爱。这种热爱促使我一步一步提高了对心理教育的重视，由想做一名优秀的老师到想做一名优秀的班主任，再到现在想做一名优秀的青少年咨询工作者。回过头来，参加教育工作12年，我在心理教育方面探索了12年。

　　我本人是心理调节的最大收益者，我在无意中调节自己，促使自己成长。我出生在"阶级斗争为纲"的年月里，由于家庭是富农成分，我自小倍感压抑，经常遭遇半夜里民兵敲门检查，将幼小的我从梦中惊醒，因此我也在自卑的阴影中度过了童年。但严厉的家教下我非常自强，决心以读书改变自己的命运，同时也以勤奋好学、成绩优异赢得了老师、同学们的赞誉，获得了个人尊严。一方面家庭对我的学习提出了很高的要求，另一方面也如一把双刃利剑使我内向、拘谨、胆小。特别是在我读高中时，竞争压力的增大，父母要求的苛刻，使我焦虑万分，常常在痛哭中半夜醒来而泪流满面。那时我进教室常走后门，新衣服是绝对外面套着旧衣服穿的。我的最好调节途径，一是日记，从高一一直记到现在；二是常在山间小路追日赶月散步排解；三是与几位外向的同学义结金兰，决心改造世界，充满了豪气与自信。我开始相信"天生我材必有用"，我试图尝试突破自我限制，许多事情争取第一个去做，不断锻炼自己的胆量。我的成绩不是最好，但我总能发挥到最好，越是大考越行，应试心理调节在高考体会最深，完全凭着自己的调节，我成功了，跨进了大学之门。

在大学4年，我热爱生活，热心参与一切，不久成为年级学生会主席，整整3年，我全面主持学生会工作。我爱看人生哲理性的短文佳品，喜欢积极向上的伟人传记，大有"指点江山，激扬文字"的气势，特别是一位学友手中的《论逆境》，我百读不厌，视为"人生宝典"，激励我战胜了一个又一个困难。后来我几经努力，终于从学友手中获赠这本影响我生活的心理学读物。

辉煌的大学生活并没有给我圆满的毕业分配。在当年大形势下，我虽为学校优秀毕业生、学生党员，仍然泪别大学回到山区原籍县一中任教。"雄关漫道真如铁，而今迈步从头越"。我以百万年大山的沉寂抚慰自己浮躁的心，以"大丈夫按剑居蓬阁，待时而动"激励自己，同时也以自己的立志奋斗和"煽动性"班主任演讲激励我的学生。单身寝舍就是我最早的心理咨询室，吃饭时间常常寒舍满座，与学生谈心指导。大学所学的心理学起了作用，我与我的开门弟子们朝夕相处，善待和关爱每一个人，我们的班集体一次又一次集体活动空前凝聚，我们有班歌《众人划桨开大船》，我们有班训"世事我曾抗争，成败不必在我"，我们有高考誓言"三年磨一剑，显锋在百天"，我们的团队精神充分体现，我们最终胜了，我担任班主任的班级单班高考大破当地文科学校历史记录，全县轰动，我也被誉为"县十大优秀青年"，电台、报纸报道。最让人感动的是我在学生们高考之后办婚事，早已毕业的全班同学从全县各乡镇自发赶来，以最淳朴的方式表达了最诚挚的感情，在乡亲们的羡慕眼光下抬来"尊师匾"。这一直成为我终生铭记的财富，我认为我已经深入学生心中。这一年高考成绩总结，我以自己3年的心理学实践体验，撰写《培养临考心理素质，实现高考超常发挥》在全市交流，受到同仁一致好评，那时我刚满26岁。

1995年至今，我先后带完1995届、1996届、1997届、1998届、1999届、2000届，我一方面大量阅读许多操作性强的心理辅导书，另一方面积极实践，注重对学生人文关怀。特别是高考几天，我特别重视心理调节，用我的一个拥抱，一个握手，一个微笑，一个问候，一番讲话鼓励着我的学生去战斗，去无畏地战斗。我可以无愧地说，我以自己丰富的心理调节能力大大提高了我学生的战斗力；我可以无比自豪地说，我的每届学生高考成绩出色，不管是学科成绩还是班级整体。

实实在在地讲，以前是以班主任的视野看心理咨询，但自2002年学校忽然宣布我为学校心理咨询室副主任时，我才从心理咨询的视角看班级管理，并由原来的实践者变成一名学习者、研究者，开始将实践与理论相结合，努力提高自己的理论水平。

自2000年以来，我经常参加各级心理学培训、省重点学校之间的交流，参与学校心理讲座、学生个人辅导。我始终以年级管理者和班级管理者的双重身份深入到学生一线，我不管怎么忙，从没丢下班级管理工作。我有时也应邀到各地开展讲座，有时还以学生身份积极与省市高校心理学专家保持联系，虚心请教。

只有认识越深，才会爱之越切。自2002年开始关注心理咨询师培训，也渴望自己成为一名心理咨询工作者。外省许多培训信息我都关注过，但条件不成熟，武汉大学、中德医院、红桃K省内的培训也关注过，甚至本省培训我也动过心，但人在江湖身不由己。现在红桃K终于在襄阳开办了培训，我最早报名，每次学习总坐在第一排听课，终于系统地学习了，如一头牛闯进菜园。心理学，天地太广阔了。

我知道自己的心理学理论比专业人才差得远，但我非常自信自己丰富的实践经验，我更了解青少年心理特点，因为我始终与他们在一起，我更了解心理调节的作用，因为我首先就是得益者。学海无涯，心海无边，我决心以青少年心理为阵地，即使岁月老，但我心长青。我愿意做一名青少年心海中的一盏灯，即使再微弱，但总能给青少年一股力量，一丝亮光。

（2004年5月）

她随响声倒下

【案例介绍】

　　高三（×）班女生冯××在母亲的帮助下，断断续续介绍了自己的情况：自进入高三以来，小冯感到班上备考的氛围越来越浓，无形中倍感压抑。高三第一次大型考试（摸底考试），成绩不太理想。小冯暗下决心，一定要赶上大家，于是她学习更加刻苦。小冯是走读生，家离学校近，因此利用晚上回家休息的便利常常挑灯夜战，有时复习超过晚上12点，中午也不休息，实在困了靠咖啡提神。可是，在11月初的第二次大考（期中考试）中，小冯学习成绩不仅没有提高，反而继续滑坡。小冯仍没有灰心，学习比以前更刻苦更投入了。但她发现自己例假不来了，内分泌失调了，而且一听到噪音就心烦。有一次上数学晚自习，有位同学不小心将铅笔盒碰掉在地上，响声使小冯立即心慌起来，随后手脚冰凉，全身抽搐，不省人事。清醒后，也是全身虚汗，四肢无力，10分钟后才恢复正常。但此后对较强的声音特别敏感，一旦刺激就会发作。父母只好将无法正常学习的小冯接回家静养治疗。一星期后，小冯不顾家人反对执意要回学校继续学习。虽然病情有所好转，但心慌、气短、抽搐、不省人事时有发生，而且对考试特别敏感，只要别人一提考试两个字就莫明其妙地烦躁。

经询问了解：小冯父母都在政府部门工作，重点大学毕业，对独生女小冯期望值很高，希望小冯将来也能上重点大学，为以后出国留学创造条件。小冯自小就读本市师资最好的幼儿园、小学、初中，性格外向，语言沟通能力很强，会唱歌、弹钢琴，还考过级。但是由于初中成绩一般，中考平平，无法进入省重点中学，最后父母想办法以扩招生的名额使小冯如愿以偿。小冯非常懂事要强，高一、高二虽然学习刻苦，但成绩一般。进入高三，她不再参加学校合唱队、广播站活动，一门心思搞学习。尽管表面上她仍然活泼开朗，但学习的压力使她内心非常苦恼，以至于夜晚经常失眠，非常担心自己考不上大学。现在离高考只有半年时间，小冯却是这种境况，本人和家人都很着急，故特来咨询。

【分析与辅导】

小冯作为高三学生，是典型的考试焦虑症表现。考试焦虑是一种复杂的情绪现象，是由一定的应考情景引起的，以担心为基本特征，以防御或逃避为行为方式，受个体的认识评价、人格因素和其他身心因素制约，是考试时常见的一种心理现象。

考试焦虑产生的内在因素是个人的知识经验水平、能力结构、认识评价能力、成熟水平、应试技巧和身体状况。外在因素往往在于家庭、学校和社会对当事人造成的巨大心理压力。小冯生性要强，对学习进步的要求非常强烈，全心投入，长期处于紧张亢奋状态，家庭、父母的过高期望使小冯更加执着追求。身体如此长期得不到休息，精神得不到松懈。正如她私下对要好同学说的："大家都说我很开朗，其实我开朗是外表，痛苦是内心，我经常梦见自己没考上大学，我心里郁闷得很，真想发泄一下。如果我真的考不上大学，不知该怎么办？"目前，小冯已处于重度焦虑，不仅表现在心理层面（如忧虑、紧张、恐惧、思维紊乱、记忆力减退、学习效率下降、情绪抑郁、缺乏自信、夸大失败等）和行为层面（如坐立不安、害怕甚至逃避考试、东张西望、无心作答等）上，而且在生理层面上也有表现（如肌肉紧张、呼吸急促、多汗、恶心、睡眠不良、食欲减退、肠胃不适、内分泌失调等）。目前已严重影响复习和考试的正常进行，建议接受心理咨询。

【咨询方案】

1. 转变认知层面，实行认知矫正法和自信训练法。

2. 调整生理层面，进行放松训练和系统脱敏法。

3. 以意象考试为训练对象，以实战考试为效果检测。

【咨询经过】

第一次咨询：弄清症状原委，告知方案内容，布置咨询作业。

（作业1：要求小冯将自己平时有关考试的所有担忧全都写出来，按其轻重程度进行等级排列。）

第二次咨询（3天以后）：实施认知矫正法。

首先，让小冯针对作业检查自己的担心（将过去无形的焦虑以文字化形式体现出来，进而冷静面对）。

其次，引导小冯对自己的担心进行合理分析并找出错误的认知（我始终保持耐心的态度，理解的口气，一一进行分析）。

其三，引导小冯对担忧的不合理之处进行质疑，用事实、常理予以驳斥，并对不合理的担忧进行"危害分析"（让小冯角色换位，跳出来以他我审视本我，增强理性认识）。

最后，让小冯自己获得合理性反应，认识到考试并不可怕，可怕的是焦虑本身，得出正确认知结论。

（作业2：有意调整心态，坦然面对平时进行的小测试，下次谈出体会。）

第三次咨询（一周后）：加强自我教导，进行自信训练。

小冯对考试的感觉轻松多了。现在针对考试焦虑中的担忧成分对小冯进行自信训练，其目的是运用交互抑制原理，通过让小冯自我表达正常的情感和自信心来扭转消极的自我意识，借以削弱和消除考试中的焦虑。如针对小冯过去说"我讨厌考试，考试使我如此紧张，忧心忡忡"，引导她进行自我质疑、自我论辩，认识到"并不是考试使自己紧张，而是自己使自己紧张"，使小冯树立正确的积极的自我意识，挑战消极的自我意识，增强参加考试的信心和自知力，减缓或克服考试焦虑的担心成分，以一种新的姿态和面貌出现在考试情景中。同时采取积极的自我暗示，如"我对自己充满信心，这次我一定能考好，我正在向自己的目标接近……"，建议每天抽点时间，或自言自语，或写在纸上贴在床前、桌前，让这些积极的语言所体现的精神渐渐潜入自我意识中，起到鼓舞斗志、稳定情绪的作用。考前多分析自己的优势所在，将这些优势记下来，经常浏览一下，自信心就会大大增强，同时针对自己的薄弱环节，积极想好应对策略，每天按计划复习，如果熟悉了某一项，就在本子上划去，随着一个个弱项被消灭，自信心也就越来越强了。

第四次咨询（一周后）：放松训练，系统脱敏。

小冯对考试不再恐惧了。这次首先进行放松训练，我以轻松舒缓的乐曲为背景音乐，对小冯进行意念放松。具体做法：让小冯全身放松地坐在一张软椅上，脚撑着地，两臂自然下垂，双眼微合，深呼吸10次。吸气时收小腹，绷紧身体。呼气时要慢慢放松下来心中默念：我的左手变得很沉重，我的右手变得很沉重——就这样把左右手臂、眼、脚都缓缓地默念2～3遍，同时专心体验各部位的沉重和松弛感。然后默念：我现在开始全身放松，我感到非常轻松，非常的舒服，我的心情很愉快……（要求以后小冯平时进行放松训练，特别是在考前。）

其次进行系统脱敏。这是利用对抗性条件反射原理，在放松的基础上，循序渐进地使当事人的神经过敏反应逐步减弱直至消除的一种行为治疗方法。对小冯采用了想象系统脱敏。在放松训练后，根据小冯提供的引起焦虑的刺激情景建立焦虑事件层次，以此焦虑层次表为依据，让当事人在想象中使用放松反应进行考试焦虑体验。（让小冯在放松状态下由我引导考试的每个环节的刺激情景中想象考试的经历，由我用正向性语言进行逐步强化达到脱敏效果。）

布置作业：自己学会放松，在平时、考试前、考试中、考试后应用正向自我语言进行训练，逐步形成良好的理性思维习惯，调节自己的情绪和行为。

【咨询反馈】

由于咨询在寒假前后，既有寒假前高三期末元月联考的体验，又有假期系统的矫正，时间充裕，父母也明确表态，降低对小冯的期望值和要求，改善小冯的调节环境，加上小冯对改变困境要求强烈，非常配合，因此到了高三下学期开学一个月后的3月联考（考前对小冯进行电话咨询），小冯的焦虑大大降低，没有出现生理层次的反应。目前小冯基本正常，能胜任高三备考压力，成绩也有起色。

少女出走为哪般？

【案例介绍】

×××，女，17岁，高二学生，父母都为政府机关干部，五年前母亲因病去世，父亲再婚，又有一个四岁同父异母妹妹。元月，小妹过四岁生日，祖父、祖母、姑姑、姑父等本家亲戚在家中设宴庆贺。席间，祖父、祖母因小事争吵，众人相劝暂告平息，祖母生闷气。×××在场吃罢中午饭后提前离席上学。作为班主任的我以为×××生病，下午未到校，晚上也未到校，晚上8点左右给她家里打电话准备问候她，家人方知×××出走半天。

【分析与辅导】

我认为：×××平时在校为人开朗、大方热情、人际关系好、品行端正、成绩良好，出走诱因不会来自学校。该生出走具有突发性，一则该生身上没有多少钱，也没有发现拿家中钱或向他人借钱现象；二则出走前没有异常表现。因此可以初步认定出走诱因可能来自家庭，她不会走远，也不会出事。关键是黑夜茫茫，她负气出走，人在哪里呢？

爸爸认为：这次出走可能是中午吃饭时爷爷奶奶争吵，孩子多了心思。平时继母对她不薄，待她态度特别小心，几年来她一直没有反常表现，相安无事。每次两个孩子生日规格一致，前几天小的闹着要买新衣都没买而给她添置。这次出走完全是个人耍脾气、使性子所致。

（当晚10点多经同学帮助得知下落，11点安全返家，原来×××整个半天一直呆在汉江大堤上独坐。）

（爸爸与×××畅谈后，第二天下午×××回到学校继续上课，晚上班主任利用黑夜操场人少的环境进行交谈分析，×××点头承认，始终泪流满面。）

原因一：母爱的唤醒。当时宴席气氛热烈，议论的主题自然为小寿星妹妹了。在场的表姊妹们个个都是父母双双，而×××的爸爸作为主人忙前忙后，张罗为小寿星待客。×××感到爸爸是小寿星妹妹的，好像不是自己的，内心产生一种失落。"孩子的生日就是母亲的苦难日。"×××内心想起了亡去的生母，但这种情绪尚处隐蔽，没有爆发出来。

原因二：母爱的迁移。多年来，×××与爷爷、奶奶生活，另居一套房，与爸爸、继母、小妹分开住，一切生活起居照应都靠祖母。平时缺乏的母爱在祖母的爱中得到补偿，因此对祖母的感情胜过父爱和其他家人的爱，年迈的祖母已成为×××母爱迁移的归宿。爷爷奶奶的争嘴，奶奶不高兴，感染到×××也不高兴。内心隐藏的伤感进一步加剧。

原因三：观念的冲突。爷爷奶奶都是老干部出身，对许多问题的看法都具有独立性，平时有时关系好得很，有时也斗斗嘴，随着二老年龄的增大，有了老小孩的特点。在这种老人环境中，×××很压抑。爷爷专横的思想、大男子的作风、传统的思想使她很反感。现在爷爷奶奶的斗嘴使她感到生活在那里很压抑，爸爸继母的住处也不是自己呆的地方。总之，热闹是他们的，唯独没有她自己，步入青春期的她独立意识增强，但又不能自立，因而倍感苦闷和忧郁，更感到逝去母爱的温暖。一切潜在的情绪便汇聚一起总爆发了。

【调整措施】

家庭疗法——感到温暖

认知疗法——改变观念

行为疗法——丰富生活

1.正视现实，理解父亲的处境

人生并非一帆风顺，肯定×××确实面临着同龄人没遇到的问题，承认她的特殊处境。同时通过平时父亲、继母对她行动的具体实例分析，×××承认继母待她不错。设身处地地换位思考，×××感到自己难做人，实际上继母也难做人，但最难做人的是爸爸，外有单位工作应酬压力大，内有年迈双亲照料负担重，家中既要面对亡妻留下的孩子，又要面对新家庭的妻女，两头做人，两头不是人！通过一些×××不知的实例告诉×××，爸爸是爱她的，是有责任心的爸爸，但也是有苦恼的爸爸。

2.调整观念，创造良好的心境

首先是理解爸爸的再婚。认识到这是社会正常现象，这是爸爸自己的事，作为子女无权干涉。继母是无辜的，小妹也是无辜的，她们也要过正常人生活。认识爱的排他性和包容性。

其次是正视祖父的专制。"江山易改，本性难移"，从风雨中走来的祖父母的斗嘴已成为生活的调味品，这是他们老人自己的事，作为晚辈不用管，也管不了，更不能使她们改变传统的做法。我们学会的是包容、理解而不是改造。

其三是用新角度看待复杂的家庭环境。有时坏事也能变成好事，自古英雄多磨难，把这种特殊看作历练人生、锤打性格的条件，从积极面去看待。

3.升华母爱，寻求独立的自我

自己就是自己，在行动中不依附于任何人。走出沉溺母爱、苛求父亲的怪圈，将母爱升华为个人的追求，人生的动力。缅怀母爱的最好方式就是好好地成长，不断地充实，以此慰藉母亲在天之灵。只有多融入集体，多融入生活，才能在大我中超越小我。

【最后忠告】

对教师：多留心特殊家庭的学生，密切关注他们的异常，多给他们一些爱心。

对家长：多进行亲情交流，单独父女相处活动更好。

对学生：路还长着呢，走出去，一片艳阳天！

【咨询后记】

作为班主任的我，对特殊家庭的×××进行了跟踪心理辅导，此外多次与其祖父母、父亲、继母进行接触交流，特别是与其父交流最多。两个月后×××情绪正常稳定。目前高中毕业，正在省警官学院深造。

任尔东风西风，我自挺立成峰

【案例介绍】

紧张的备考中，我最苦恼和同学发生矛盾，最不喜欢听老师的"风凉话"，心里烦躁极了，怎么办呢？

——高三学生

【分析与辅导】

高中生在平常的学习生活中，同学之间难免有一些矛盾和意见，如何应对或化解这些矛盾呢？我认为你可从下面几点把握：

第一，态度上不回避，正视矛盾的存在。 再要好的朋友也不可能在各方面都完全相似，人与人之间不可能一点矛盾冲突都没有。特别是高中生，随着年龄的增长，视野的开阔，认识的深入，少年时代那种单纯的黑白两色，非好即坏的评判标准已渐渐远去。多彩的生活立体的思维，每个人的认识、评价和个性品质差异会越来越明显，直接或间接的碰撞、冲突不可避免。冲突是正常的，矛盾是存在的，我们就是在矛盾冲突的解决中一天天长大。不急不躁，静下心来，我们考虑的不是消极逃避而是如何积极应对，这才是最好的心态。

第二，方法上有针对，区别对待与同学间的矛盾。 矛盾有原则与非原则性之分。对于非原则的，能和稀泥则和稀泥，以忍为上，退一步则天地宽。学会宽容，宽容地对待别人，同时也能够勇于承认错误。对于矛盾的出现，一笑了之，人无百日好，花无百日红，不必再苛责，主动出击，给同学一个微笑，一句道歉，一切都将烟消云散，既无损失也不丢人。俗话说"喊人不折本，只要舌头打个滚"嘛！即使对方一时不原谅，也落个道义上心安理得的心理优势，毕竟我做了我该做的。不然，多个敌视者，影响情绪，影响学习，为了你的情绪好，何必要树敌呢？对于原则性的矛盾，守住自己的标准，即使得罪了，又有什么了不起呢？这样的恶友与其保留不如断交。如某好友邀你，违纪去通宵上网，接触高中生不宜的内容，你拒绝了，他到处传播，说你不够朋友，不合群，你有必要再与他合群吗？那是合污！不然你只能滑入深渊。坚持自己的标准，能劝住对方则劝住，不能劝住，只要尽力了也问心无愧。不必烦恼，可以通过不断的心理暗示强化，用正确标准反复肯定自己做得没错达到心安理得。

在平常的学习中，有时也会听到老师的"风凉话"，为此而闷闷不乐。有的同学很沮丧，甚至产生对抗情绪，影响自己的学业，我以为要做好以下几点：

第一，老师讲的真是风凉话吗？首先问自己，冷静分析，结合实际客观判断，是老师语言偏激，还是自己过分敏感，结合自己实际情况，考虑老师的出发点，而不是本能地一味排斥，毕竟"忠言逆耳"。若不是风凉话，那就应该反省改正了。

第二，赌口气，击碎它，变成学习的动力。佛烧一炷香，人活一口气，做个样子证明给老师看，将这种刺激变成雪耻发奋的契机，用自己的行动推翻老师的结论。即使中了老师的激将法也无所谓，怕的是自暴自弃，思想麻木，真被老师言中。

第三，始终相信自己，不断超越自己。证明自己是艰难的，是不断战胜自己的过程，怕的是一曝十寒，不能坚持到底。因此始终如一地对自己充满信心，不断对自己说："我行！""我能！""我可以！""我真棒！"激发自己的潜能，等到成功了，你还在乎那风凉话？

"可怜的我撞上了缪斯"

【案例介绍】

接手小林的心理咨询已是事情发生以后。原来在高一的一个休息日，小林在教室自修，那天下午教室人很少，他的前面坐着平时与他关系不错的女生，他无心自修，胡思乱想，居然冲动地跑到前面拥抱该女生并要强行接吻，遭到该女生的反抗。事发后小林只得停课回家，经申请，高二时才返校，作为特殊生安排到我班。不久便思想消极，产生出家为僧的念头。

小林家在郊县的农村小镇，以种地为主，开有一小餐馆。父亲兄弟四人，众多子女只有小林一个男孩，在男尊女卑思想仍存在的农村大家庭中甚受重视，四家都极力供养小林，对他寄予很高期望。平时他在姐妹之间也言行随便，唯我独尊。为了读重点高中，他不得不离开家庭到市区学校住读，没有了以前的优越，没有了众人的关照，平时一切靠自己，显得单调沉闷。十七八岁的他随着身体的发育，对许多东西感到激动、神秘和好奇，常常陷入想入非非的境地，结果在无人监督下，自制力减弱，导致事情的发生。复学后又不能很好地正视现实，苦恼和烦躁使他产生绝望的念头。

【分析与辅导】

1. 特殊的家境为他随意冲动提供了可能性。在农村大家庭，小林作为唯一男孩，平时地位高、行为随便，多考虑别人对自己的态度，很少考虑自己应承担什么责任和后果，处理问题常常冲破理智，产生冲动，所以酿成问题。而回避现实、思想消极甚至想出家为僧也属自然。

2. 对性知识的缺乏。由于家庭和学校都没能对他进行必要的青春期教育，因此对自己急剧的发育变化困惑激动，又不能很好疏导，过分沉溺于此。潘多拉宝箱效应发挥了消极作用，冲破了道德的限制。

3. 对自己的错误缺乏面对的勇气。受传统观念的困扰，过分夸大这种错误，觉得流氓、丢人，不能坦然对待，不会与他人沟通，低着头做人，总觉得自己的事别人都知道。于是厌恶现实，厌恶社会，企图逃避。

【给家长的建议】

1. 给孩子以健康成长的环境。过分的溺爱和放纵不利其成长，树立男女平等思想，培养其对家庭、社会的责任感。

2. 不夸大"性误区"的错误。性不是罪恶的，这是青春期正常现象，并非家族之耻，摆脱旧思想的束缚，为孩子减轻不必要的精神压力。

3. 鼓励孩子面对挫折，多正面鼓励，给他些信心。

【给学生的建议】

1. 增强对人生、家庭的责任感。批评与鼓励相结合，结合家庭的实际，使其认识个人承担的家庭责任。从良心上感化他，从道义上要求他。

2. 学会处理青春期烦恼。青春期正是长身体长知识的重要时期，是一个人一生发展的关键时期，将自己投入集体生活中，学会与同学们相处，让同学们逐渐理解你容纳你。

3. 对自己要有信心。老师敢接纳你，说明对你有信心，自己也要对自己有信心，摔了跤不要紧，爬起来依然是个好学生。

4. 制定具体目标。将平时注意力和精力转移到目标上，在充实的生活中升华自己。

【结果】

小林经过半学期的努力，同学们接纳了他，他在集体活动中表现出色，学习成绩也开始回升，精神状态良好。

谁闯进了我的百草园?

【案例介绍】

小路是位听话懂事守纪的学生，父母一直很省心。最近一段时间母子关系忽然紧张，小路显得精神不振，心情烦躁，上课注意力分散。老师询问家长，电话那头，母亲一把鼻涕一把泪，——到底怎么啦？

上周六下午妈妈单位忽然通知可以报销子女的学杂费。由于小路没在，妈妈也不知将学杂费收据放在何处，性急的妈妈只好在小路的房间书桌上翻来翻去。正巧放学的小路回来了，满头大汗的妈妈坐在小路平时常坐的座椅上，面对站着的小路劈头就问："你这学期学杂费条子放哪里了？"恼怒的小路看着自己的房间一片狼藉，妈妈又占了自己的座椅，异常不舒服，没好气地说："没经我允许翻个啥？你坐到那边去，我要看书！"妈妈很恼火："怎么你的房间我不能进来？你的座椅我坐不得？岂有此理！"两人争吵起来。小路想到上次几个同学在一起玩，妈妈为了证实真假，竟打电话让他旁边的同学接电话而不让他接，使小路在同学中很没面子，结果越吵越凶。

【分析与辅导】

1. 母亲无意进入了小路的禁区。问题不在母亲可不可以进小路的房间，也不在于可不可以在书桌上翻动，而在于做母亲的没意识到应征求小路的意见，侵犯了儿子的个人空间。每个人都有自己的个人空间，尽管这一空间是父母给创造的，但一旦交付给儿子就属于儿子个人的，随意侵入必然会引起不快。

2. 个人尊严受到伤害。小路是孩子，但随着自主意识的增强，他也有个人的面子，特别在意同龄人的评价。母亲虽出于好心担心小路在外出事，但当着小路的面让同伴来证明，使同伴感到母亲信不过小路，自然引起小路不满。

3. 小路把握自己权利不当。母亲进入房间事出有因，并非真的翻过他的东西。只是因为自己日记信件放在书桌，便敏感地认为母亲翻过。母亲作为监护人，了解小路外出时的安全，是正常的，如果向家长请假在前，外出在后，交往的同学可靠，也就不会如此误会。

【给家长的建议】

1. 给孩子一个空间。从个性心理来看，认知水平相近、性格相似、关系密切的，个人空间小些，反之则大；从年龄来说，年龄愈小，距离愈小，反之愈大。

2. 给孩子一个尊严。孩子是家长生的，但他首先是人，要尊重他的人格，有利他社会性的发展。

【给学生的建议】

1. 不要狭隘地将权利当挡箭牌。权利是相对的，不是自己一切随意的借口，要认识到自己的不成熟性，理解家长的苦衷，不要主观臆断。

2. 百草园也有杂草。百草园是自己的，但不能保证不长杂草，要勇于清除，不能袒护，也要请人帮助。

【结果】

母子沟通后消除了误会，也学会了彼此尊重，母亲成了小路的知心朋友。

我第一次考第一名

【案例介绍】

小燕是位勤奋努力的女孩，但学习成绩一直起色不大，很是苦恼，特别是数学，老师也谈过方法补过课，平时少有进步，一到大考就一塌糊涂，弄得小燕郁郁寡欢、满脸愁容，星期天情愿呆在外婆家也不愿回自己家。

小燕母亲单位有好几位同事子弟与小燕同年级，母亲是位要强的人，很希望自己女儿成绩出色不在单位丢人，将来也能考个理想大学。因此对小燕期望很高，平时要求很严、过问很细。以财会人员的工作习惯，在生活细节上对小燕要求很条理很完美，比如洗澡时每个细小东西放在何处都规定很明确，而随意性强的小燕往往打乱秩序遭受斥责。每次小燕一回家，母亲就开始又唠叨又查问，直到返校。每次大考前后更是追问到底，所以小燕怕见母亲，怕大考。

【分析与辅导】

1.家长期望值过高。动机的强度与效果并不成正比，适当的动机和期望值才有理想的效果，不切实际的期望只可能抑制效果，因此母亲漠视小燕的实际情况，而过分强调与别人比，只能越比越糟。

2.小燕信心不足，缺乏正确自我定位。一方面对自己的每次努力结果寄予很大希望，但残酷的现实一次又一次击碎自己，没有正视自己，求胜心切。在父母要求的暗示下，始终不知自己的实际水平。在父母的斥责下又不会进行心理自我调节。结果信心全无，充满恐惧。

【给家长的建议】

1.了解学生实际，合理解决家长心愿与学生目标的矛盾。学生不能替代家长，家长也不能替代孩子，将自己的意愿强加在孩子身上是一种不明智的行为。

2.对学生要求要讲究艺术。集中时间说，针对问题说，有侧重地说，不要喋喋不休。要时时鼓励学生，给学生留有喘息的空间。否则在学校累，在家庭烦，学生无处躲，只好呆在外婆家。

【给学生的建议】

1.重新给自己定位。根据平时情况，将最坏的一次大考作为自己的起点，在努力中寻找成功的快乐。

2.相信自己，多看闪光点。虽然数学不行，但自己品行好，组织观念强，语文也好，并非一无是处，将来不一定比别人差。

3.制定恰当的目标。将目标分解成一层层凭努力可实现的具体阶段要求，发挥层递效应作用，在跳起来摘桃子的努力中由小到大，由易到难，由浅入深，步步登高。例如数学，先学会放弃后面难题，将基本题全做对即可，逐步提高要求。

【结果】

小燕的父亲是军医，后来小燕参加军队系统子弟考试，文化成绩全军区第一名，考上军医大学，当成绩公布的那晚，小燕激动得哭了。千里之外的小燕打电话告诉老师："我第一次考了第一名。"目前小燕在部队干得很好，入了党，成为一名优秀党员。

她偏偏爱上了她的老师

【案例介绍】

小刘是一位文静的女孩，学校浩然文学社的社员，喜欢阅读文艺书籍，虽然其他科目成绩平平，但语文成绩特突出。高三接文科班以来，作为班主任的我渐渐发现她学习缺乏激情，上课精神不好，即使调到第一排也常常上课走神，学习成绩起伏越来越大，老师与她谈话，她总是泪流满面，听老师的多自己谈得少。每次谈后效果也不好，时常心事重重、抑郁寡欢的样子。家长很着急，也弄不清原因，希望我能够帮助她。

【分析与辅导】

1. 症结是学习方法、基础知识有问题吗？虽说其他科目没有特色，但能够跟上。经过了解熟悉她的老师、同学得知，小刘智力水平、基础知识都不差。家长近期也请人辅导过学习，接受能力很强，学习方法也没问题。然而，传统优势的语文成绩现在也不稳定，许多刚讲授的知识也犯低级错误。

2. 症结是晚上开夜车复习过度睡眠不足吗？小刘确有开

夜车的习惯，经与家长联系，每天晚上督促按时休息，但不久发现小刘依然第二天精神不好。虽然她家离校很近，但依然常有踏点进教室的现象。

3.症结是父母期望值过高，学习压力过大？经了解父母经济收入可观，对她很少批评，只希望她能够考个大学、学历上增加一些就行，要求并不苛刻。

初步结论：小刘的问题出在内部原因，而且是非智力因素严重干扰，但由于小刘是走读生，平时与其他同学交往少，知心朋友不多，加上性格倔强独立性强，与家长、老师交流的深度不够，因此只有老师、家长继续观察。我加强对她的情感投入和关心，等时机成熟，让她主动向我敞开心灵之门。

（一个多月以来，我一直没有放弃对她的接近，尊重理解、温暖真诚，为良好的咨询关系创造条件，以便解开她的心结。小刘的状况没有好转，在备考的压力下，成绩每况愈下，精神越来越差。元月统考后不久的一天黄昏，听班干部反映小刘这天下午放学后一个人在教室里痛哭流涕，谁问也不说。我抓住时机，没有把她带到咨询室，而是趁着夜色在操场散步谈心，直到在校园的石凳坐下细谈时，小刘才慢慢道出积压了一年的心结。）

案例原委：原来在高二时，给小刘班带语文的老师大学毕业不久，年轻英俊，一脸阳光，浑身活力，谈吐幽默，言行举止很像一位影星，不仅很有学识而且对学生很好，平时对小刘也特别关心，她的范文常常在班上公开朗诵，再加上语文老师的几句文采飞扬的评价，小刘觉得上语文课实在是一种幸福的享受。小刘开始是特别喜欢上语文课，后来她发现自己渐渐地也希望每天能够看到语文老师出现在本班教室里，有时自己从语文老师办公室路过，也希望能看到语文老师的影子。有一天，语文老师因外出开会，由另一位老师上课，那节课平时一向发言积极的小刘始终提不起精神，很失落。小刘发现自己已经暗中喜欢上语文老师了，怎么也挥不去。父母忙生意，顾不上她；走读缺少知心朋友，没人倾诉，压在心中，老师又不能告知。有两次，小刘在校园的樱花路上碰见语文老师，她几乎鼓足勇气想表白，但在慌乱的问候中还是放弃了。小刘想在作业本中夹纸条但又担心课代表发现，想到办公室偷偷放封信，又嫌办公室老师太多。高三了，这位语文老师被安排在其他年级，小刘原以为就会忘却，但同在一个校园，还是远远看见了一次，小刘没有迎上去，但思绪乱糟糟的，后来又无意中知道这位语文老师早已有了女朋友，小刘弄得晚上也睡不好，整天神情恍惚，想到离高考时间越来越近，成绩直线下降，怎能不着急呢？

【方案】

首先改变小刘的认知层面。

1.青春初期产生对异性的爱慕恋情是正常的情感，无可非议。心理学认为人在青春期都要经历疏远异性——积极接近异性——恋爱的阶段。青少年对周围的异性，或因其容貌，或因其才识，或因其能力，或是因其人格，往往产生强烈的迷恋。老师与青年学生接触较多，一般来说，老师在德、才、识诸方面发展较好，很容易引起学生效仿，极容易成为青春期学生爱恋的对象，特别是女学生。

2.单相思是一种没有结果的恋情。成熟的恋情应该是两情相悦，单相思是一方暗恋，另一方浑然不知，只能是一朵根本不能结果的花。语文老师有工作的责任心和对学生出色表现的赏识，加之事实上他有自己的恋人，不可能对小刘有特别的偏爱，只是一般的师生感情。

3. 高中阶段不是开花的季节，青葡萄不好吃。时机不到不能做，果子未熟不能吃。不管年龄、心理成熟度，还是生活自立、经济独立程度，都还不适合恋爱。青少年正处于世界观、人生观、价值观的变化形成时期，学业、事业、职业都尚是变数，兴趣也在变化中，一切都在变化中。

其次让小刘面对现实，摆脱幻想。

由于我与那位教语文的小伙子熟，按照咨询保密原则，我并没有告诉他真实的情况。碰巧他要来找我，我约了小刘也到办公室，他们好像不期而遇，虽然这位年轻教师也很热情地与她交谈，但明显感到她再也找不到原来的特殊感受，彻底抛弃了幻想的成分。阵痛以后我建议小刘跳出来，用理智战胜情感，将注意力移向备考学习，在知识海洋中寻找欢乐。把自己置身集体之中，大家一起学习娱乐，排解孤独与空虚。

【结果】

多情的女孩终于走出单相思的迷津，她发现自己过去一直特崇拜的老师实际上也是普通人，原来是自己把老师偶像化了。小刘在家长、班主任的帮助下迅速调整心态，很快进入备考复习的快车道，后来考入一所本科院校。小刘在以后寄给我的贺卡中写道："几年以后我也要成为老师，如果当年能够早日走出迷途，也许我会走得更好！"

优生想退学

【案例介绍】

哪个做学生的不希望自己的成绩突飞猛进？而阳阳却做出了完全相反的选择。当他从班里中下游一步一步艰难地上升到全班前10名时，他突然有退学的念头。

阳阳是个相当普通的高中男生，身材、长相都比较"大众化"，走在人群中很难找出来。当大多数高一新生还沉浸在进入省重点中学的成功愉悦中时，有"超前意识"的阳阳开始用功了。在学校里，他没有表现得过于投入学习，下课依旧和同学聊天，只不过有时趴在桌子上睡觉，同学们包括同桌都没有发现这个细微变化。其实阳阳每天晚上放学回家至少有2个小时花在学习上，将近12点睡觉，早上7点不到就要起床，上课不打呵欠已经相当不错了。眼看着懂事的儿子如此刻苦，阳阳的父母欣慰不已，为他的学习创造最好的氛围。一时间，阳阳仿佛提前进入高考准备期。辛苦的汗水很快看到了成果，高一上学期期中考试，他的成绩从原来全班第58名迅速上升到全班第32名。期中总结班会上，班主任老师表扬了阳阳，并将阳阳树为后进赶先进的典型，号召大家向他学习。阳阳很开心，他更努力了……到了高一下学期期中，他因勤奋而成为全班老师交口称赞的好学生，成绩也如火箭般蹿进了全班前10名。阳阳的名字随着家长会在各个家庭广泛颂扬。靠扩招花大价钱进校的阳阳的父母感到很欣慰，而阳阳却一脸愁容，始终闭口不谈。

在父亲的陪同下阳阳走进了学校心理咨询室，没想到阳阳说出的心里话却让父亲傻了——势头看好的儿子居然有退学的念头，理由竟是成绩进步只因用功。"我是一直在进步，可那不是因为我聪明，只不过因为我比别人更用功。"他觉得自己从高一用功开始，就被一片赞美声包围。在学校，各学科的老师都把他当榜样树；在家里，爸爸妈妈对他关爱备至，百依百顺，逢人就夸儿子聪明懂事，成绩又进步了云云。然而赞扬越多，阳阳感到肩上的压力就越大，他成了只进不退的报喜鸟。他无法想象如果有一天，自己再也不能进步了，甚至重新掉到全班中下游，世界会变成什么样，自己还有没有脸见人。他觉得自己输不起，因为他不想辜负信任她的老师和父母。心结没有打开，压力一天天增大，担心也更严重了。做题效率大大降低，失眠开始出现，白天听课的效果也打起折扣。阳阳曾经在班主任的建议下回家休息了两天，却老想着：我在家休息，同学们都在用功，那我不是要掉队了。阳阳又奔回学校。可令他痛苦的是，不看书惶恐，看到书和习题他却又紧张得要命，甚至出现了拿起笔来手发抖的症状。他想退学，成绩进步让他活得太累了。

【分析与辅导】

阳阳的情况属于强迫症。强迫症是神经官能症的一种。现在许多中学生都有这样的认知误区："聪明的人不用功，用功的人不聪明。"使许多同学特别是中下成绩的同学不愿也不敢去努力用功，害怕同伴讥笑自己笨。尽管阳阳已经是一名优等生，但他内心却并没有因为自己成绩进步快而感到高兴，相反倒有着深深的自卑。他缺乏对自己客观的认识，将自己的成功全部归功于自己的努力，而不是聪明。

【方案】

1. 正确认识"聪明"和"用功"对个人成长的作用。从心理学角度看，聪明和用功是两个不同的心理范畴。"聪明"是属于能力（智力）范畴，而"用功"属于意志力范畴。最好的人是聪明而勤奋的。阳阳不必妄自菲薄，若要了解自己的智力，可以去做智力测验；而有些学生平时不努力，也不见得考试时会有多努力。所以，他不必担心一定会被别人超过。"考上大学并非都是聪明的，聪明的并非都考上大学。""聪明反被聪明误"的事例很多。

2. 正确认识自己学习的动力。阳阳学习缺乏来自内在兴趣的动力，只是在为别人的期待和肯定而努力，所以他会特别在乎自己的"面子"，在乎家长和老师的看法，害怕成绩掉下来，无法面对身边的人。这样心理压力很重：一方面内心缺乏信心，另一方面来自外在的压力又越来越大，超过了自己的承受力，就会出现不良的念头。

3. 正确认识学习进退的关系，理解"高原现象"的原理。学习不可能永远进步，在学习的过程中总存在前进与后退。前进与后退是相对的，后退之时也绝非无值得肯定之处。根据高原现象也有徘徊甚至后退。只要自己一直没有放弃，最终的成功总会到来。不管学习还是做事尽心尽力即可，不是为了别人，也不必看别人的眼色，只要不是歪门邪道，只要能够成功，即使自己是世上最笨的人但取得了成功，最聪明的人也没有资格来评论。世上只有成败论英雄，没有以聪明还是愚笨论英雄。走自己的路，让别人去说吧！

【结果】

阳阳终于分清了是非，摆脱了从众心理，不再无端地强迫自己，减轻了心理负担，在继续保持努力作风的同时，优化学习方法，按自己的风格投身学习，目前高二成绩稳定，成为一名真正的后进赶先进的优等生。

漂亮的女生自嫌丑

【案例介绍】

一个周六的黄昏，一位母亲领来一位高一女生。这位女生不管是五官还是身材，走在人群中都是引人注目的女孩。她垂着双眼，满脸愁容。据她母亲介绍，女儿原来非常活泼，自从进入高中后性格变内向了，也不爱与人交往了，但爱上了打扮，爱穿新衣服，老爱照镜子，凡是时尚的东西总要买总想穿，老爱问母亲自己漂亮不漂亮。住读的她最近连周末也不爱回家，不回家的原因就是脸上长了几颗青春痘，觉得自己丑。听女儿的同学说最近她晚上常做恶梦，情绪也不好，学习成绩也在下降，问她也不说。母亲很着急，希望女儿能够摆脱困境。

【分析与辅导】

（为了咨询方便，我请这位母亲回避，我向女生说明了咨询原则，然后开始询问。以下咨询老师简称"师"，咨询女生简称"生"）

师：你脸上的青春痘很小，根本看不出，是什么时候长的？

生：不小，已经四颗了，上个星期二下午我发现的。

师：是啊！长青春痘是影响美容。没长青春痘之前你害怕自己丑吗？

生：是的，我害怕。

师：你觉得自己长得漂亮吗？

生：我不漂亮，可也有同学说我漂亮。我也不知道自己漂亮不漂亮！

师：爱美之心人皆有之。你觉得一个人漂亮不漂亮与他（她）的一生有必然联系和影响吗？

生：应该没有吧，但有时候也有。我喜欢漂亮，也喜欢自己漂亮。

师：你在意同学对你漂亮的评价，还是在意你父母或其他人的评价？

生：都在意，（停顿一下）也许更在意我父母。

师：你觉得你父母平时对你好吗？

生：（抬起头）好哇！爸爸妈妈对我比对我弟弟还好些！

师：你还有个弟弟？他多大了？

生：他12岁，比我小4岁，小学快毕业了。

师：你弟弟比你小，你为什么说爸爸妈妈对你比对弟弟好一些？

生：爸爸妈妈说男孩子调皮些要管严些，我是姑娘啊！但我也发现好像爸爸妈妈有点偏向我，我弟弟不服气，说过几次。

师：你能举个例子吗？

生：例子多。初二时我唆使弟弟一起在外面网吧上网，结果被爸爸妈妈发现，弟弟挨了一顿饱打，我只是被教育了一顿。实际上我是主谋。

师：你爸爸妈妈是从事什么职业的，你与他们交流多吗？

生：我爸爸是个工程师，话不多，天天很忙。我妈妈是厂医，与她交流多些，有时也与她吵嘴，她总是让着我。

师：你觉得你爸爸妈妈谁对你更好些？

生：（又抬起头）都好！（接着又补充）爸爸妈妈对我都好！

（我给她布置咨询作业：真实感知父母的爱）

（随后我与她母亲聊起来，以下咨询老师简称"师"，母亲简称"母"）

师：听你女儿讲，你们有两个孩子？

母：是的，还有一个小她4岁的儿子，快要上初中了。

师：现在买房子花钱，医疗花钱，孩子读书更花钱，幸亏你们两人工资高，抚养两个孩子不容易呀！

母：是的，好在两个孩子还听话。

师：我与你女儿在交谈时有个疑问，我想冒昧地问一下，按说80年代城市计划生育抓得严，一对夫妇只能生一个孩子，况且他们相差4岁，能否告诉我你们怎么有两个孩子？

似乎你女儿有什么疑虑。你也可以不说。

母：她有疑虑？（迟疑了一会）如果告诉你实情对她有所帮助我倒愿意说。她不是我们亲生的，我和他爸爸结婚后好几年没要上孩子，后来就抱养了她。没想到几年后又怀上了，当时我们很矛盾，想做掉，但想到自己怀上孩子也不容易，许多亲友都劝我们不要做，加上她爸爸是少数民族。我们想只要我们好好待女儿是没有影响的。老师，这与她现在情况有联系吗？

师：现在还不清楚。她知不知道自己不是你们亲生的？

母：应该是不知道的。我们亲友都没有告诉过她。我们既然领养了她，就要对她负责，虽说没有血缘关系，但感情很深，在我们内心里早就认定她是我们女儿了。平时我们对她比亲生的还要亲。有时遇事我们反而要求儿子严一些。现在看到她这个样子，成绩又直线掉，我们能不着急吗？

师：你们没有想过告诉她事情真相？

母：我跟她爸爸也犹豫了很长时间，真担心告诉她真相会把事情搞糟，把她拉扯这么大也不容易，感情上割舍不下，我们真不愿意她离开我们。我们把她送到重点中学，也是希望她有个好前程。

师：她平时总担心自己不漂亮，总爱打扮自己，你们说过她不漂亮吗？

母：我们女儿从小就长得漂亮。小时候，她爸爸可宠她，只要一下班见面，又是抱又是亲，喊她"漂亮宝贝"，亲友们也这样喊她。她在我们心目中永远漂亮。

师：你们现在还这样亲热吗？

母：（笑起来）她这么大了，也不能这么亲热了，她爸现在又忙。况且学生以学为主，漂亮只是外表，我们平时也就提得少。

师：好，等她作业交来我们再谈。

（第二次，当这位女生将作业交来后）在我的引导下她终于弄清了原委。

女生断断续续回忆说："自小我一直是个快乐的小天使，每当我张开双臂搂着爸爸妈妈的脖子时，我总感到自己是世界上最快乐的人。即使弟弟出生了，爸爸依然'漂亮宝贝'地与我亲热。""有人说长相上儿子像妈女儿像爸有福气，弟弟一出生我就找到他与妈妈的相似点。可我总找不到与爸爸的相似点，也很少有人说我长得像爸爸或者妈妈。""初三时我在厂区遇见一位老奶奶，她听说我是我父母的老大，端详了我好一会儿说：'姑娘你真有福气呀！'我当时听不懂，父母在厂区人缘好口碑好，我忽然闪出一个念头：'难道我不是我父母亲生的吗？'""为什么遇事父母总是袒护我而不袒护弟弟？""我是因为漂亮，爸爸妈妈才喜欢我的，要不然为什么父母总喊我'漂亮宝贝'。我不想失去他们，我只有永远漂亮才行！""我偷偷翻过妈妈的有关遗传方面的医学书，也很关注亲子鉴定，我有时候极想作亲子鉴定可又害怕。我整晚整晚地睡不着。""上周长青春痘我烦死了，我肯定不漂亮了。"

【辅导结论】

养父母害怕说出真相而失去抱养的女儿，因而极力回避。女儿因为害怕失去养父母而错误地认为只要自己漂亮养父母就不会抛弃自己，并且将这种不良的焦虑强化在个人打扮漂亮上。根源在于养父母不敢面对面地公开对养女说："孩子我们爱你！虽然你不是我们亲生的，但永远是我们的孩子。"以消除女生的忧虑。女生也不敢公开地说出自己的忧虑，结果负强化在讲究个人漂亮上了。

【辅导处理】

养父母与孩子双方在一起坦诚相见，养父母勇敢地道出原委，历数养育之苦，表明："你虽不是我们亲生的，但是我们亲养的，不管你是否漂亮，将来如何，你永远是我们的孩子！"女生谈出忧虑，消除误会。辅导老师建议双方要加强沟通多交流，是否亲生并不重要，重要的是亲情。漂亮不能永久，内在素质才是最重要的。

【辅导反馈】

父母与孩子沟通增多，孩子情绪稳定，坦然面对青春痘，不再担心是否漂亮，学习成绩开始回升。

为什么周围的人都很冷漠?

【来信自述】

讲述人：宁静（化名）

年龄：16岁

性别：女

年级：高二

我是个很文静的女孩子，严格意义上讲，我性格属于比较偏内向的那种，从小到大，我从不招谁惹谁，是个乖乖女，爸爸妈妈和老师对我都很放心。我遇事不爱与别人争个高低，能忍受就自己忍受，我心肠不坏，对人也很真诚。

在高一时，我住校，同寝室有个女生家庭条件好，个性也强，她好像在校外还有一些不三不四的朋友，她动不动就用这个来威胁别人，平时说话做事都很霸道。我们睡在相邻的铺位，不巧因为一些小事闹僵了，那个女生很阴险，她经常趁我不在寝室的时候，说我的坏话，并且对全寝室的女生半收买半威吓，使得同寝室的女生都不敢同我说话。后来等我发现时，我已经被周围的同学孤立了，我只好独来独往，整个高一期间，我的情绪一天比一天糟糕，学习成绩也不断下滑。老师不知道，爸爸妈妈也没有弄清原因，还一直责怪我上了高中不努力。

我以为到高二分班后进入新的年级和班级情况会好一些，但现实让我失望，虽然在文科班没有再出现被孤立的事，但我的情况并没有根本好转，我觉得我周围的同学都很冷漠，他们说话做事很少关注和考虑我的感受，包括我的同桌也很自私，我需要她帮忙的时候她根本就不理会，只顾忙自己的，我觉得自己在新班级没有可以交流的朋友，有困难时也没有人能及时伸出援手，且时时有被排斥在外的感觉，我没有兴趣在班会进行自我介绍，懒得参加做操升旗等集体活动。现在开学几个月了，我还不能很好地融入新集体，感觉自己很孤单，有休学不读的念头，又怕爸爸妈妈不允许，我心情很郁闷，不知怎么办。

【辅导回音】谁筑起了那道冷漠的墙？

宁静同学，读了你的来信，我很为你难过和忧心，一道厚厚的墙隔断了你与同学的交往，使你心情郁闷、没有心思学习、没有兴趣参加集体活动，甚至准备放弃目前最重要的学业，同学交往的困难正阻扰着你的成长。

通过你的叙述，你静心考虑一下，也许你目前的状况和感受根源就在于你高一时的经历。也许就是高一的那一段长期淤积的不愉快甚至可以说是痛苦的经历，在某种程度上使你对周围的人际关系感到恐惧和失望，使得现在的你在与人交往时，始终保持一种自我保护的姿态，不轻易与他人交流，也不主动与他人深入交往。你很在乎别人对你的感受，而你自己又独善其身，自然使你游离于集体之外，显得与班上同学格格不入，认为别人冷漠，感到自己孤独。如果说在高一那位女同学的不妥做法筑起了你与周围同学一道冷漠的墙，那么你个人后来不采取积极的态度，特别是现在高二的恐惧交往、逃避现实的行为加厚加高了这堵冷漠的墙。

我们可以分析高一时的那件冲突事件，同学之间发生冲突，又有多大一件事情？小事情小冲突值得那位邻铺位女生大做文章吗？班上的同学都喜欢那位女生吗？那位女生所说所做周围的人都相信吗？你自己思考就会发现有些问题并没有你想象的那么严重，实际上也许周围的许多同学不一定都喜欢那个女生，至少不喜欢她的这种行为，也就是说，班上的同学孤立你也许本身不是因为你的原因。我们设想一下，如果这件事是发生在寝室的另一个室友身上，那作为周围人的你是会继续和她交往，还是也被迫加入孤立她的队伍呢？周围的人不想招惹麻烦，你也许也不想招惹麻烦，可能也不会继续和她交往。实际这种做法是群体的不作为助长了不良因素的滋长。谁都有责任，但群体又如何追究责任？因此也不能完全怪周围人的冷漠，而能够自救的首先就是自己，当时如果你能够如实向老师或者家长反映情况，寻求帮助和指导，及时处理问题，避免群体环境的破坏，那么那位邻铺位女生的不妥行为也许对你没有这么大的伤害和干扰。而可惜的是当时的你选择了逃避和退让，听任事态的发展。

宁静同学，通过你的个人评价，你本人并不是个招人讨厌的女孩，你有着和同学们友好相处的资本。现在班上的同学大多是独生子女，肯定有一些同学会表现得比较自私。不必将这一缺点扩大化，认为周围没有好人，对于她们的自私不妨一笑了之，因为她们本身并没有恶意。高一的经历只是你人生中的一次偶然事件，你周围的人并不都像高一同寝室的那个女生一样蛮不讲理、横行霸道，更多的人也许不够热情，但却不乏善良，所以，要想改变目前的状况，你必须要自己先付出努力。特别是在高二的新班级新环境，只要你肯付出真心，一定可以拥有自己新的朋友；只要你付出更多的热情，主动参与集体活动，相信周围的人，积极合作，你会发现班级需要你，你也离不开班级。这样在身心愉快的环境中生活，你的成绩肯定会重新回升。你不仅要考虑周围的同学对你怎么样，你更要首先考虑你对班级对大家怎么样，做了些什么，热情一点、主动一点，一切都会心灵共振。

宁静同学，我们不怕冷漠，我们有热情来融化，我们不怕孤独，我们有诚心来沟通。祝你早日在班级找到自己的位置。

（2008年10月）

抬起头，快乐阳光依然在天上

【来信自述】

讲述人：子矜（化名）

年龄：17岁

性别：女

年级：高二

我是一名高二学生，以前的我和现在的我完全不同。在初二以前，我对这个世界有太多的憧憬。我自信、快乐而洒脱地过好每一天。那时的友情、亲情、学业是一路通畅。在初中的班集体里我是以全校第一名进校的，因此那段时光就像是活在天堂中一般美好。在学习上，只要是我制定的目标，我便能够实现。而且，在实现目标的过程中，我非常的快乐。那时候的我开朗、达观，很有主见，在任何一方面都追求完美，所以在个人修养与外在事物上都很好。那时我就像一只无忧无虑的小鸟，纵使学习任务不轻，但仍能快乐飞翔。

然而，初二下学期我们的班主任换了，新来的班主任教学质量不高，还好吹嘘自己，所以全班人都对他很反感。虽然我仍然积极进取，但学习上却遇到障碍，那时我在晚上偶尔会睡不着觉。但我对这没太注意。后来，要升学了，眼看只剩下一年，就一下子奋发起来了。在初三前的一个暑假，我自己给自己制定计划，并且认真实施了，果然我像一只找回战斗力的鹰，但我似乎缺少了一些快乐多了一些沧桑。在进入初三时，我紧张奋斗着，以至于长期休息不好。但在一次全县选拔学生提前到省重点中学的优录考试中，我的努力最终没有白费，我以全校第1名、全县第10名的成绩进入了现在的班级。

我以为凭着我以前的学习方法也能实现我的目标，然而，我错了。纵使我强烈抑制着我的疲劳努力学习，我的成绩仍然不是很理想，竟然在第一次考试中只考了第40名。看到这个成绩，我彻底垮了。在一个新的环境中我没有朋友，我的父母都是农民，他们没办法懂我的心，我的苦只能埋在心里。在以后的学习中，我想振作，但无法尽全力。我很怕，开始失眠，继而变得精神恍惚，到后来竟然有两个声音在我的脑海中不断回响，像是有两个我在不停争吵。在那个学期里，我失去了快乐，没有笑声，没有味觉。于是，我决定换班，转到普通班中，我想让自己在一个新环境重新开始，重新回到以前那个快乐如鸟儿的我。

于是，我如愿地转到了普通班中。在这里，我重新开始了我的生活。我希望我快乐一些，于是我努力使自己变得快乐。强烈的自制力与自我鼓励让我的生活状况好转了一些。在第一次省级重点高中的联考中，我是班上的第5名，且数学考了140分。但我就是品尝不到胜利的滋味，心情的改变带来的不是阳光和开朗而是如蜡般无味的枯燥。但我那时坚信：只要努力，我一定能回到原来的我。虽然在学习成绩上，我提高了很多，但我对各科的兴趣全无。夜里很紧张，总是睡得不熟，睡得不香，第二天精神总不好。如此过了一年，我仍未尝到学习进步给我带来的快乐与兴趣。高二上学期期中，我外婆去世了。我不知怎么的，脑中一片空白，似乎看到的是沮丧与无光的前方，从那时开始我的自信心一点点地丧失，快乐也不再有，兴趣也不再有。在这个暑假补课后的考试中，我考得糟透了。回首那段时光，我似乎振奋了一点，似乎尝到了学习的乐趣，但持续的时间如此之短，因为失眠让我无力与命运抗衡。虽说在新学期第一次考试中进步很快，但我却感到我的斗志早已让萎靡不振的精神摧残得不像样子。

现在的我原本超强的自信心没了，优越的自尊心没了，我甚至连可怜的斗志也没了。我想奋斗，因为高考只剩下一年的时间了，那是决定人生的考试。我现在很害怕呀，我怕我这次努力会像以前一样只是成绩的暂时进步，但却得不到兴趣与快乐，还有好的睡眠。其实我想要的很少：好的睡眠，良好的兴趣爱好，自信心与快乐。但上天好狠心呀，一样都未给我！人生会因坎坷不平的路途而美丽，但我的人生路只见浓雾迷漫，不见阳光，何时才会让我过一过正常人的生活啊！

我交朋友很注重人与人之间共同的语言，与对方的道德修养。在我的心里，拥有成百个说不上心里话的朋友远远比不上一个能与自己谈古论今，畅谈理想、人生、诗或做人方面的知心人。我喜欢英语课本中的一首English poem《Dust Of Snow》那种静的意境：一个穿着厚重的女孩，穿着长靴走在一片铁杉林中。这是刚刚下完雪的树林，周围静得出奇。只听见鞋踩在白雪上发出的声响。小女孩呼出的白气缓缓升起，突然有一只乌鸦在铁杉木上跳动了一下，小团雪落了小女孩一身，小女孩若有所思，被身边的景物感动了，像是要落泪。但谁会如同我一般呢？如同我一般去欣赏这诗。在班上我似乎没有志同道合的朋友。这让我孤独、惆怅。

我想重新来过，重新拥有那份快乐、那份充实与自信，但我怕努力后，仍是一场空。我该怎么办？我感到很无助，请帮帮我！

【辅导回音】

读完子矜的故事，我想起一位名人说的话：幸福是自找的，痛苦也是自找的。换句话说，快乐是自找的，烦恼也是自找的。犹如我们生活中常使用的硬币两面，一面是快乐，另一面是烦恼。快乐也罢烦恼也好，关键在于自己的选择！

随着年岁的增长，成长的烦恼总是伴随我们而来。我们不可能始终生活在一成不变的环境；我们不可能总是事事顺心万事如意；我们不可能学习成绩只有进步没有退步；我们不可能只做中心的太阳而不做环绕月亮的群星……子矜，你目前的困惑我们都将经历或曾经经历，因为我们都会长大！

子矜，在你的叙述中，从告别初中到考入高中、从分入实验班到转入普通班，都是你的成长环境在变，如果说前者是积极的选择，后者则是消极的逃避。也许你可以逃避一时，但不可能逃避永久。你说："他们没办法懂我的心，我的苦只能埋在心里。"也许你一直在强调自我，强调个人的主观感受，没有走出突出自我的小圈子，你觉得别人没办法懂得你的心，可是你是否有意向你的亲人、同学主动敞开自己的心扉？因此我建议你的第一句话就是"走出自我，适应环境"。当你推开自己这扇紧紧封闭的心灵之窗时，你会发现好大一片天，天空也蓝，阳光也灿烂。

　　子矜，我想建议你的第二句话就是"重新解读自信内涵，在真实中肯定自我"。自信源于实力，实力包括方方面面，学习成绩的优异与上升不是体现个人实力的唯一标志。你以全校第1名进入初中所以自信；你由于初三发奋以全县第10名考入省重点高中实验班而感到自信；但你由于初二换班主任、学习遇到障碍便偶尔睡不着觉；你由于高中实验班第一次考试排在40名而感到"看到这个成绩，我彻底垮了"。成绩的升降起伏左右你的情绪，你"失去了快乐，没有笑声，没有味觉"。于是你"想让自己在一个新环境重新开始，重新回到以前那个快乐如鸟儿的我"。而这一切都源于成绩，成绩成了支撑自己自信、支撑自己所有生活信念的唯一寄托。反复的折腾，心灵的疲倦，等到以后即使成绩有了起色，你也再没有快乐的体验了。作为学生在乎学习成绩是对的，但患得患失，太在乎成绩却是值得考虑的。"父母都是农民"不是你的错，也不能成为我们自卑、寻求强烈自尊的理由。当人在奋斗中找不到自尊的支点时，他就会在自尊与自卑中摇摆和否定自己，于是感到快乐也离他而去。实际上我就是我，真实的我，坦然面对，也许会少许多烦恼的缠绕。

我想建议你的第三句话就是："快乐是七彩的，生活是丰富的，朋友是多样的。"你说："上天好狠心呀，一样都未给我！"实际上犹如生活的美一样，不是没有而是缺乏发现。我们不能抱怨别人是否理解自己、接纳自己，而是要思考我们是否投入火热的生活。我们都是凡人，谁也不完美，我们可以追求完美但是要以宽容之心善待一切、不苛求周围一定完美。我们真心爱别人就像爱自己一样，我们就会体验着快乐和愉快；我们相信别人就像相信自己一样，我们就会安全和不孤独。实际上在给予别人的同时我们会收获别人回赠的关心、支持、尊重和温暖。你所叙说的英语课本中的孤独美很令人向往，但我们更多的还是回到现实中，因为那才是真实的生活。

快乐是一种态度，需要我们积极面对。快乐不是一种状态，我们可以选择。子矜，走出去吧，朋友就在身边；再努力吧，希望不会落空；一切都会来，一切本来在，抬起头，看——阳光七彩照上空！

（2008年5月）

坐第一排的考生你别急

【案例介绍】

5月下旬的一天下午，高考准考证提前发下来，让同学们核对信息。高三女生小莎晚上没有来上自习。小莎是郊县人，住在市区的大姨家。大姨打电话说小莎病了。小莎平时很努力，成绩优良，只是与人交往少，虽说体质弱，但很少缺课，况且现在高考在即，更是耽误不得。心急火燎的母亲从郊县赶来，在母亲的陪同下，小莎走进了心理咨询室。原来小莎3年前在县区参加中考时，平时成绩非常优秀的她坐在第一排参加考试，一心想考重点高中的她第一场考试就遇到麻烦，监考老师出于好奇随手翻看了她的一张试卷，足足28秒！结果小莎思绪大乱，无法静心答题。以后几科考试，坐第一排的小莎总担心监考老师还会翻看她的试卷。最终小莎中考失利只能以扩招形式出高价进入重点高中，小莎从此考试很害怕坐第一排。现在高考准考证发下来了，她听班主任讲按高考常规，一个标准考场30名考生，横五竖六顺序排列，准考证号最后两位是01、07、13、19、25号的考生意味着将坐第一排。巧的是，她的准考证就是13号，一个西方人都讨厌的数字。现在命运好像又在与她作对，中考坐第一排，3年以后的高考她又要坐第一排！失败的阴影再一次笼罩着她，她几乎要崩溃了！小莎焦虑不安，为什么倒霉的事情都让她赶上？中考失败，肯定高考又要失败！她不想到校复习了。

【分析与辅导】

这是典型的考试焦虑症的表现，小莎很在意考试的成败，平时她关注学习，与人交往不够，可能有轻微的交往恐惧，目前想迅速改变也不现实。重点从考试焦虑方面进行疏导。我对小莎建议如下：

（1）视高考如平时，顺其自然。高考并没有什么神秘，与平时适应性考试并没有区别，都是考两天，都是考五门，每天考试时间都是一致，都是在教室考，等等。向她列举高考与平时适应考试的相同点，而平时复习期间已经进行过多次适应性考试，认识到高考不过是平时适应性考试的延续，只是更正规而已。小莎平时考试也曾坐过第一排，班级滚动调位也坐过第一排，也就无所谓神秘了。

（2）视坐前面属巧合，纯属偶然。我告诉小莎，考号是摇号机随机摇出来的，每位考生都有可能坐第一排，谁坐几号纯属偶然，你坐前面也属巧合，没有任何人为的因素，不必夸大这些偶然性。中国人就是中国人，不要受西方文化的消极影响。要把坐第一排视为挑战自我的机会，引导小莎多从积极的角度思考。

（3）视监考教师是外行，增强自信。考场没有多余试卷，有些监考教师想知道当年高考考什么，忍不住就凑到考生桌前翻看，你以为监考教师真的很内行？会发现你们做的对还是错？实际上也许你比他还内行呢！外行人看你内行的卷子什么也看不懂，你只管做你自己的，你一言九鼎，你就是权威，不要心虚，相信自己！

（4）视老师是强者，有意示弱。个别监考教师无意中有违规之举：站在考生面前不走；翻看考生试卷；在考生所在走道走来走去；搬把凳子在靠近考生的地方坐下，等等。这些不经意的举动也许主考并不知道，而监考教师的管理者角色决定了在考室内考生是弱势群体，考生利益可能在无意中受到伤害。我劝她：监考教师不是来监督你们的，而是来为你们创造一个公平公正的环境、为你们服务的，他只关心考场秩序，而不考察你做的对错。作为教师，他与你素无仇怨，可以将他想象成自己熟悉的老师或亲朋；若真的监考老师站在你旁边，你只管将他视为"树影"；若真的监考老师在翻你的试卷，你可以善意地对他笑一笑；若真的监考老师坐在你身旁，你可以举手告诉他"我有些害怕"；若真的你害怕老师，考前你可以打招呼："老师，您好！"也许老师真的影响了你，但老师真的不是故意的，你可以提醒他，他肯定会醒悟的。总之，不怕你开口，就怕不开口，保持良好的应考情绪非常重要。

我强调：坐在第一排真的没什么可怕。过去许多坐第一排的后来考上重点甚至名牌大学。第一排只说明你参加考试的位置，不意味着你受干扰的多少。想想收发卷子的时间差，坐在第一排你没有结束铃响后必须先停笔交卷的限制（全体起立，同时退场），却有先发卷先睹为快的优势（往往试卷是从前向后发放），况且坐第一排想得到老师的服务机会也多些呢。坐第一排有何不好？也许，坐第一排的同学就是最先迈入第一批高校的群体呢！

【辅导反馈】

小莎又到校参加复习了，而且终于放下包袱走向高考考场，特别是考第一场前我又给她打电话鼓励进行积极暗示，第一场轻松过关，后面越考越顺，最后被外省一重点大学录取。

房东阿姨真的在刁难吗?

【案例介绍】

小敏是重点中学的一名高三女生,为了高考复习方便,征得父母同意于秋季在学校附近租了房。房东夫妇四十多岁,女儿到外地上大学了,为了补贴家用,将女儿的房间租出去,因此小敏不必父母陪住,与房东夫妇分室而居,彼此照应,倒也省去父母对小敏安全的担忧。最近小敏心烦意乱,感到无法与房东相处。

【咨询经过】

小敏:老师,我感到没法在那里住下去了。房东阿姨现在处处刁难,我住在那里很压抑。我又不想告诉父母让父母担心,因为是我要求租的房子。我烦得很,我该怎么办?

老师:房东是个什么样的人?你能举几个例子说明她刁难你吗?

小敏:现在每天晚上,我正在房间学习,她好像总在侦察我;她每次关自己卧室门时总将门拍得很响,吓我一跳;她每次见到我也不笑;晚上只允许我用一瓶开水,昨天又将放在我房间的她女儿的台灯拿走了,换了一个白炽灯泡;平时在屋里像防贼一样防着我,柜子锁着,房门也锁着。

老师:你们欠她的房租、水电费之类的吗?

小敏:咋可能,当初我们租房时一次性交清,合同上规定至少一年，提前退房还不退预交的房租呢，水电费也包含在内一次性交清了。

老师：那么最近你和你的父母与她们有矛盾吗？

小敏：没有。我父母很少过来，我一直"阿姨长，阿姨短"的喊她，不可能有矛盾。

老师：看来你们在合同上没有矛盾。那她原来对你怎么样？

小敏：原来还好，就是最近怪怪的。

老师：根据你平时观察，她与外面人打交道待人处世怎样？

小敏：一般吧！没有特别的。

老师：她家庭最近有事吗？她与她丈夫关系怎么样？影响你晚上学习、休息吗？

小敏：没有感到她家有啥事。他们关系还好，那个叔叔在外忙事，这个阿姨下岗在家操持。叔叔性格内向，对我还好。每次我下晚自习回去时，他们将卧室门关着，电视声音也小，基本不影响我。

老师：看来这位阿姨性格比较正常，也没有引起她反常的诱因。那么她为什么只允许你用一瓶开水，原来也是这样约定的吗？

小敏：原来也没有约定，大家用水是一起混用的，后来她嫌我用水多，最近就分开了，每天晚上只给我准备了一瓶水，我是女孩子，怎么够用呢？

老师：你说她像防贼一样锁门锁柜子，原来是这样的吗？

小敏：原来没很在意，不过阿姨也太不尊重人了，我又不是小偷，凭什么这样做侮辱我！

老师：你认为租房子与在家里哪个方便？阿姨能跟你妈妈比吗？

小敏（笑）：肯定在家方便！阿姨怎么能跟妈妈比。

老师：这就是你苦恼的原因。你想想看，你现在是租房子，凭合同租的房子，而不是自己家里。你与阿姨是合同租赁关系，不是亲情关系，更不是母女关系。这位阿姨租房的目的是为了赚点钱，精打细算是她分内考虑的，如果你是房东，你也会考虑精打细算的。也许过去你在家里大手大脚随便惯了，现在你可能感到很不方便很不习惯。既然你与阿姨仅仅是租赁性质的社会关系，你就不必要求她像妈妈那样待你，如果她对你好，你应该感激她，她若对你不很好，只要不违反合同，你也不必埋怨她，这就是社会的现实。

小敏：那总不能不尊重人吧！

老师：你现在是住在别人家里，你又不是她的女儿，你是租住者，与她无亲无故，相对她家你确实是外人，维护私有财产是公民的权利，人家锁自家的财产是正当的，也属社会常理，你不能要求阿姨以家人的待遇对待你，实际上不存在房东阿姨不尊重你。至于换台灯，那属于阿姨自己物品的调整，不属于你的主权，不过提前要与你打个招呼。至于你下晚自习后回到房间，阿姨想知道你是否回来，但又不能打扰你学习，所以可能从门缝看你，不存在侦察你，应该是在关心你才对！

【咨询方案】

这是典型的人际关系角色错位，反映女生小敏社会性不成熟而产生认知困惑，这也是当今独生子女常遇的人际交往困难，往往把家庭的角色带到社会：在家庭父母可以以她为中心呵护关照，因此也习惯性地要求社会他人以此标准对待自己，以自己为中心思考处理问题。建议：

1. 学会与他人沟通。根据自己的合理要求与房东阿姨开诚公布地谈一谈，消除一些误解，达成一些共识。与父母沟通，减少一些焦虑，学会一些社会知识，借助家人力量给自己创造和谐的环境。

2. 学会换位思考。作为房东阿姨她有她的考虑，不必以家人标准要求她像对待子女一样对待自己，准确地定位自己的角色：租赁者、租赁关系。

3. 学会包容他人。在家千日好，出门一时难，学会看待他人的言行，抓大放小，只要大方向过得去就行，不必责备求全。

【咨询效果】

既然阿姨不是父母，租房不是家里，错误的认知一旦纠正，小敏也就不耿耿于怀，面对房东阿姨也就坦然多了，只当把租读作为考验自己、锻炼自己社会能力的一次机会。她主动与房东阿姨交流，将注意力转到学校的学习中，似乎那些生活烦心事也不足挂齿了，小敏又满怀热情地投入学习中了。

（2005年12月16日）

青春谁最狂——致学生

让我们亮剑在青春的战场
——在即将走向高考的2011届高三考生升旗仪式上的讲话

领导、老师们、全体同学们：

今天，5月30号，火红的6月即将来到。高考，成为社会关注的焦点；高三，也成为全校关注的焦点。今天，作为教师代表，我也来为我们高三祝福！为高考助威、呐喊！

很感谢学校党委、学工处将这次机会交给我，领导说的理由是，去年我是上届高三的年级主任，作为我们2010届团队的符号，学校领导的意思是希望我这个符号能够给2011届高考带来吉祥，希望2011年高考能够承前启后，再上台阶，续写襄阳四中新的华章！

所以我今天的演讲主要针对高三，我们高一、高二的同学们在明年、后年的今天也将一拨一拨地成为高三，都将像一支一支军队一样开往高考的战场，接受祖国的挑选！

我想对即将走向高考的学子们提三点建议。

一是常态。兵来将挡，水来土掩，一切顺其自然，一切常态推进，这才是大将风度，越到最后，"吃得香睡得好这才能考得好"！高三的同学越是到最后，越是要表现常态与镇静。晚上可以比平时睡得稍微早点，不要再熬夜加班了，但早晨最好一如既往，该起床按时起床，9点以前一定吃早餐。因为人都有惰性，不然容易破坏长期形成的生物钟，早晨睡到快8点才匆匆起床，匆匆吃早点，或者不吃，头脑浑浑，如何保证在上午9点开考时进入精力充沛、思维敏捷的最佳状态？地点上该睡哪还是睡哪，不要轻易改变休息环境，反而不习惯、睡不着；该吃啥还是吃啥，不要临时大补，突击加鱼加肉，反而影响肠胃，轮到考试时上面急着思考问题，下面急着想上厕所，3年等来的两个小时就让你耽误在基本生理需要中了。即使停了课，自由复习，也最好按学校作息时间，打铃该上课则上课，该休息则休息，不要脱离学校的复习环境，不要另起炉灶搞个人单干，大家一起复习一起战斗，共同度过最后的备考岁月。人在常态中是感到最安全的，打破常规就会带来系列问题。每天可以根据自己时间列个具体计划，主要查漏补缺，做一天和尚撞一天钟，做一天和尚尽力撞响一天钟。不要理会倒计时了，只要充实每一天，每天有收获就足够了。调整自己的生物钟，保持良好的身体状态，不要白天黑夜颠倒，努力让自己每天上午9点开始、下午3点开始——精力最充沛，思维最敏捷！

　　二是激情。面对高考的到来，我们应该感谢它，在当前世上还没有寻找到一种更好的评估机制之前，高考依然是我们最好的最纯洁的评估机制。感谢高考，因为高考，我们的努力可以体现，我们的能力可以展示，我们的命运可以改变。激情面对高考吧，激情能够带来自信，激情能够调动一切潜能，激情能开创前所未有的业绩。两军相遇勇者胜，高考打的是实力战也是士气战，越是关键时刻越要显出豪迈的气慨。高考之所以一些考生发挥失常，就是表现在缺乏自信缺乏激情。只有自信只有激情才能坦然迎接人生的挑战，才能激发自己的潜能，变不可能为可能。去年我们有个理科平行班，班主任是位年轻的教师，她做什么都很有激情，全班同学最后时刻相互激励，共创氛围，结果激情的班级超水平发挥。我带了10届高三，当了14年班主任，我以为越到高考时，带班就越像带兵，只有士气高昂、精神抖擞，充满激情嗷嗷叫的队伍才能打大战打恶仗打胜仗！到了这个时候要相信自己一切都准备好了，相信天生我材必有用，相信自己一定能够考出最好的自己。在最后的日子里，让我们相互鼓励，激情生活吧！激情它是一种力量，它可以融化一切，可以冲击一切，可以超越一切。平时每天保持乐观自信，善于肯定自己，善于欣赏自己，这样当我们离开教室走向考场时更是激情四射，"仰天大笑出门去，我辈岂是蓬蒿人"！

　　三是坚持。坚持就是胜利，越在艰难时刻，越在最困苦时候，越是理解这句话的深刻涵义。在最后的坚持中，绝对不能有大势已去的消极心态、不作为举动。这时候什么情况都会发生，一切都在变化中，"坚持到底"，"底"到何时，只要6月8日下午5:00的高考结束铃还没有敲响，我们就不能放弃，我们就要坚持。平时里许多同学爱看足球赛，即使到最后一分钟都没有放弃对自己钟爱球队的希望，因为足球的魅力就在于即使在最后一分钟还有破门进球、峰回路转、柳暗花明、改变格局的奇迹出现。高考就是球赛，考前就是临门一脚，门前一脚把握得好，整场效果就是赢，稍有不慎，整场比赛就前功尽弃，一切重来；高考也是马拉松赛，最后的几天就是最后的弯道超越，决定成败的是韧劲；

高考更是100米赛跑，最后的几天就是最后的冲刺时刻，决定成败的是冲劲。翻手为云，覆手为雨，一切都在风云变幻。对平时的优生来讲，不到最后不敢说你是高考的优生；对一般学生来讲也许坚持到最后脱颖而出的黑马是你！就是你！谁笑到最后谁笑得最好！一切定格在高考中。坚持到最后也许你真的能创造奇迹。上届的张凌泽同学就是在高三下学期冲上来的，最后以674分进了北大元培实验班。谁也不敢说自己是永远的成功者，坚持就是一切，坚持不留遗憾。高三同学，再苦再累，要坚持呀！迈过这道坎你就赢了！几个题做失误了，并不意味这场考砸了，要坚持！一场考试感觉不好，还有扳回来的机会，要坚持。坚持啊，坚持就是胜利！

高三的同学们，3年的努力，我们已经准备好了，我们将用实力证明自己，我们将用实力捍卫四中的尊严，为母校而战，为自己而战。大家抬头看天，这些天气温不高，不是很热，适合备考，天气很好，高考两天也会是好天气的，老天爷也会助兴，这也许就是天时啊。更重要的是今年高考的考场布置，除少量文科艺术生在外校外，我们四中的绝大多数文科理科考生都是本土作战，都是在我校的校园里、我们的家门口摆开考场。这是地利啊。我们有实力为基础，我们有高三教师的精心组织、我们有家长亲友团的鼎力相助，这是我们的人和啊。襄阳四中的2011届高三学子们，学弟学妹们期盼着你们，母校老师支持着你们，你们占尽了天时、地利、人和！襄阳四中，助你成功！2011，独占第一！

最后，我想借用当年流行在2010届同学们中的战歌《让我们亮剑在青春的战场》的部分诗句作为结束语：

珍惜每一寸时光，整理好我们的行装；
讲究方法和效率，锐利我们的刀枪；
自信和清醒，使我们热血飞扬！
老师同学的陪伴，父母亲朋的目光，
温暖了我们的背影，增添了我们的力量，
让我们呐喊一声，呼啸而上！

我们行动的理由只有一句：
因为我们是
四中的好儿郎！
我们定把雪亮的宝剑刺进敌人的胸膛！

冲锋的号角已经吹响，
状元四中光荣的旗帜指引着我们的方向！
来吧，四中二〇一一的好儿郎，
请和我们一起呼喊：
让我们亮剑，
亮剑在这青春的战场！

【后记】

高考备考后期，需要激情和煽动。学校党委决定由我来担纲高三最后一次的升旗仪式讲话。我围绕要豪迈、激情、舒缓的风格进行了3天的准备。全场激动，效果明显。我以为这是继2010年高考出征仪式后的又一次成功演讲。老领导华元林6月2日下午见到我还评价我说："很提精气，有质量！"

（2011年5月）

成长的责任

老师们、同学们：

上午好！今天我讲的题目是"成长的责任"。

来到人间是一个人的起点，离开人世是一个人的终点，起点和终点连起来就是一个人的人生线，而我们现在经历的每一天就是一个个人生点，我们的人生线是否成功取决于我们每一天、每一段时间是否充实是否有成效，我们从小到成人自立之前，实际上是从自然人到社会人的转变过程，也是我们成长的过程。因此我们必须对自己的人生负责，以每一天、每一段的实际行动肩负起成长的责任。

6月是个收获的季节，田地上麦子熟了，要收；树上的果子熟了，要收。高三以高考体现收获，3年的努力，两天的考验，他们接受了国家的挑选，也对自己的人生交了一份答卷，那么下一步该轮到谁了呢？轮到我们——在场的高二各位同学了！而现在我们高一、高二经过一年的努力也要收获了，那就是月底马上要进行的期末考试。

学期进入后半期决不是各方面放松的理由，对自己负责，扮演属于自己的人生角色，承担属于自己的成长责任是我们每位学生时刻应该具有的意识。但最近有些现象出现一些反弹，在这里做一提醒和强调。

晚自习和白天上课一样属于正常的教学时间，虽然天气炎热，绝大部分同学能够静下心来在教室认真学习，对自己负责，但总有些同学成为校园的游民，在黑夜中游来荡去，甚至三两个同学在运动场谈笑聊天，打发青春年华，这是对自己成长不负责任的表现，借用老电影《地雷战》的一句话，"别看今天笑得欢，明天让你拿欠单"。今年发生在义教部考点的一位考生的举动就很令人反思，可能这位考生平时努力不够，面对国家挑选的考卷不会做答，直到此时才忽然醒悟后悔，在考场看到周围的考生刷刷刷地答题，他在草稿纸上写下自己的忏悔录，说自己对不起爸对不起妈，很后悔自己的过去。同学们，我们不能让自己的青春成本太大了。

关于男生不能留长发，男女生不能染发，学工处、年级一直在抓，班主任一直在讲，但总有野火烧不尽春风吹又生的感觉。学工处再次强调，头发工程常抓不懈，坚持到底！还有些同学的着装，如果不是走在校园而是在大街上，真让人很难相信是四中的学生。同学们，到什么山唱什么歌，我们这个阶段是学生，大方、大度、大气就能体现青春活力，这就是我们的阳光本色，何必要肤浅地追求片面化、表面化的成人东西呢？成熟是靠能力和实力，而不是外表来掩饰的，装扮出来的成熟恰恰是不成熟的表现。水果早熟晚熟不行，人也是如此。

提到人生角色，我也提一提性别角色，我们有些女生，远看服饰形象像个男生，近看举止语言也像男生，无法判断是否女生，走回寝室才知她是女生。我们在小时候假小子倒没什么，但进入青春期后还是男女不分那就麻烦啦，在心理咨询中有一种"性别紊乱"或者"性别错位"的现象，在成人以后是会带来很多社会麻烦的，因此女孩就像女孩，做阳光女孩，男孩就像男孩，做健康男孩，各就各位，不要串岗。

关于游泳安全问题，上个月我们发给家长一封信，安全无小事，警钟时时敲，今年汉江又带走了两条生命。敬畏生命，珍惜自己，不私自游泳，就是对家人、对自己负责的具体表现。

同学们，我们在成长的过程中会遇到许多问题，我们也许会犯错误，我们也许不是做得最好，这都不要紧，要紧的是我们始终以负责任的态度去做，承担起我们成长的责任，展示我们青春的亮彩！谢谢！

（2006年6月19日）

我考试我快乐

——高考后在高一、高二学生升旗仪式上的演讲

各位教师、各位同学：

今天是6月10日。

一周一次的升旗仪式，我们在国旗下集会。大家发现，我们的集会队伍里少了一个群体：那就是刚刚经历完高考洗礼的高三学生。3年的努力，两天的考验，他们接受了国家的挑选，将走向新的人生征途。那么下一轮该轮到谁了呢？轮到我们——在场的高二各位同学了！

6月是个收获的季节，田地上麦子熟了，要收；树上的

果子熟了，要收。高三以高考体现收获，我们高一、高二经过一年的努力也要收获了，那就是月底马上要进行的期末考试。

考试伴随着我们的一生，出现在生活的时时刻刻。自母体分娩，我们呱呱落地，那是考试，是与命运抗争的考试；上幼儿园时，邻居叔叔问我们几岁了、叫什么，那也是考试，是幼儿教育的通识考试；上小学一年级报名时，老师问1+1等于几，同样也是考试，是进入小学教育前的摸底考试。上初中我们要考试，上高中我们要考试，上大学我们还要考试，继续深造读硕读博照样要考试。回到社会，面试竞聘是考试，职称评定也是考试。开卷与闭卷，笔试与口试，不同形式的考试总是和我们连在一起。临到生命的终结，让健康与病魔斗争，同样也还是在考试。人的一生，考试无时不在，无孔不入，我们没法逃避。

考试让努力者燃烧了希望，考试让成功者找到了自信，考试给了人生选择的机会，考试给了世俗社会更多的公正。考试真好！没有考试则没有竞争，没有竞争则社会没法进步，考试提高了人们的生命质量，考试推动了社会的进步！我们没法回避考试，我们没理由不为考试喝彩。

作为生活的一部分，我们选择着考试，考试选择了我们。中国不是考试最严重的国家，中国也不是考试最轻松的国家，我们行走在严重与轻松之间，因为国内有考试，国外同样也要考试。在世界没有寻找到一种更好的评估机制之前，考试依然是我们最好的评估机制，地球村的每个人都没法回避，从生命的开始到生命的终结。

考试既然是一种生活状态，我们为什么不选择积极心态

"我考试，我快乐"呢？与其被动地痛苦地应对考试，不如主动地快乐地坦然面对，微笑着走上前，轻松地对迎面而来的考试说一声："嘿！考试你好！"

现在对于我们大家来讲，应视期末考试为自己阶段性努力的检测，视为自己实力的展示。面对考试我们不害怕失败，害怕的是没有改正的机会。暴露不是坏事，毕竟不是高考，我们尚有机会。所以我们应该感谢期末考试，欢迎它的到来，它能使我们警觉，它提醒我们还有机会去纠正，它将使我们以后走得更好！

消极回避考试，我们人生将有许多缺憾；激情拥抱考试，我们将奏起青春的强者之歌。同学们，让我们在本学期最后一段时间全心准备，展示我们青春的风采吧！

（2006年6月）

一个搭配生的故事

高考揭晓，小扬被哈尔滨师范大学录取了，说了也许你不信：小扬高二分班时还是一名搭配生呢！

记得高二文理分科时，同事刘老师找到我，她主动介绍了小扬的基本情况：学习成绩差得不行，总是班上摇尾巴，但想上文科班。她与他家非常熟，希望我能关照。最后她半开玩笑半央求地说："李老师，我读过你写的《小佳的泪》，你富有爱心。小扬不会给你争光，但也不会给你添麻烦。只求有个好环境，不受歧视，分班时搭配到你班行不行？"

刘老师一说"搭配"二字，我当时脑海中就想起小学时读过的一篇寓言故事：天上有一个神，发现人间雕塑他的像出售。他自我感觉良好，以为自己很了不起，人们很崇拜他，于是他化作凡人来到人间，问一个卖雕像的商人，他的雕像值多少钱？商人不知道他是神，不以为然地说："不值钱！搭配，白送。"具体情节我已记不清，在计划经济时代也没有多少体会，但搭配作赠品的印象却很深。现在作为同事的刘老师说到这个地步，我还能不收？

小扬没有多少阻力就分到我班。当时我向其他班主任作了说明，大家一看成绩更没有异议。这样小扬作为单列就直接搭配进了班。

待到新学期报名第一次接触小扬，才发现这孩子真的其貌不扬。中等个儿，小平头，大眼睛，唇边稀疏的须茸，一个正在发育的中学生。只是眼光有些闪烁，显得有些拘谨。小扬的爸爸是位政府官员，妈妈是名大学教师，这就是小扬！我当时心中有一种怪怪的感觉。

这孩子没有世俗的举止，也没有官家子弟的味道，在班上除了学习成绩，别的都可以提一提，与成绩好的同学、成绩差的同学都能很好相处，言行一点也不张扬。学不学是态度问题，学的好坏是能力问题。除了尊重他的人格外，我也没有多少压力，也不须多费精力，只须静静地看他成长。小扬的家长也很配合，既没有官家的大气，也没有差生父母的谦卑，平平和和的，有几次也因为孩子迟到而主动致歉，似乎对他的文化成绩也不特别挂在嘴边。

高二上学期，学校开设了美术兴趣班，小扬也参加了。兴趣班主要是培养学生的素质，凭兴趣而已，专业老师始终按计划上课，学生来来往往，也没有立志美术的专业要求，比较松散，感兴趣的同学乐得尝试。小扬学习成绩不行，让他在课余有个追求、有个盼头也不是坏事，因此父母也没有反对。反正小扬家庭条件也不差，搞不好，发展些兴趣，学一些美术基本功总比窝在文化课索然无味强；搞得好，柳暗花明，高三时走艺术升学之路也不是坏事。反正尝试没有风险，作为班主任我也乐得支持。

到了高三，大家都要确定升学方向，许多兴趣班的同学离开了画室全心投入高考备考，小扬却决定留了下来。客观上讲，"贱不学艺"的观念在许多人的思想中依然存在，况且小扬的父母完全有能力给他找一所大学，以后寻一份工作，走官家子弟常走的成长之路。但父母很支持他，让他自己选择做自己感兴趣的事，于是小扬和其他美术生一起战酷暑熬寒冬，每晚10点多校门口多了一位等着从画室疲倦归来的考生的家长，来年春天艺术考试月也多了一个牵挂的家庭。

小扬并非天赋很高的学生，在美术班也并非出类拔萃，但他从不拉下一节课，始终坚持到底，显出学文化课未有的执着和坚韧。随着多个专业合格证的到来，小扬像换了一个人，焕发出前所未有的热情，面对文化课学习的困难尽其所能攻克，常常在家熬到半夜，直到醒来的父亲催睡。

小扬成功了，父母拿着小扬的大学通知书非常高兴，专门拜谢老师。临别时，小扬的母亲问我："李老师，您还记得高二时，您在小扬成绩单上下的评语吗？"我一时语塞，说实在的，我真的不记得了。她接着说："您真心细，发现了他许多优点。最后一句是'小扬，我期待你给老师一个惊喜'！他一直记在心里，现在小扬真的完成老师的要求了。"没想到老师不经意的一句话却让学生记这么久。是啊！不管学生过去和现在是怎么差，只要他还有一点向上的念头，给他以希望的评价，谁能不怦然心动而为之努力呢？也许教师的责任就在于点燃学生埋藏在心灵深处的希望之火，让它照亮内心世界，发挥学生自己潜在的能量，为成功而进行尝试。这就是巴奴姆效应的教育现象。

小扬从逆境中走向成功。我在想，作为家长，对孩子不要刻意强求，要立足现状针对孩子，要有多元化的成才观；作为老师，对学生特别是差生，不仅要给予爱心尊重他，而且要提供机会发展他。这就是一个搭配生对我的最大启示。

（2003年7月）

一位美术生的抉择——"李莹颖现象"

一年一度的高考又到了丰收的季节，我不禁想起两年前美术生李莹颖的故事。

那是2003年7月下旬的一个晚上，休假的我正在床上给孩子讲《365夜故事集》，学生李莹颖的妈妈打来电话：李莹颖今天接到四川大学服装设计系的录取通知书了。全家非常高兴，虽然已经晚上10点多了，仍忍不住喜悦给作为班主任的我打电话表示感谢。这是我当年收到的提前录取批第一个报喜电话，当时回想起李莹颖的种种事情，不禁脱口而出：次品变成精品，贵在个人有志呀！

李莹颖是自费进入高中的，基础很差，进校以后成绩一直没有起色，进入文科成绩依旧，客观地讲，直到高二结束，还从来没有达到过有效线。成绩平平，表现平平，偶尔也有迟到，这就是她那时的现状，可以说如果继续向前走，她注定在升学路上只有死胡同一条。

高三摸底考试后年级决定办艺术班，召集有兴趣的学生家长进行动员并开了会，李莹颖和她的家长并没有参加。艺术班开张一个月后，李莹颖突然向我提出准备学艺术（美术），我经过询问知道她的功底尚属业余，只是在幼儿园上过美术班，但平时兴趣很大。作为班主任，我必须在抉择上对学生负责，我请她的家长来校谈了很多，家长也深知李莹颖仅靠文化成绩上好学校已不现实，也许走艺术是条路，但心理很矛盾，毕竟没把握，投钱倒是次要的，独生子女嘛家庭也愿付出，只是担心最后若落得文不成艺不就的境地，风险太大。家长回忆李莹颖过去许多事情当初都是信誓旦旦，结果时间不长受不了挫折吃不了苦，放弃不做了，父母也只有干瞪眼没办法。我向家长阐明了仅靠文化课没有路也许艺术能冲出条路的道理，但也表明对她与其他美术生相比起步晚的担心。随后我又咨询了美术老师，他说李莹颖有悟性，应该能够学好，但"应该能够"和"一定能够"毕竟有差别！我决定与家长一起试探李莹颖的态度。李莹颖向家长表明非美术不学的坚定决心，家长也反馈给了我。试验都可以做，但谁愿拿自己独生子女做试验，代价太大了，但李莹颖已经横下心来。为了增强李莹颖的责任感，我首先与她谈话，强调了此事对她人生的重要性，然后家长、班主任、学生三方召开会议，由李莹颖签了自己学美术、后果自负的协议，甲方李莹颖、乙方家长、见证人班主任分别签字，一式三份。

签了协议的李莹颖像上足了发条的机器，完全以崭新的面貌投入最后的冲刺，这大概已到高三上学期12月左右。李莹颖在画室真的很投入，强化训练时期她为节省时间，经常不下去吃晚饭而是啃面包泡在画室，李莹颖虽然起步很晚，但进步很大。以后父母又及时送她到武汉、北京集训，中间我也进行了严格跟踪管理，家长也很配合。待各高校美术专业考试结束回来，李莹颖又及时转入文化课的补习，而不是消极等待专业通知。文化课的补习是残酷的，毕竟耽误的太多，但她从不缺课，咬着牙挺过来。她曾要求高考前停课回家复习，我没有同意。不负苦心，李莹颖居然接到多个通知书，特别喜人的成绩是获得四川大学美术专业成绩第3名。四川大学美术专业通知书的到来使她目标更为明确、干劲更加十足，据她母亲讲，她每天晚上加班加点的拼劲常常让半夜醒来的父母感动。

一个有缺点但有斗志的女孩，她终于成功了！

接完报喜电话，围绕着"李莹颖现象"我在思考，于是有了以下几点启示：

1. 干自己感兴趣的事容易成功。作为教育者一定要给学生找准能够促使他成功的兴趣点，也许这个兴趣点就是他成功的突破点，这对于处于困境中的学生尤为需要。

2. 任何人不是没有潜能的，有缺点的学生不是没有闪光点的。消除人的惰性，找到他的闪光点，置于死地而后生，也许更能唤起人的斗志，调动人的潜能，而人的潜能一旦调动，其力量是令人无法想象的。

3. 家人的理解对孩子成长影响很大，当今的学生不是不愿吃苦，而是没有找到他愿吃苦而有利成长的结合点。对孩子多一份耐心多一份包容，甚至做好承受孩子失败的准备，这并不是每一个独生子女父母都有勇气敢于面对的，李莹颖父母有了这份勇气，所以李莹颖也就多了份成功的可能。

起死回生、妙手回春那是高超医术的魅力所在，化腐朽为神奇、点石成金是人们向往的神话故事，李莹颖绝路逢生，挑战自我获得成功，不也是教育神话的演绎、教育的魅力所在吗？实际上教育的天地同样可以演绎神奇的故事，愿更多的李莹颖故事出现！

（2003年7月21日）

教室里的"战壕"
——教室现象趣谈之一

关心教育的人士会发现，高中教室里，除了课桌和坐凳，最多的是书，各个学生桌面上整整齐齐、横着竖着排列许多书，学子们在有限的剩余桌面埋头伏案读书做题，忙忙碌碌的背影是再熟悉不过的镜头了。因为书桌里面储存有限，而高中要用的教材、资料又太多，学习期间随时都需要翻阅查找使用，因此不能放得太远不方便，于是本来用于书写学习的空间就受到蚕食。这在高三表现得淋漓尽致！

但是这种桌面堆书的举动也被高一、高二一些学生创造性地发挥利用，在书桌上堆许多书，而且尽量堆高建立"战壕"，其标准至少与自己坐高差不多，这样一旦自己松懈下来不想学习，或者玩其他的东西、手头干其他事情，甚至端端正正地趴在桌面睡觉，由于有掩体挡住视线，正忙着上课的老师就不容易发现，这样违纪学生的安全系数就大为增加。

高三在桌面堆书无可厚非，确实需要用的资料太多，但是在高一、高二，就值得思考了。我们发现这样一种规律，成绩差的同学比成绩好的同学善于发挥桌面堆书的妙用；习惯差、自觉性差的同学比自律性强、习惯好的同学更善于构筑"战壕"，平行班的比奥赛班的战壕更多。为此我有时有一个大胆的结论：凡是爱在桌面堆书构筑"战壕"的同学绝对在为自己放松要求创造条件！你构筑的不是作战的掩体，而是葬送自己前程的安乐窝。

平心而论，同学，你说是吗？

自习室的"抬头礼"
——教室现象趣谈之二

按理说，讲礼貌是有修养值得称赞的行为，但是学生在教室里自习的时间里，过分行"抬头礼"就不是值得称赞的行为了。

　　每当自习时间时，教室安安静静，同学们都在埋头学习，或看书或做题或整理，彼此不干扰。由于老师不统一讲课，完全按自己计划自主安排，学习投入的同学完全在自己的天地里自由遨游。但是也有个别同学，每当有人从教室外走廊穿过时，他们会习惯性地抬头透过窗外观看，或者当其他同学推开教室门进来时，总爱"关心"地抬头看看。也许从走廊经过的老师、家长，穿过去的时候这些同学会扭头看一次，穿回来的时候这些同学还会再扭头看一次，表现得不厌其烦，大有你过来几次我就愿意奉陪抬头看你几次的势头；如果哪位家长给在教室的自己孩子带来苹果、香蕉等东西，这位同学就会放下手头的工作，眼睛的视线跟着水果袋移动，由家长转移到老师，又由老师转移到那位孩子手中，这位行"抬头礼"的同学会一直盯着那位同学手中的水果袋，一直看到水果袋放进书桌，证实确实那位同学不会给自己吃，才会恋恋不舍地收回自己的眼光，继续干自己的事情。

　　善于行"抬头礼"的同学绝对不是有修养，而是学习不专注，注意力易分散，学习不投入，思维不深入。别人在教室外面穿过，与你有何关系？别人家长给孩子带东西，又不是找你，你操什么心？自习时间里，只要有个风吹草动的，哪个班爱抬头爱关注的同学越多说明学风越有问题，反之亦然。江苏栟茶中学各年级组在巡视自习纪律时，就清点各班抬头的人数，作为评估的依据。上自习只要老师不要求抬头，你就干自己的。总之，亲爱的同学，你太客气了，埋头自习吧，老师谢谢你的礼貌！

（2008年12月26日）

及时总结 直面失误

——给大考之后同学的建议

欧洲有句格言：不容修改的计划是坏计划。

人生的许多事相当无奈，当你在展开人生旅程时，你根本无法确切了解，你究竟是走向何方？你究竟如何达到最佳目标？你到底会成功还是会失败？

有些东西远看眩，走近一看，也很平常；有些东西远看似乎混沌，但愈靠近愈显光彩夺目。人生旅途，步伐在动，景观也在变。向前迈进，你会看到与开始不同的景致，再向前去，也许又是一番新的景观！

因此针对环境的变化，不断调适自己。实际生命的追求就在于调适之中。调适就是修改，就是总结。作为学生，每一个阶段过后，每一次大考之后进行总结，对自己的计划进行修改，也就是追求生命的更大意义。

总结，是对前一阶段的反省和归纳，是对过去暴露问题的集中诊断。总结之后可以让人更清醒，看到前面的成绩而自信，发现前面的问题而纠正，以便以后走得更好，减少生命的成本。

总结不是妄自菲薄，不是自我否定。总结书也绝不是检讨书、自白书。总结是客观地、一分为二地评价自己，做得好的要肯定，做得不足的要指出；进步之处要肯定，失误之处要分析。全盘肯定、全盘否定的一边倒都是不利于人进步的。

总结不是应付，应付老师、应付家长的指导思想都是目光短浅的行为，因此套语、空话、大话全是废话。总结是切切实实地诊断自己、暴露自己，一针见血，赏罚分明。回避问题，不敢暴露自己的人永远没法进步。要进步有两种途径，一是他人指点，二是自己自悟，往往后者更有效，因为自己知根知底，针对性更强，更是内在的动力。

总结与措施总是相连的。总结的目的还是为了以后更大的进步，而采取措施才能保证进步。措施不在于多，洋洋洒洒一大堆不行；措施在于精，一条二条三条，切实有效就行，一天总结，三天执行，五天忘得一干二净是绝对进步不了的。不管什么事情，找准根源，坚持下去就有效果，一切都在于坚持之中。

非洲有一种飞鸟，能在蓝天与沙漠之间自由飞翔，每次受伤以后，它总用尖利的嘴巴将受伤之处的腐肉啄掉，鲜血直流，然后再啄几片药草敷在伤处。它之所以飞得高飞得远，在条件恶劣的沙漠地带能顽强生存，之所以能成为沙漠里的鸟中王子，是因为它知道：只有否定自己才能坚强自己！

让我们也与这鸟中王子一样啄掉自己的不足吧！哪怕鲜血直流，只要能够进步！

（2005年10月4日）

考场应考的八项注意

多年来，我一直是我校高考考点的副主考，接触考务工作，结合考场上考生容易出现的诸多问题，提醒八项注意，供即将走向高考考场的高三学生参考。

1. 两证一定到位。二代身份证和准考证一定到位，这是进考场必须查的，原则上讲没有两证不能参加高考，平时可以放在家里固定位置，考试时每场考后交给班主任或者带队老师保管。如果真的出现丢失，不要着急，报告相关老师，一定不要憨找，影响情绪，耽误进场时间。三年等一回，一定要向老师，报告积极寻求解决的办法。每场考完一定及时带走哟。

2. 不给自己添麻烦。衣服穿戴不要带金属饰品，不要带有商标的矿泉水，不要带手表手链，不要紧盯着教师，不要东张西望，不要一个方向较长时间看其他考生。凡是考场有要求的就不要有侥幸心理，让监考教师问，让巡视人员盯，都会影响自己的情绪。考场上清静，规规矩矩地看自己的试卷，做自己的试卷，不受干扰。何必自找麻烦，让考务人员当做"重点对象"关注着呢？

3. 不要指望有许多草稿纸。平时我校大考对草稿纸准备比较大方，充分满足考生，造成有些考生总认为，考试期间只要我举手，监考教师就会提供，要多少有多少。此言差矣！规范考点每科只有一张草稿纸，不一定每场都有提前准备机动的，甚至有些考场就不多提供。有些考生平时用草稿纸很随意，画得天马行空，不断索要草稿纸，这在高考中是行不通的。一旦考点不能及时提供到位，甚至不多提供，终会影响自己的情绪思维，方寸大乱。建议平时用草稿纸周密些，答题卷（卡）绝对不能有任何记号，但是试题卷空白处同样可以打草稿，不会有做记号的嫌疑。

4. 不要指望答题卷可以换。我当了5年副主考，几乎没有换答题卷成功的，因为时间不够。答题卷从个人正式提出申请开始，监考教师报告楼梯协管员，楼梯协管员跑步到考点办公室报告，考点办公室现场确认，然后再报告主考、省市巡视员，然后再报告省市考点值班室，然后在考点办公室摄像头下开封，巡视员监督，接着再逐级传递到考生个人，来回折腾至少10分钟以上，作为考生你必须将前面做的试题答案进行重抄，后面的题目必须压缩时间赶做，加起来至少15分钟，但考试时间是不会延长的。所以建议考生首先翻看答题卷是否正反面完整、残破、漏印、不清，一定要在指定的位置上答题，不要前面放开写，后面没空间，即使出现失误也坚决在指定位置答题，不换地方答题，指定的区域只能做指定的试题。尽量不要产生想更换答题卷的念头，只要开考时间过半，不要再奢望。

5. 水杯千万不要放在考桌上。带水可以，最好杯体透明无包装，考场有时偶尔喝两次，可以润口解渴，可以调节情绪，可以缓解压力，特殊时期可以水湿额头清醒头脑。但是水是液体，可以打湿东西，最怕的是打湿试卷，破坏卷面，成果毁于一旦，导致没做的无法再做。换卷很危险，不换卷已失败。为啥？水杯倒了惹的祸。所以水杯可带，放在脚下很安全，千万不要放在考桌上，以防倾倒。

6. 怎么进场怎么出场不要无意违规。我们平时大考小考，只要交答题卷就行了，试题卷自己收留，草稿纸自己处理，但是高考不行。为了保密安全，所有的考试物品，除了两证可以每场结束后带走，考试文具可以最后一场结束后带走，其余任何东西都不能带走。试题卷、草稿纸照样需要写上姓名、考号，分别一场一册装订，清点后送地方考试院库存备查，至少半年以后才能处理。考点最担心的就是试题卷、草稿纸带出考场，不管好奇、无意还是有意，一旦发生总是事故，非同小可！许多案例发生，大多是考生无意带出，自己浑然不知，但是查处时只看结果，影响考生前程，影响考点工作，给自己给母校给考点都带来极大麻烦。所以每次进场只能带两证，每次出场还是只带走两证。轻轻的我走了，正如我轻轻的来，千万不要带走一片云彩，除非最后一场可以带走自己的考试文具。

7. 主动告知老师寻求支持。考试时，如果老师坐（站）得太近，影响自己精力集中，可以及时提醒老师："老师我怕！"如果老师违规翻看试卷，考生可以勇敢地拿回试卷，对老师笑笑，让他知趣；如果有其他考生干扰，举手报告维护权利，请求制止；如果考生确有疑问，不要怕麻烦直接问老师。这些年，总有一些考生愿意忍，结果带着情绪参加完三年等一回的高考。事后是无法弥补的，也会留下遗憾。当然不要太敏感，有些小细节也不用太注意，以不干扰自己为宜。

8. 不轻易将上厕所作为考虑的行动。高考的每场科目时间是2小时或者2.5小时，作为18岁左右的考生，正常的都能保证不上厕所，集中精力奋笔疾书。三年艰辛努力，一考确定结果，所以抓紧考试时间就是在抓住人生机遇，哪有时间和精力再处理非关键性问题呢？搞好考试期间饮食，调节好自己的身体，不要造成身体不适，影响精神状态和应试水平发挥。进考场前就上好厕所，考试期间能不上厕所就尽量不要上，跑去又跑回，进来还要安全仪检查，耽误时间，如果厕所离考场距离远更是耽误不起，这些行为实际就是缩短你的人生机遇。上厕所程序更麻烦，考生在考桌举手申请，监考教师走过来询问后批准，一个考场一次最多批准一个，其中一名监考教师陪伴或者楼层协管员跟踪，始终在工作人员监督下行动，重点看护，待遇蛮高！厕所是人生不需要去就不去的地方，你何必在人生关键时刻老是挂念这个特别的地方呢？

考前友好提醒，减少不必要的麻烦。一剑磨三年，显锋在两天，祝高考顺利！

（2016年5月26日）

放松而不放纵，留点思考给未来
——致高考结束后的考生

伴随高考最后一场结束铃声的响起，令人难忘的高中时代终于划上了句号。不管是否圆满，寒窗苦读12年，酸甜苦辣只有自知，现在终于可以挥挥手，作别西天的云彩。过去抑制自己很多，过去被安排得太多，过去有许多许多的愿望都设计在高考后，过去有太多太多的梦想都寄存在未来。现在终于有了自己可以支配的时间，现在终于可以自己支配自己的生活。我们可以大声说：我的青春我要来做主，我的青春我要来挥霍！

这是青春的宣言，这是生命在歌唱。伙伴们，我们可以相约，今晚去欢唱，一起party，一起跳舞，不再看老师脸色，不再等宿管查寝，因为我们18岁，因为我们需要；伙伴们，我们可以相约，一起出发，背着行囊，不要父母伴随，不要目的地，让我们自由自在，让青春的欢语洒遍旅途，世界这么大，我现在才刚刚出发；伙伴们，我们可以爽约，我要长睡3天，因为这些年睡神欠得太多太多，我要前去报到，即使老妈再喊我也决不起床；伙伴们，我们可以遥约，在网上相见，在看不见的战场见，用游戏挑战潜能，用积分展示自己，我们依然是备考外的战友；将自己的校服作为岁月记忆压在箱底，将衣柜里面的漂亮裙子穿在身上，因为我是姑娘，我要兜风，我要成群闲逛；将自己的头发弄得乱七八糟，将自己的感情表达得云里雾里，一段夜路一阵口哨，偶尔做个"坏男孩"也不会咋样……

放松是方式，发泄是青春，这些都是高考后正常的现象。家长不要着急，社会不要异样，每一个人走过的青春都会这样。

同学们，作为教师，作为家长，我以为高考之后到上大学之间是学生从高中到大学的过渡期，可以选择4个时间节点分成3个阶段。希望在家长指导下，我们自己有个合理规划。

放松期（6月9日—6月23日）。指的是高考结束到高考成绩出来。我们可以三五成群的，也可以个人独立的，或者与家人朋友一起的，愿意干啥就干啥。但是记住，你再高兴任性，一是安全健康无违法，二是保持电话联系不让父母牵挂。一定要以安全为前提，千万不要大学通知书来了，却没有接通知书的人，这种悲剧不是没有发生过，希望不要发生在我们每一个家庭里。当然彻夜放纵，通宵上网，暴食暴饮，打乱生活规律，身体受伤害、送医院抢救疗养也是不值得提倡的。有条件的最佳方式就是到祖国大地走一走，旅游是最健康的方式，大闹3天，然后出发。

充电期（6月28日—8月中旬）。6月23日高考成绩出来以后，几家欢乐几家愁，欢乐忧愁之后还是要面对现实，依分填志愿，是走还是留？我们谈的是走。高考志愿几天折腾后，一旦到了填报截止时间，想折腾也没有机会了。剩下的就是等待，等待大学通知书的到来。此时可以报驾校学驾驶，可以报培训学插艺，可以练瑜伽健身体，可以练书法学球艺，可以打短工练阅历，可以与父母相伴谈家史聊人生，可以拜访老人亲戚，更提倡拜父母为师学厨艺理家务尽孝心，将平时父母的恩德回报，总之这是在学校没机会好好学的知识，这是校园外的特殊课堂。我们的充电是为了提高个人素养，开阔我们的思维视野，将来改善我们的生活质量。总之有目的的充电是为了攀得更高走得更远。

规划期（8月中旬—9月初）。每一批录取的时间不一样，各高校开学的时间也不一样。当大学通知书来后，你的专业实际上就告知了你将来人生的发展方向。虽然专业不完全确定你的最终方向，但至少确定你大学的主体知识结构。所以你作为一名成年人，因为你已经18岁，你必须对自己负责，你必须规划未来。现在拼爹时代已经过去，除非你想坑爹。逢进必考，一切需要实力，所以你必须思考，向父母请教、向书本请教、向同行业请教，大学生活怎么过，阶段性目标是什么。你的未来不是梦，你必须用实力铺就。

同学们，这是高中到大学的转型，这是由他人管到自我管的转型，这是未成年向成年人的转型。从现在开始，你就不能再以孩子身份出现在父母面前，你要担当，你要规划，你要经风经雨，你要走向远方。因为你18岁！

同学，你在准备吗？

（2016年6月8日17：40）

【高考结束后，年级将《襄阳四中高三后期工作安排表》发放给每一位考生，后面不容易再集中，不容易再通知，请学生和家长自己把握，对自己负责。】

规则与理性——致家长

做人的底线

你可以不懂政治，但你得懂气节；你可以不爱国，但绝对不能卖国，更不能容纳卖国，因为你是人，你有底线。我一直有这种观念，不管你是否认可。

2013年，日本发生海啸，一位久别的高中女同学自日本归来。毕业20多年，听其他同学说过，一直没有见过，这次回来，带着10岁的儿子回中国，回襄阳，回家乡，旧朋故友非常热情，我也受邀参加。接风宴很热闹，大家谈着高中求学的种种趣事，喧哗声一片，借女同学到洗手间之时，我们不能冷落了小客人，我准备与小客人聊一聊。小男孩穿戴整齐，端坐那里，一直没有说话。我主动招呼，可是他茫然相对，没有反应。旁边同学介绍说，同学的儿子只会日语，不懂汉语，平时也尽量不学汉语，所以听不懂我们的话，自然对我们的问候只有茫茫然。

我很奇怪，女同学是中国人，她的老公也是中国人，只是夫妻两人在日本定居，在日本生了孩子，难道孩子就是大和人种？在日本生活，学日语，随大和民俗，都可理解，难道就要脱中入日，彻底消除中国记号，而且别人就认为你是日本人了？不知为何，作为一名历史教育工作者，我忽然对我的女同学一下子改变态度，我故意对小客人开玩笑："八格牙路，死啦死啦的，密西密西。"当年日本侵略者对中国人民凶恶的语言我试着照搬，小客人目瞪口呆，不知所措。接风宴我是参加了，待日本国内海啸安静，女同学母子两人准备回日本，又有同学为他们践行，邀请我出席，我是绝对不会再参加。因为气节不允许我参加了，一位准备让后代永远摆脱中国文化的故友值得我继续交往吗？我想告诉这位故友，没有根何谈大树成长，你的孩子不管怎么日本化，始终就是中华人！

昨日网上看一文章，谈到作家张爱玲，此人我知道一些，但是忽然提到她的个人婚姻，嫁给一位大汉奸，我立即警觉起来，查阅她的生平简历。一个人，不管你有多大才气，多有水平，你可以不参与政治，也可以不在中国政治派别站队，但是在中华民族遭受外国侵略的危机关头，必须是中国人。张爱玲明知对方是民族汉奸，出卖民族利益，居然不弃不离，千里奔走，大谈个人感情，儿女私情，不讲底线，何以让我认可钦佩？我不会再读她的作品，我也会在课堂上号召我的学生不读她的作品。也许有人可以宽容，但是我绝对不会宽容。

我是中国人，愿意友好世界各民族。但是，必须认可：种是中国种，不行可努力；必须强调：人是中国人，中华当自强。

不自强、不自信的民族是没有前途的，一位不认可自己民族的人也不会被别人认可的。猛然想到吉鸿昌将军在国外专门做一标记挂在胸前："I am Chinese!"尽管当时中国极其贫弱，其行为何等感人！现在中华民族复兴，我们更应该自豪地对世界所有的人说："I am Chinese!"

没有气节我不理你！不管你位多高，财多旺，能多强！因为我强调我是中国人！也许我固执，但是我坚持！我不仅自己这样坚持，而且我也告诉我的学生，让他们明白为什么坚持。

（2014年10月6日）

作为新高一家长，我们该如何做？

孩子开始上高中，一个崭新的开始，我们做家长的，也应该调整自己，适应孩子成长的节拍，我想至少注意以下几点：

一、做不断学习的高中生家长。我们要认识到孩子已经是高中生，高中生有高中生的阶段特点，我们自己的角色自然提升为高中家长，所以要研究高中生特点、了解高中阶段情况，密切关注孩子的变化和需求，为孩子的成长保驾护航，真正扮演好合格的监护人角色。

二、尽量增加与孩子共处的时间。孩子基本上是早晨在学校食堂吃早餐，晚上时间紧，基本上也在学校食堂吃。走读生中午可以在家里吃，住读生基本只有周六或者节日放假期间才有机会与父母见面。每次与孩子在一起，不需要您多说，只需要您到位。高中这3年只要孩子有可能回家，家长尽量不出去或少出去应酬，陪孩子吃饭、看孩子吃饭也是一种幸福，特别是假期家庭活动一定要尊重孩子的意愿，创造一个安静的成长环境。

　　三、保持家庭的和谐稳定，给孩子坚定的后方。这些年许多经验教训说明，凡是高中期间，父母之间在感情上出问题的，家庭出问题的，孩子不管是身心还是学业基本上发展得都不好。所以作为成年人，虽然结婚离婚都是我们的自由，但是我们能不能在孩子高中这3年不折腾？在孩子面前不显露？孩子不小了，有话不一定告诉你，全埋在心里。幸福的夫妻绝对成就身心健康的孩子，也给孩子安全与稳定。当然最好是永远一家亲！

　　人到中年，事业要，家庭也要要！孩子是我们生命的延续，不管我们在外面如何轰轰烈烈，最终我们还是要回归家庭。培养好自己的孩子，关注他的成长，同样可以作为一项事业，母亲应该，父亲也应该！多一个成功的孩子，多一个成功的家庭，成就和谐的社会，不也是在为社会汇集正能量吗？

学会与孩子谈话

一位苦恼的家长打电话说："孩子快毕业了，学习成绩直线下降，我急他不急，我一说他就烦。现在跟他谈话想找个在一起的机会都不容易。我真不知道怎么找孩子谈话。"

孩子临近毕业，学习压力大，烦恼也不少，不是不想谈，是不愿与你谈。作为家长若把握好时机、把握好角度、把握好内容，孩子不会不愿与你谈，建议家长注意以下三原则，走出谈话误区。

首先是抓住把柄谈。俗话说"牵牛要牵牛鼻子，打蛇要打七寸"。如果家长谈话抓不到点子，整天泛泛地要求他应该这样，应该那样，一见面就反复叮嘱"要好好学习"，成天将陈词滥调挂在嘴边，孩子不烦才怪！如果家长平时多观察，积极与老师沟通，多到学校走一走，了解一些真实的具体情况，那么一旦谈话，"某月某日某时某地某事"内容确凿具体，学生一下子被点中穴位，知道你在真正关注他，也不会狡辩托词了，再继续谈下去效果会截然不同。

其次是集中时间谈。学生平时忙于学习，外面任务重，人累，回家你啰嗦，心累，没有喘息的空间，他怎么可能会与你心平气和地坐在一起呢？因此平时应看在眼里，记在心里，注意场合，一周或一段时间，找一个不受干扰的固定时间和地点将问题集中起来，家长提前备课，很庄重地与孩子坐在一起，要么不说，要说则集中起来一次说到位，有力度有深度。

其三是针对问题谈。成长中的孩子不可能没有不足，而且不足表现在多方面。与孩子谈话不要奢望面面俱到，全面开花，集中性地针对一两个问题突破就足够了，其他问题时机不成熟则不谈。谈得多，面拉得宽反而效果不好。要就事论事，孩子最忌提陈年老账、与其他孩子攀比、胡乱联系、主观臆断。

总之，站在孩子的角度理解他，以平等的身份尊重他，以理谈事说服他，既指出问题又给足面子，既找到不足又善于肯定。相信孩子，给孩子以成长发展机会，孩子才会慢慢理解家长的苦衷，才会慢慢敞开心扉。愿你早日成为孩子的知心朋友！

（2008年1月）

家庭教育的原则：规则与理性

周六，又一个难得的休息日，全家可以一起相处、其乐融融的时刻，可是年轻的爸爸总是很忙，很早就到单位加班去了，家里只有年轻的妈妈陪4岁的女儿吃早餐。妈妈与女儿商量：10点前，宝贝在沙发上看小人书或者看动画片，妈妈要将家里整理整理，要将堆了几天的衣服洗晾洗晾，包括宝贝明天参加幼儿园组织的广场演出要穿的漂亮连衣裙。10点以后，妈妈陪宝贝到公园去玩，像上周一样。女儿没有反对，点点头。

9点不到，正在洗衣间忙得满手泡沫的妈妈忽然抬头看到女儿跑过来，嚷着要买气球，与书上一模一样的五颜六色的气球。妈妈哄着说："衣服晾了就去买，公园大门口有位老爷爷专门卖的。"女儿嘬着嘴坚持说："我现在就要嘛！"年轻的妈妈指着客厅墙上的石英钟说："孩子，我们不是说好10点钟出去嘛，现在还不到9点呢，妈妈还有好多事要做。"可是不知为啥，女儿就是不依不饶，不管妈妈怎么劝说就是听不进去。想到一大堆衣物要洗，难得的好天气，妈妈也就不再理会女儿了。4岁的女儿不知道为什么，开始只是嘴里咕咕叨叨，看到妈妈不理自己，就滚在地上哭闹起来，越哭越伤心。妈妈看到女儿不听劝，刚换的干净衣服在地上又要滚爬脏了，提醒了几遍，女儿就是赖在地上不起来，妈妈忍不住给了女儿一巴掌，于是屋子里充满了孩子的哭泣声、妈妈的斥责声。刚好隔壁的女邻居正准备出门到菜场买菜，看到这一场景。女邻居走出社区正遇到年轻的爸爸从单位回来，女邻居告诉他："你的媳妇在打你的姑娘，娃子哭得伤心得很！"视女儿如掌上明珠的爸爸火冒三丈，心疼欲碎，快步回家，劈头盖脑，一场夫妻大战上演了，年轻的妈妈想到自己的冤屈，平时自己也忙工作，回家还要带孩子做家务，也不示弱，从此温馨的家庭开始……

谁之错？

年轻的妈妈没有错。孩子是自己的，孩子的要求可以满足，但不能无原则地满足，作为监护人同样有管教的权利。一味的溺爱和无条件的满足，换得的只会是孩子以自我为中心，个人利益至上，只要不合自己心意就觉得是天大的委屈。

年轻的爸爸有错。平时照顾孩子少，只是通过满足孩子的要求来弥补自己的歉疚，什么事都顺着孩子、满足孩子，当你将来满足不了时怎么办呢？不调查不了解，随意干涉，只能毁了孩子。夫妻两人在教育孩子时必须立场一致（即使感到不妥），要树立对方在孩子面前的权威是基本原则。

女邻居可以帮助和解，绝对不能添油加醋，颠倒是非，因为表面的现象不代表真相。教育孩子坚持谁负责谁主导，其他人不能随意干涉，要一个标准一把尺子。所以与老人一起成长的孩子受宠多，父母关起房间单独教育孩子是良策，避免他人（包括老人、亲朋）插手。若一个管一个护，孩子有了避风港，教育会出问题的。

孩子虽小也要培养规则意识。契约精神必须遵守，会哭的孩子有奶吃，那是哺乳期学会的生存技巧，但是长大了必须讲规则靠实力。孩子靠哭喊撒泼等非正常手段满足需求，即使再合理的要求，也是不值得提倡的。有的家长可能让步，但是理性的家长是不会让步的，不然就没有规则了，以后孩子如何教育管理？

家庭是个小社会，国家是个大社会。合理的诉求必须有合理的途径，合理的诉求选择不合理的途径甚至偏激的途径，诉求再合理，危及国家影响他人，也是违规违法的。法治社会不能靠感情用事来解决，理性和规则是必须坚守的，不然最终的受伤者还是自己。教育孩子亦是如此。

（2016年5月13日）

浅谈让家长走进班级管理

家庭是人生第一所学校，父母是孩子第一任教师。家长对孩子身体的发育、知识的获得、能力的培养、品德的陶冶、个性的形成都具有至关重要的作用，因此家庭教育是学校教育的基础和重要补充，只有学校和家长相互支持、配合，才能促进学生健康发展。教师特别是班主任必须重视家庭教育，密切与学生家长的联系，发挥学生家庭的教育作用，如此才能更好地把下一代造就成国家、社会、家庭所共同需要的建设者和接班人。

班级是学校教育活动的基本单位，学校主要靠班级实施对学生的教育。家长是家庭教育的实施者，只有与教师充分沟通、相互配合、步调一致，才能共同教育好学生，促使学生成人成才、健康成长。为此必须从教师、家长、学生三方面进行改变。

一、改变教师态度：让家长参与班级，联手管理

学校教育是有目的系统性的教育，在学生的成长中起主导作用，但学生的成才仍然离不开家庭教育，这在中小学特别明显。由于父母与子女间有固有的血缘、感情和伦理道德上的内在关系，家长的教育仍是学校教育的必要补充和不可代替的力量。

长期以来，许多教师特别是班主任充分认识到教育特别是学校教育对年轻一代的发展起着主导作用，对学生的影响

比较全面、系统和深刻，是其他因素无法比拟的，因此自觉地肩负起教书育人的神圣职责，这是难能可贵的。遗憾的是有些班主任过分夸大了这种使命和责任，认为班级就是独立王国，就是自己的三亩地，唯我独尊，唯自己意志，不愿别人特别是家长涉足自己的班级管理。学生没有问题时，遵循"教不严师之惰"强调教师的权力，学生一旦出了问题，又借助"养不教父之过"训责家长的失职。班主任很少与家长交流联系，一旦与家长联系之时，则是学生犯错误之时，家长与学生一起挨训，家长成为老师、班主任的出气筒。时间一长，学生敌视（好汉做事好汉当，为啥连累家长受过）、家长不满（平时不交流，来了挨批斗左右为难），不仅不利学生发展、班级管理，而且恶化了学校与家长的关系，损害教师的形象。

学生的好习惯坏毛病非一朝一夕形成，教育也非万能，必须与家长联手，让家长参与班级管理，甚至参加班级活动，使家长全面了解学生在学校的情况，理解教师工作的艰辛，积极配合，增加合力，也许有意想不到的收获。高一时学校举行歌咏比赛，作为班主任我通过学生将此重大班级活动通报家长献计献策，结果班里双困生小吴的家长主动与我联系，建议班级比赛用乐队伴奏。在小吴父亲的帮助下，我班进行有效的训练，有音乐之长的小吴担任指挥，吴父的亲友组成乐鼓队伴奏，结果我班获全校歌咏比赛第一名，不仅班级团结空前加强，而且小吴也获得自信、收获友谊，在其他同学帮助下，遵规守纪，学习进步很大。家长参与可以调动他们关心学校班级的积极性，增强对孩子教育的针对性，班主任不再唱独角戏、包公戏，家庭学校双管齐下，何乐而不为？

二、改变家长认识：让家长提高水平，增加透明

许多家庭教育的失败不是家长没尽心，而是教育不得法。独生子女家庭的普及，家长不可能有亲身的经验教训可以吸取，不像以前多子女的家庭"前面倒下了后面还可以冲上"。任何家庭都失败不起。但同时不少家长限于自身的水平，往往教育方法不对或不当，导致教育失败，无法与学校教育同步。许多家长有心无力、有力无法，充满困惑。新闻媒体常报道的一些家庭悲剧的发生，多源于此。

让家长走进班级管理不是教师、班主任推卸责任、加重家长负担，而是让家长在参与的过程中掌握科学的教育方法，改变旧的教育观念，提高家庭教育水平，减少教育的失误。如指导家长根据学校学习任务和作业要求培养学生的态度和习惯，指导孩子学习方法，不在作业量上随意加码，指导家长多用表扬鼓励和说服教育的方法来帮助学生纠正缺点，指导家长把对孩子的严格要求与具体的方法指导以及耐心的提醒、矫正结合起来，运用科学的教育方法不断提高家教水平。

学生是正在发展中的活生生的人，教师和家长都需要对学生有个全面把握。让家长参与班级管理，教师、班主任主动及时反映学生在校的学习、生活等方面的表现，增加家长对班级管理了解的透明度，也增加家长对学生成长情况了解的透明度，更有效地对学生进行教育。高二时我班有位学生小杨，学习成绩差，生性好动，自习时间很不安静，扰乱别

人学习。与家长联系，他的父亲不相信，他认为小杨虽说成绩差，但人很老实。后来他的父亲几次利用自习时间到校观察才消除误会。经过交流，原来小杨父亲军人出身，对小杨管教非常严厉，一有错误非打即骂，小杨在父亲面前像绵羊。但随着年龄的增长、自我意识的增强，小杨不再安于逆来顺受，但不敢在严父面前体现出来，于是就在同学们中宣泄。小杨父亲很为自己责怪老师不好意思，也承认自己的教育简单粗暴。我与小杨父子充分交流达成共识，我也针对小杨爱运动的特点让他担任班上的体育委员，发挥所长。高三时又征求小杨意见，说服家长，让小杨报考自己喜欢的体育专业，顺利考上一所体育院校。

三、改变学生观念：让家长理解自己，帮助成长

在教师、家长和学生的三角关系中，学生总是处于弱势，因此学生最担心的是教师与家长的联合，许多学生总是想尽办法尽量避免老师与家长的接触，以便自己有更大的游离空间。更有学生将老师与家长的接触视为教师的"告阴状"，随之而来的将是家长对自己暴风骤雨的责打。一些家庭离学校远的学生不愿把学校班级的信息告诉家长，也不愿把家长的意见反馈给学校老师，而自己又不能妥善处理好自己成长中的问题，越积越多，不利于自己发展。

实际上"请家长"不是老师的杀手锏，"竹笋炒肉"也不是家长常提供的午餐，家长与老师的接触是共同寻找学生个人最佳的成长方案和途径。我带高三时有位叫小石的同学学习成绩不错，但性格怪异、成绩时有起伏，私下常有退学打工的念头流露。他家离校远，填写的学生情况登记表也没

有家庭联系电话，问他也回避不说。不能因为他不惹事就平安无事，我想尽办法终于与小石的家长取得联系，邀请他们到学校面谈。小石在校快3年了，他母亲第一次到学校，从来没有参加过一年一次的大型家长会，因为小石从没有告诉过家长学校的信息。原来，小石家住农村，家庭经济条件有限，父亲已故，还有两个妹妹读书，小石心理压力很大，为减轻母亲负担，故有打工的念头，什么事情一个人扛着，不愿母亲再操心。而小石的心理状态，母亲一无所知，通过交流我们共同做小石的思想工作，并想法解决一些实际问题，小石渐渐安下心来，最后考上云南的一所大学。

对于学生来讲，"让家长参与班级管理"是学校给家长提供更多的关心自己的机会。泄气时给你鼓劲，迷茫时给你指路，孤独时给你亲情，冲锋时给你助威。家长与你有割不断的情、流不走的爱，只要家长教育观念正确，应该是你永远的动力，永远帮你成长助你成功。

让家长走进校园吧，让家长参与班级管理吧。学校老师以平等的姿态欢迎家长的参与和监督，学生以平和的心态看待自己的"家长老师"关注自己的成长，让学校与家庭相连，让学校教育与家庭教育共振，大家关心教育，人人关心学生，这将会给青少年开辟一个更加湛蓝的天空。

（2004年12月15日）

电话留给谁?

　　近日听一位班主任讲，有个学生家长在家接到一个电话，说他的孩子被车撞了，正在医院抢救，问题很严重，让他立即汇款到指定账户，他没有辨别和思考，立即照办了，汇了上万元。实际上他的孩子正在学校上课，压根没有受伤的事。如果给班主任打个电话就什么也明白了，可就是想不到班主任! 我看着教学楼由学校保卫科张贴的有关防骗的告示，感叹道: "又一个上当了! 报纸上不知宣传了多少回!"

　　任何一个学生必须记住班主任的电话号码，这是基本要求，新生开学时都要在黑板上公布，同时公布的还有科任老师的联系电话。凡是在学校大门查出入证或者家长在家追问，学生说不知道班主任电话号码的，这个学生绝对有问题，绝对在逃避责任和被管理。平时有什么特殊事情都是班主任负责，包括学生有什么突发状况，都是班主任出面。因此学生在校有任何事都应首先找班主任了解。可是有的家长就是不记班主任电话，不愿与班主任联系，甚至以为靠有两个熟人就够了。实际最了解孩子情况的就是班主任! 不要到了关键时候才后悔。

　　有家长也不愿将联系电话给学校，怕找麻烦。新生报名填登记表时，当着老师的面，有的家长就对孩子说: "随便填！随便填！"不认真不配合的态度可见一斑。有时班主任遇到学生紧急情况，翻开情况登记表，一打是个空号，死活联系不上。去年谷城有位老人病危，他儿子一家在襄阳做生意，孙子在四中上学。老人请人联系不上他儿子，电话打到学校办公室，只知道孙子乳名和年级，有关老师跑前跑后打听，终于找到班主任，班主任打家长留下的两个电话都打不通，只好将正在上课的孙子叫出课堂火速通知家长，老人终于得到及时抢救。

当然有的是学生故意留假号码，就是不让老师与家长联系上，这在违纪学生中表现多。一旦学生不在学校联系不上可能很麻烦很危险。上世纪90年代，有位高三毕业生不留电话，家住县区农村，高考成绩下来后，如果体检合格可以上警官学院，但就是联系不上他，发动同学也没联系上。结果错过体检时间，自己把自己的前途搭进去了。

学校三令五申不许学生带手机，有些家长就是纵容孩子不理校规，为了所谓联系方便，方便自己与孩子联系，实际也方便孩子与他人包括外校甚至社会的人联系。你的手机能够收到乱七八糟的短信，未成年的学生的手机也能收到，同时也方便考试传答案作弊。学校有20多个公用电话，只要时间错开，完全够用。我很反对已经晚上10点多了，有的住读学生还在打电话，家长也不必每天过问自己的孩子。凡是在校园看到学生有手机，不管用还是没用一律没收，让家长来学校交流交流，到底是谁的问题。只要我们家长都能配合，问题就解决了一大半。

学校老师上课、自习是不许接打电话的，这是教学规定。有时家长打电话打不通是正常的，可以换个时间再联系。上课是有时间点的，有时时间到了必须上课，不能为一个人将全班同学晾着而接家长的电话。老师也是人也有家，有时也要考虑老师的生活习惯和作息规律，有时我深更半夜接到过惯夜生活的家长的电话，问一些不疼不痒的问题，我只有耐着性子听。家长朋友，老师不是全天候工作的，也需要休息和个人生活，请你按你孩子的作息时间考虑是否可以给老师打电话。

（2007年9月20日）

给孩子一个稳定成长的环境

我们平常爱说"树挪死，人挪活"，说的是树不能乱挪，因为树靠的是树根，一挪容易死。人则不同，人只有顺应时世变通才能在变化万千的社会中生存，所以要常变常新，多挪才能活。我们不要夸大未成年孩子的能力，理性思考一下会发现，实际上未成年的孩子也是小树，至少是未成长好的树，因为孩子适应能力相对差，成长的环境也要相对稳定，频繁更换环境，只可能影响孩子的健康成长。为此，从事高中教育二十多年的我结合一些高中生成长的体会，围绕怎样给孩子一个稳定的成长环境，提几点建议。

1. **父母的关系一定要稳定。** 父母是孩子的大树，是孩子的靠山，没有父母就没有家，更谈不上良好的成长环境。父母的爱情指数只有父母自己知道，但是孩子来到世间就要对孩子负责，父母的关系恩爱最好，至少要相对稳定，给孩子一个温暖、稳定的家。过去我在家长会上常告诫我们的家长，父母都是成年人，两人感情的事情不能强求，但是节骨眼上，关键时刻，孩子上高三，千万不要闹离婚，即使假装也要等孩子高中毕业再处理。我手边是有案例的，2003级有位家长就是不信邪，认为自己的孩子懂事，很坦诚地与孩子谈了，其结果，这个孩子慢慢地崩溃了，后来躺在家里就是不上学，因为他的天塌了，他对生活绝望了，尽管我多次家访，效果就是不佳。每次这位家长一见面谈起孩子，就是一把鼻涕一把泪，眼睁睁看到孩子精神垮了，前途毁了。家长朋友想一想，一辈子，一个孩子，您愿意做这种尝试吗？记住要给孩子的感觉是：我父母的关系是正常的，我的家庭是正常的。只有让孩子有安全感，孩子才会对未来有信心，靠山稳才有奔头、才有生活的希望！许多案例证明，父母有榜样，孩子就跟上！有的父母当年读书、做事的习惯，往往在下辈重演，上辈的父母关系质量不高，下辈的夫妻关系也不会高到哪里，确实有些"因果报应"的影子。当然特殊情况的另议。

2. 孩子的住所相对稳定。现在条件好，一个家庭有多处住房，但是哪处住房最适合孩子成长，必须相对保留固定一处，给孩子留一处成长记忆的住房。过去说城镇化进程的乡村记忆，现在许多孩子已经没有成长的记忆了，因为他没有载体，他没有精神乐园的符号，所以即使住房再多，给孩子留一处相对固定的住所记忆更重要。保留一些他过去的作业本、绘画本、读过的书、增长身高线、过去的照片、证件、衣物、摆设等等，不要毁坏原来的样子。孩子即使成人了，他也会因为触景生情，知道这是精神的家园！所以保留孩子成长的许多东西，代表性的保留下来，不要扔掉，就是留住孩子的记忆。许多父母因为家庭建设的需要、投资的需要，在孩子成长的过程中始终没有一个相对固定的住所，东迁西租，孩子感到自己处于漂泊动荡中，如何有一个值得回忆的精神家园，如何有一个稳定如一的人生奋斗目标呢？同时也会造成孩子的性格不是专一的持久的，更多的是投机的多变的。前段时间与一位家长聊天，谈到父辈兄弟两个经济水平相当，同时买房，一个注意家居相对宽敞、给孩子留有独立房间；一个注重多余房屋出租获得经济效益，孩子没有独立空间，与父母长期起居一起。10年以后两个年纪相当的男孩子性格、价值取向很不一样。所以如果条件允许，可以不太大，但要给孩子一个自由独立的空间，因为随着年龄的增长，孩子的身心独立性都在增强。

　　3. 父母的工作相对稳定。每位父母情况不一样，作为成年人为生计奔波很正常，但是工作场所要相对固定，不一定要所谓工作体面，但是要地点相对固定，让孩子有踏实的感觉，父母工作场所能够在孩子附近最好，至少在一定的时间段能够见到！不要再说当年的您没有大人照顾如何独立成长，过去不等于现在。既然你是父母，你就应该让孩子品尝父母的爱，没有必要让孩子提前像成年人一样独立。只有让孩子感受到父母关心呵护的存在，才能感知自己是个孩子。我们做父母的不要为自己找借口，许多案例证明凡是身边没有监护人的孩子成长总是多少有问题，毕竟他没有成年，遇到许多问题得不到及时疏导，日积月累就成了大问题，有些隐形的问题后来出现恰恰是我们做家长的当时认为无问题。做父母的，在某个阶段该给孩子的、能够给孩子的凡是合理的就应该给他，父母的爱更是如此，属于他（她）这个年龄的就应该享受！我一直认为，父母能自己带孩子最好自己带，自己没时间直接带也要经常看护，将培养孩子的责任交给老人或者他人的，除非不得已，一般我认为是不妥的。高中生可不是仅仅衣食上满足就够了，更需要精神思想层面的引导和关注，这些其他人是不能替代的，特别是亲情的心理需求。所以我很赞成有的家长，即使不常在孩子身边，但是让孩子感受到父母就在身边，定期打打电话，时而与学校老师交流，比那些送到学校就完全指望老师的效果好得多。

4. 对孩子的期待相对稳定。我们做教育者的都知道，对孩子的期待一定要恰当，在正常期望值范围内，低或太高都不行。我这人脑子笨，比较务实，一直认为"鸡窝是飞不出金凤凰的"，能飞出金凤凰属于特例，我们的孩子可以比平常的鸡飞得高，但绝对赶不上金凤凰。有时我们作为家长的，总有攀比心，让自己的孩子与别家的孩子比，结果闹得两代关系紧张。我奉劝家长，您怎么不自己也与别的家长比呢？自己做不到的事情，将希望寄托在下一辈上，指望孩子给自己翻本？有点太自私吧？作为教育工作者，我们研究过教育的先天论和后天论，不管怎样，虽然后天起作用，但是遗传基因也起作用，不仅长相遗传你，实际上读书也会多少遗传你。很多时候，家长自己当年不爱学习，却要求自己的孩子好好努力，有点太那个吧？所以现在，为了孩子的成长，家长装也要装个样子给孩子看，比如生活态度积极、热爱工作、喜欢学习新知识等等，自己成天牢骚满腹、东溜西逛，指望孩子努力拼搏积极进取，您的教导有说服力吗？有些家长动不动就要求孩子应该上211或者985高校，这些学校这么容易？试问您当年上的哪所学校？孩子可以比我们更好，符合进化论的观念，但是要求太高，未免造成孩子的压力。更不能无限加压，好像孩子的目标只能升不能降，孩子的发展与自己的心愿必须保持一致，现实吗？做到比我们期待的好，烧高香了，那就是飞出金凤凰。平时过程中，如果孩子的暂时发展状况没有我们期待的好，我们也要沉住气，多正面鼓励，不要在孩子面前表现对他的失望，不然他泄气、破罐破摔的速度比你还快！期待可以随孩子的进步缓步增长，但是不能无限期待。有时将这种期待藏在心中比挂在嘴上更有效。我们首先要保证有一个身心健康快乐成长的孩子。

5.读书学校相对稳定。人是社会关系的总和，孩子的成长是多种因素作用的结果。许多孩子出现问题都是偶然因素在进行干扰，而家长没有及时捕捉，隐形发展，等出了问题才知道已经晚矣。"孟母三迁"就是强调环境的重要，有好学校很好，但是适应孩子成长的学校才是最好的学校。孩子要学业发展、教育成长，对一所学校的校风、班级要适应，对教师管理、教学风格要适应，班级同学要有朋友圈归属感。我注意过一些干部、企业家、军官的孩子学业之所以受影响，首先是家长由于工作关系长期不在身边，缺乏对孩子成长的陪伴时间，所以这些家长有补偿心理，见了孩子有些宠，管理要求时紧时松。其次是孩子随父母工作地点变化转学多，幼儿园转，小学转，初中转，高中也转，就像一棵好好的桂花树，没栽两天就换个树窝，换个几次，即使天天打营养针，折腾多了，不蔫不毁才怪！所以明智的家长往往不管自己工作怎样动，孩子的学习环境始终相对稳定，情愿自己多跑路，也要让孩子学业环境相对稳定。做父母的，我们一生拼打为了啥？特别是当前越来越规则至上的社会发展趋势，孩子的将来发展可不仅仅靠我们过去的人生阅历来确定他的发展高度，更需要孩子成长的实力。虽说现在读书上大学并非一切，但是不读书不上大学绝对不入社会的主流。

（2015年2月8日）

家有高中生　老爸做"三陪"

儿子现在上高中了，家庭的重心绝对倾斜。作为家长，虽过不惑之年，但也要敢于担当，肩负起属于自己的责任。因为我知道：作为人民教师，教育好大家的孩子是为社会做贡献；作为家长，培养好自己的孩子也是为社会做贡献。公家的田种好，自己的地也要犁好，皆大欢喜。

孩子上高中天天忙学业，真正呆在家的时间并不多，能够有时间聚在一起说话的机会更不多。许多高中生，妈妈照顾多，我也深知孩子高中阶段作为父亲的重要性。根据家庭分工和我的工作实际，我主要做好一天三个时间点的"三陪"工作。

早晨陪起床。每天早晨，儿子起床，我必须起床。好在多年的班主任工作经历练就我早起的习惯，不痛苦、不难受、不犹豫。我的任务有三，一是将儿子水杯注满水；二是帮忙找找需要穿的衣物，主要是袜子；三是掌握出勤底线，保证儿子上学不迟到。儿子的水杯总是大大的，我每次到超市商场选最大号，容量太小了不够喝，不仅他自己喝，他的朋友们水不够了也过来倒，招呼可以不打，倒了就走，毫不客气，感情到了这个份儿，朋友不介意，他也不介意，反正离家近，可以及时补充。对于孩子们的这份情谊，我们父母也支持，称呼他1500毫升的水杯叫"团结杯"，所以一天两次倒满水。按照学校年级规定，每天上学，校服是必穿的，不能因为自己是教职工子女就特殊。我们告诫他，不要为难老师，那也是你的叔叔阿姨，要做表率，违纪不仅给老师添麻烦，实际上也为难了父母！每次孩子及时提醒换洗校服，妈妈提前准备，我主要就是找到衣物，放在固定顺手的位置；为了避免路途耽误不必要的时间，我们征求儿子的意见，自高中后就搬回学校家属区住，这样一天下来学习休息至少多个半小时，很划算。儿子起床实际上一般不需要我们喊，从幼儿园都没有因为不愿上学淘过气，很自觉，出发动作也麻利。但是不怕一万就怕万一，记得初中时我们父母逼着他睡午觉，结果睡过头去晚了5分钟，老师要罚他站5节课，他也不抵触就按要求站，后来他告诉父母，实际上只站了两节课，随后老师又让他打扫卫生抵3节课，他说是老师给他台阶下。儿子以前没有迟到过，此后也再没有迟到过，但是我们担心有了第一次，破窗效应，还会有第二次，所以任何事情尽量不能让第一次发生。作为老爸的我，现在又不必要很早到校园转，给儿子站个岗，担任一下出勤警戒哨，为啥不行？反而倒逼我每天晚上按时就寝，对我对儿子都有利，双赢！

中午陪吃饭。儿子作为高中生，早自习后吃早餐，在学校食堂；晚上时间紧，吃晚餐也在食堂。儿子说食堂的饭菜实际上味道不错，他愿意吃食堂，而且有一群同学在一起非常开心。下课铃一响，一群伙伴飞奔下教学楼，快步冲向食堂，待大群学生涌过来，他们已经聚集在一起从容美餐了，吃了第一食堂相约再吃第二食堂，吃了楼下下次再吃楼上，遇到父母有事不能做中饭，他就乐滋滋地去吃学校食堂，有时还帮我们带饭。但是我们做父母的知道目前有这个方便，我们再忙也要挤出时间做一顿中餐吧，所以就要求儿子中餐原则上在家里吃。爱人给我的任务就是：儿子高中这3年，有时间帮忙做饭，没时间必须回家吃饭，陪儿子。所以，这3年我就对自己要求，尽量中午不在外面应酬，亲戚朋友同事红白喜事，原则上"上礼不去人"，理由是"家有学生要吃饭"，实在推不开的公务提前向儿子请假，当然，儿子通情达理，一般随报随批，完全靠我自觉。我们夫妻约定：学生回来就开饭，不等大人。中午餐桌上是我们一家最美好的时光，听儿子谈班上趣事、学校新闻、个人打算、学习得失、世界局势、国家时事，天南海北，以儿子的话题为中心，父母可点评可建议，自由交流。爱人是理科老师，我是文科老师，总能插上话，所以其乐融融，很温馨，偶尔也有辩论，有时儿子将我驳得一愣一愣。但是只要我不在家，儿子就对妈妈说：又没有交锋对手啦！

晚上陪聊天。我只要没有晚自习，就尽量在办公室工作到10点以前到家，打开客厅灯，重新烧一壶开水，自己或看书或记日记或看电视，等儿子回家，我是要传递给儿子这样一个信息：当你拖着一天学习的疲倦走向家的楼道时，远远地看见家里的灯是亮的，说明你的父母在等你，让你的内心充满温暖。每次下晚自习后，儿子一进家门就大叫一声："嘿！"我也回应一声，算是彼此招呼。我可以迎上去接过他手中的水杯，或者书包，也可自己干自己的，可以帮他擦身上的汗，因为他一直坚持下晚自习后围绕学校运动场快跑三圈，也可以让他自己擦，随口征求他的意见：是吃水果喝牛奶还是直接洗漱？他愿干啥就干啥，有时他也坐在客厅沙发那里看一会儿中央电视台的国际新闻专题，15分钟左右，有时他也趴在我床头找我聊天，我就放下书陪他聊上一阵。下自习回家也就是20分钟左右，儿子说这是放松时刻，因为每天晚自习多是测试考试，我也就陪他东扯西拉。时间差不多，他就进自己房间学习，或做奥赛题，或刷题目，我也就不打搅了。让他感到回家后家里有人，不是空荡荡的。

陪孩子成长是一种责任，对我来讲更是一种享受。高中毕业以后，我们的孩子肯定将离开我们而去远方，我们想陪陪他也很少有机会了，这种亲子陪同逐渐成为我人生的稀有资源。过去说父母陪孩子，大手拉小手，现在孩子的小手也逐渐变成大手了，慢慢地我们能拉到的机会将越来越少。有限的时间，有限的机会，陪陪孩子，不是为了别的，而是为了幸福，享受孩子在身边的幸福，看他慢慢成长的幸福！

（2014年11月26日）

与儿子一起备考的五大原则

今天从保康归来，我已经决定，自己的暑期外出活动结束。从现在开始，自己宅起来，为了儿子，为了高三，准备一年。

1. 儿子高三的事情是第一大事。这是我这一年安排事务的第一原则。每天早晨、中午按时喊儿子起床，保证他不迟到；烧好灌好水，每天两次，保证供水；考虑他吃什么，逛好菜市场，保证营养；凡是该花钱的，绝对满口答应，关键眼上不花钱何时花钱？将来想为他花钱未必花得出去呢，保证资金。每天尽量陪他吃午饭，晚自习后在家陪他聊天，突出家里是安静、稳定、幸福的，让他的心踏实。监护生活起居，尽量与儿子的作息时间同步。

2. 没有大事不出门，出门也不出远门。早出晚归的事情可以，襄阳市以外的会议少参加，不是儿子或者自己的事情不出门，可推可拖的事情尽量不自己出去。信息主要靠网络、电话获取。不要再想到旅游、考察，让自己的心也静下来，梦想留给明年吧！总之外出不出省，外出不超过两天。

3. 不干扰儿子，让儿子"净"下来。凡是涉及儿子自主招生等问题我们做父母的跑跑腿、进行填写，一般多代劳，不是他做不了，而是不烦他不耽误他时间。不要再好心捆绑其他同学，个人的事情个人自己打理，以学生家长身份处理问题而不是四中的老师，此时不要再大包大揽。我们双方老家的事情狠下心不挂念，需要处理的自己处理，有些不需要告诉他的不必告诉他。太顾恋家的儿女情长的人是走不远的，实际上不要自作多情，有出息才是硬道理。做好思想准备，不随便与儿子发脾气，影响他的情绪，有时需要忍一忍。

4. **围绕儿子的备考多备课搜集。**例如关于励志的一些好文章；每次大考的成绩前20名名单；目标大学的招生动态；老师发现的一些需要提醒的，都提供相关材料，让他自己选择，放在他书房里，有时间翻翻，看不看在他，准备不准备在我。适合高三备考的阅读杂志、报纸是什么？需要我买回来吗？我今天开始加入2016届高三家长博客群，同步前进。

5. **自己平安无事就是支持儿子备考。**作为有责任的父亲，面对千头万绪各种场合机遇，虽需要应酬，但是中午吃饭只要儿子在家，尽量推掉，回家陪儿子！更重要的是家有考生，不能因为自己的变故影响他。为此自觉要求自己，第一锻炼保养，不生病不住院是支持他；第二谨慎生活，不醉酒不斗狠是支持他；第三淡泊名利，不出事不变迁是支持他；第四夫妻恩爱，不争吵不外遇是支持他。

（2015年8月13日）

家有考生　科学助考
——在高三（8）班家长会上的演讲

家长朋友们：

2012-2013，这个学年对大家来讲是不同寻常的一年，家有儿女，家有考生，儿女考上理想的大学是儿女的心愿，更是我们家长的心愿，实际上我们做父母的有时表现得比孩子更强烈！儿女高考，家长助考，我们只能正给力，不能负给力，帮倒忙。好心办坏事，苦心办砸事，这些年，大有人在！现在独生子女，孩子只有一个，没有试验可做，没有经验可以积累，但主观帮孩子客观害孩子，肠子都悔青了，不划算！所以，必须科学助考，将好钢用在刀刃上，将忙帮在该帮的地方。作为一名教育工作者，也作为各位家长的同龄人，我提三点建议供大家参考。

建议一：压力越大动力越大进步越大，这种认识害死人。大家看我画个函数图像，横轴是压力，越向右反映的压力越大，纵轴是压力下的效果，越向上说明效果越好。大家发现，最初效果随着压力的增加而效果增加，但是效果达到一定程度就不再增加，反而随着压力增加而递减。所以适度的压力效果最好，压力超过孩子的承受范围反而更加糟糕，适得其反。压力的作用存在，但是超过最佳压力继续加压则反其道而行之。到底我们的孩子是否有压力？是否压力过大？这个标准不是我们家长的主观判断，而是孩子的实际体验。我们可以根据自己的观察结合老师的意见，而不是自己一厢情愿的判断。一般情况下，学生到了高三都有一定压力，有的显性些，有的隐蔽些，我们必须理性判断，我们8班绝大多数同学是上进的好学的有压力的，女生比男生更突出，压力大小与目前成绩名次没有必然联系，目前成绩靠前的同学有压力，成绩暂时靠后的压力也不一定小，相对而言女生比男生压力大，中等生压力更突出。压力承受力如何因人而异，有的同学平时大大咧咧的并非没有压力，有的属于掩饰。如果孩子上了高三经常有莫名其妙的不舒服，经常感冒头疼、拉肚子爱上厕所等，越是临近考试越明显，那肯定是考试压力。我们有的家长特别是女家长一天到晚唠唠叨叨、语言啰嗦，学生一回家就开始启动，本来在学校任务重事情多，家长还不停地以斥责的口吻提要求，孩子回来不清净，不烦才怪。我们在座的家长年龄都差不多，目前发展的都不一样，为何要求自己的孩子与别人的孩子一定要一样，甚至必须超过别的孩子呢？实际上每个孩子知识能力、情商智商有差别，每个孩子只要做最好的自己就行了。我们多纵向比，孩子自己多与自己比，今天与过去比，只要现在的自己超过过去的自己，就应该肯定自己，鼓励孩子。总成绩不够理想，单科在进步也要肯定，这块知识不行另外一块知识相对过去解决了也应该肯定，奋斗目标让孩子目前看得见，够得着，才有希望去努力，跳一跳摘桃子。怀着平常心，每次小考不必太大惊小怪，提醒就行，每次大考我们不是关注总分而是关注名次的变化，只要年级的名次在进步就行，没有进步也要冷静分析而不是武断地全盘否定。每个孩子只要盯着下一个目标，每次小步快走就行。每个孩子的起点是不一样的，每个孩子的发展也是不一样的，不能拉得一般长，提一样的要求。不要横着比，人比人，气死人，爹妈都不一样，何况孩子！不再把超越的希望一股脑儿压在孩子身上。所以学会加压，适当减压，不能没压，科学用压。

建议二：和谐备考环境，家长有所为有所不为。我同时提醒大家，不管您的事业多忙，地位有多高，老了都要退的、交的、让的，但您的孩子退不了、交不了、让不了，永远是您的，特别是到了老的时候、闲的时候，孩子不出息，终究是一生的心病，人生的遗憾。孩子备考，做家长的，能做点啥？不能替考，也不可能替考，实际上也没有能力替考。关键要弄清哪些该做哪些不该做，有所为有所不为。孩子目前学习各科的知识内容不再是小学初中，也不再是我们过去所学的，不可能辅导，听说有的家长要与学生同进步，一起学习，我很感动，但是那叫找事，我们家长不必强迫自己，那只能害苦自己。家长对于孩子的学习方法也不要随意点拨，先问问自己，过去自己读书时的老一套是否还适合？现在确实变化大，要不然自讨没趣，孩子不会听的，闹得都不愉快。那么我们家长的任务是什么？我们就是当好生活的服务员、思想的指导员就行了，其他的留给专业的团队去做。我们的老师们毕竟十几年几十年就忙这个事，别的方面你们是专家，这个方面我们自认为很懂行，王影迪的家长说得好（"我们当家长的就是配合老师搞好后勤"），希望不要在此帮倒忙。孩子可以在家长的指导下制定计划，但不能横加干涉，包括孩子有条件在家适当加班加点。最近有个家长在外面给孩子租了房子，听说旁边的孩子5点半起床，她就把自己的孩子也喊醒，因为家长睡不着呀，搞得这几天孩子白天精神不好，何谈学习效果呢？孩子流着眼泪找老师说想回来住寝室，因为妈妈总是强迫她做这做那，打乱自己的计划。孩子是长大了，但是现在需要全力投入高考，所以家庭事务、亲朋好友、居家搬迁、红白喜事等都尽量少干扰孩子，尊重孩子意愿。特别是夫妻关系，我想提醒几句，这个社会变化太快，我希望大家家庭都和睦。但是也提醒个别家长，再闹不能在孩子面前闹、不能让孩子知道，最好不闹，实在要闹，等孩子高考后再闹，我可以不客气地讲，凡是在高三父母闹的，孩子没有把控得好的，都是砸了家庭，砸了孩子前程！在我手中经历的案例，教训太深刻了。现在是特别的时期，特别的孩子需要特别的呵护。

建议三：以孩子为中心，坚守职责，把握关键时机。高三期间，学生心里烦，有时将无名心火忽然撒在家长身上，都是正常的。他能撒在老师、撒在同学身上吗？因为你是他亲亲的亲人呀！千万不要不依不饶对着干，争出来个大小王，孩子逼急了，罢了工，不上学了，不想参加高考了，就有你好戏看，折腾的结果是都伤害。现在照顾孩子你是应该的，将来他报答你也是应该的，不要为孩子现在不理解你而耿耿于怀，不要嫌关照孩子烦，不要说我天天做给你吃做给你喝，要求回报，回报不回报这个节骨眼上你也得干到底，各人尽各人责。从亲情的角度来看，你现在给孩子送饭送一顿少一顿，你能够与孩子经常在一起的时间已经不多了，就这8个月，以后你想照顾孩子想送饭都没有机会，加强亲子感情这8个月很关键，大手牵小手，小手变大手，一旦上了大学，鸟儿长硬翅膀，到处跑，你想在一起就不现实了，所以机不可失。此外说这是关键时期，家庭的活动安排必须尊重孩子的想法，例如假期就不要带着孩子到处跑，更不要利用元旦、寒假搞什么旅游，春节过个革命年，少走亲串友，少在家里请客待友，让家里清净些，安静些，少折腾孩子，今年过个革命年，高考考出来后明年补起来过个热闹的年。此外今年春节晚，1月23日，过了春节就进入2月份，翻过年只有4个月，因此积蓄能量就在年前，第一轮复习很重要，提升能力关键也在年前，不要说明年才高考呢，其实就是一眨眼的功夫，过山车一般。孩子回家，最好你也在家，特别是爸爸，这个年龄社会责任挑重担，应酬多，减少一些应酬，少一些出差，对身体好，对家庭也好。我的一位局长同学，再忙也要晚上按时到校门口接姑娘回家，早晨送孩子出门，值得钦佩。少些应酬、少些出差、少些娱乐，牺牲一下，不长，8个月。

　　总之，家长朋友们，孩子是你们的，也是我们的，但终究是你们的。仅仅给孩子生活的基本保障，老母鸡都会做，孩子们希望在更高层面更理性的关心。

　　精心备考，我们师生努力；科学助考，家长合理出招。希望大家，理解万岁，合作愉快！

　　　　　　　　　　　　　　　　（2012年11月10日）

冲刺时刻，做"三点式"备考家长

今天，2月12日，正月初五，读高三的儿子开学了，今天晚上开始进教室集中。2016届备考进入了最后的倒计时，离高考只有115天！家有考生，除了工作中的分内职责外，我们怎么做家长呢？

第一让生活规律点。从现在开始，我的作息时间开始进入校园生活状态。我的生物钟伴随春天的到来（2月4日立春，2月19日雨水）、气温回暖，要及时调整，按时起居作息。为了保证儿子休息无迟到担忧，坦然睡眠，保证质量。我要每天早晨6：00起床，叫醒儿子，注满水杯，待儿子出门上学后我也出门沿护城河晨走一圈，然后到菜市场买菜回家保证儿子膳食营养。一定保证儿子中午放学回家按时吃饭不等待，督促儿子包括我自己必须午休，14：00准时喊儿子起床上学，晚上待儿子下自习回来洗漱完毕进入自己房间学习时，我才可以干自己的事。晚上没有特殊情况我要保证自己23：30以前休息。绝对不熬夜，绝对不生活随意无规律。只有一定的睡眠，才能确保每天精力充沛当好儿子的备考生活服务员。

第二让生活简单点。从现在开始，个人少参加外面的应酬活动，同时也不主动组织应酬活动，高考最后的日子不管是否节假日，家里少来客少待客少热闹，周围人员结构尽量简单些。如果我作为高三家长的角色不能得到别人理解，就不要怕别人误解。排除干扰当好儿子备考环境的防护墙，第一道我来挡，第二道爱人来挡，将儿子防护在中间，就像过去呵护宝宝不受干扰地睡眠一样。要求自己少出门、尽量不出远门，每天让儿子感到父母就在身旁，家—校园—家，干脆而简单，让家成为港湾，宁静的港湾！让儿子在生活常态中备考。

第三让思想单纯点。儿子的思想动态随时要关住，他紧时给他松松，他松时给他紧紧，一定要把握好度，让他能够接受，避免情绪大起大落，所有的爱好暂时放放，所有的情绪暂时收藏。当然人到中年的我，自己在事业上还有许多梦想，毕竟岁月不饶人，只能捉住青春的尾巴了。但是这高考最后的日子里，少策划少思考更不能行动，能够压一压的就压一压，能够拖一拖的就拖一拖，高考结束后再出击也不晚。凡是不利于儿子备考的坚决不做，凡是有利于儿子备考的创造条件也要去做。要分清轻重缓急，当前儿子的事大于老子，因为儿子是未来，儿子是潜力股，老子不过是概念股，他能对社会做多大贡献？现在正是为儿子打造高起点的时刻。况且儿子决定家庭的未来，家庭的最终幸福，我们的晚年幸福也与此相连。这些日子有些事情我们不必告知儿子，自己打理就行了；这些日子有些建议我们必须提醒儿子，视野与高度是紧密相关的，一定让他一心一意地做当前最主要的事情。

其他时刻还可以弥补，特殊时刻错过就不会再有。做家长的，我们不能代表孩子走进赛场，但是我们可以做好服务员、安全员、指导员，让他专注备考，降低人生成长成本，直线出击，青春无悔！

（2016年2月12日）

高三学生或家长，"四个号"您在准备吗？

在教务处，时常与即将毕业或刚毕业的学生及学生家长打交道，他们总是因为一些细小的疏忽增加麻烦，那就是由于学生自己或家长不清楚学生的"4个号"，结果折腾自己一大圈。

哪"4个号"？就是学生的身份证号、高中学籍号、高考报名号和高考准考号。

身份证号，学生个人的，只要在户口所在地公安派出所查询即可，从个人出生都有。最好在学生高三前办理身份证，因为必须凭身份证参加高考，所以要妥善保管身份证。身份证号，许多档案或报名都需要填写，这个号，有效期一辈子，平时生活用得上，最好能够背下来，便于直接迅速说出。

高中学籍号，简称学号。从高中录取后即可获得，现在基本上不再是全省统编，而是全国统编学号，一生一号全国联网。一般由当地教育部门确定、学校学籍部门提供，有效期贯穿高中阶段，直到学生上大学报到后不再使用。平时学生高中阶段档案填报用得最多，高中休学、转学也不会变更学籍号。

高考报名号，从高三上学期开始，由所在学校申报，当地考试院确定提供，主要在学生高考志愿填报、录取使用多。有效期主要涉及高考及录取工作。

高考准考号，就是高考每场考试期间填写在试卷上使用的号码（高考前一周才公布）。这是家长、考生最聚眼球的号码，信息涉及到考点在何处、考场在几层楼、考号在第几排第几号。高考对每个环节的苛求意味着对应考环境的格外关注，襄阳市往往采取摇号方式产生，具有很大的随机性。此号追求的是亮度，使用时间最短，有效期只有高考两天。

这4个号在每届高三从1月开始直到10月大学报名结束，陆陆续续开始公布和使用。涉及艺术生专业考试、自主招生报名考试、高考成绩查询、高考志愿填报、高考学校录取、学生档案提取等。平时里，高考没结束，班主任、学生都处于正常备考状态，人好找电话好联系。高考结束后，辛苦3年的班主任需要休息不一定在学校，考生有时不在现场，如果家长或亲友代理有关工作，而手头没有这些号，往往办理起来特别麻烦。我经常在假期值班时遇到"不速之客"家长到来，自己什么都不知道，在学校办理学生的有关手续，放假期间，找班主任班主任联系不上，找学生学生不搭理，而这些学生名册信息属于机密，专人专管，不是正常时间，不是随便都能查询到的，急得家长到处打电话。

一年一度高考在即，提醒学生和家长，"4号"统计后，人手一份，或者用小纸片放在钱夹中，或者抄在固定的笔记本放在家里显眼的位置，或者家长拍照或存在手机备忘录中。遇到特殊情况，学生不在家长在，及时救急，避免误事。生活小贴士，特此提醒，希望高三家长朋友做个有心人，也许这个小提醒特殊时候真能帮上您。

（2015年3月26日）

高三家长，这个时候您什么也不想

4月底全市第三次统考结束了，这是襄阳四中高三学生在高考前的最后一次与外校对比的对外亮剑，自此将近40天，我们就开始闭门磨剑蓄能积势了。

这最后的时间段将以"五一"假期作为新的节点开始。5月是火热的，5月是奋斗的，5月是平静的，这是刚刚激烈拼杀战役后的沉寂，即将惊心动魄决战前的沉寂。学校将组织4次周考，完全按照高考时间节点的周考，之所以选择周二、周三，因为2016年高考时间7日、8日是周二、周三，所以每次周考后学生调整休息，周三晚上就取代了原来的周六，以后周六晚上我们就要照常自习了。同时试卷也完全按高考模式制定，每次试题训练精挑细磨，备课组长把关，注重质量规范，关注每次训练覆盖的主干知识，辐射相关的各条考察能力。还有举全校之力在5月24—25日进行的高三高考模拟考试，这是襄阳四中多年的教学品牌，将点燃学生走向战场的豪迈激情。随后学校会调整作息时间，会调整学生身心，会改变复习节奏，会一切都在学校的安排之中，一切都在年级的运作之中，一切都在教师的操作之中，让专业人办专业事，这就是实力和水平！

所以做家长的，您的任务就是配合。自主招生报名陆陆续续也结束了，报与不报都不重要了，入围与不入围都不是最后结局，最终就是看实力，看高考成绩。当然入围的家长可以悄悄做些准备，不需与孩子讨论太多，没有入围的学生家长全心助考，谁是最美的开怀者还不是定论的时候。所有报名程序、档案整理都听学校安排，保证每位学生顺利毕业、顺利报考、顺利参考，您的任务就是配合，不要主动插入，不要随意点评，千头万绪，孰先孰后，轻重缓急，学校自有安排，您的任务还是配合。该孩子完成的就由孩子完成，不要事无巨细万事包揽，总觉得家长自己不亲自介入就不放心。高考体检结果孩子确认就行了，备考具体调整通知孩子执行就行了，许多非常具体的细节，多看通知，学校不可能经常召开家长会议告知家长，也没有精力对太多家长一个个解答，确确实实没有精力，直接问您孩子就行，因为这是您孩子能完成的事情，老师需要更多的精力投入您孩子备考，不是特别重要的事情不要过多干扰教师。每次的考试结果出来后教师通常也会受到批评和表扬，压力也很大，不要开玩笑说教师为了奖金，可怜的奖金与老师的付出远远不成正比，可怜的奖金与休息放松相比，每个人都会选择后者。高考工作是项严肃的大工程，请不要把社会上一些侥幸的做法思维参考执行到高考。高考面对所有学生，一把尺子量下去，机会均等，不是苛刻你的孩子，所有考生都没有特殊生，大家都一样。孩子参加高考考场在哪里？市考试院会通盘考虑，既遵守组织章程保证考点规范，又保证学生利益最大化，哪个学生在哪里参考，随机派分，当年四中李静校长的儿子参加高考也是在三十六中考点呢。实际上在哪里考都一样，摆正心态，关键是考生的实力！考试期间，学校会组织好，车接车送，领导老师带队，每场考后集中返校；考点也会安排好考务，全程监控，举国关注，谁敢闪失？这些您不要担心，也不需要您过多忧心。

那么我们当家长的还能做什么？这些天我们会面对许多事，我们要遇事冷静，三思后行，这个事是否值得做？这个事是否现在做？这个事需不需要告诉孩子？我们不叫喳，不凑热闹，不夸大问题的严重性，不神神秘秘捕风捉影，总之让孩子耳净心静，不烦他，不扰他，让他按照自己的习惯和方式行事。社会各种讲座，您愿意听也可不愿听也不损失。社会流传的各种提分押题秘诀您想烧钱也行反正没有用。高考政策可以上网查找或者读招生杂志提前了解一些，全国的高校太多，您不必一所所研究考察，待高考成绩出来了，批次线也划了，然后给你3天时间决定志愿足够，不要太忙乎折腾自己。高考后将孩子的5个号收集好（高中学籍号、高考报名号、高考准考号、身份证号、填报志愿的电话号），在孩子上大学报到前随时可能用得上，填报志愿的联系电话千万不要留学校的或者办公室的，一定是学生个人或家长的，录取期间随时需要，关键时刻保持电话畅通。高考两天需不需要爸爸或妈妈陪考？征求孩子意见，你说的不算；是否需要高考房，在哪里？征求孩子意见，你说的也不算。原来吃什么高考就吃什么，不必刻意改变。原来怎么办高考就怎么办，不必打乱生活规律。高考的孩子大如天，他的情绪、他的健康、他的心思您绝对不能随意干扰。

总之，我们做家长的，协助，配合，服从，我们是敲边鼓的，演配角的，跑龙套的，这些也非常重要。相信学校，相信老师，相信孩子。多正能量聚气，少消极损劲，这就是最后的科学助考！

家长朋友，我们过去已经做了很多，为了孩子，现在再做一点也不算什么。过去我们没有计较得失，现在更不要与孩子谈功劳苦劳，所以少说多做，坚持到最后，谁让您是家长的？该！本分！这时候什么都不要想，什么都不要说，一切等到高考结束以后。

（2016年4月30日）

我的父子人生关系阶段说
——献给有儿子的父亲们

前言：许多时候，就是我们做家长的没有摆正自己的位置，没有从长远的角度规划好，造成父子、母女关系紧张。实际上父子一场、母女一场，一生一世一辈子就是那十几年光景紧密在一起，同船过渡难得的缘分，为何要闹得如此紧张呢？特别是高中阶段，把握不好，都特别难受，学业也不是唯一的。

家有儿子，父亲对儿子的成长角色非常重要，正如家有女儿，母亲对女儿成长角色非常重要一样。有儿子的家庭父亲最有体会，最难缠的是父子关系，两个男人都是雄性，钢钢对峙，阳阳相碰，同性相斥，父子之间必有战争与冲突，也意味着父子之战将贯穿风雨人生。根据家庭教育理论和自己家庭现实，我将父子关系设计为以下三个阶段。

阶段一：儿子成年之前，关系主题词：爸爸说了算。 这个时间段从儿子3岁到18岁左右。民主的家庭教育是社会的发展趋势，但是在儿子的成长阶段如何把握度很重要。我们发现，在目前独生子女家庭众多的国情下，教育民主绝对化肯定是会出问题的，父子可以成为朋友，但是不容易做到亲密无间。儿子作为未成年人，在成长的过程中会遇到许多问题，有些可以通过教育、通过商量、通过引导来解决，但是有些时候有些问题，容不得你有更多时间、更多机会、更多耐心。儿子成长的过程中有的问题的解决贯穿着原则性与灵活性，妈妈常常扮演红脸好人，而爸爸却需要扮演黑脸包公。有些问题需要家庭尽快决断和选择，有些问题事实证明当时孩子的心智水平尚不能够准确处理时，作为监护人就必须坚决表明态度，容不得去无休无止地讨论。有时候父母与儿子意见不一致，怎么协调都不行，遇到未成年儿子的挑战，怎么办？此时必须使出最后的杀手锏、杀威棒。有人问我打过儿子没有，我毫不含糊地说："打过，只要儿子没成年，该打的还是要打，但是一般轻易不打！"这种观念我很早就向小时的儿子灌输："即使老爸我老了，七八十岁了，走不动了，拄拐棍了，打你还是白打，我是你爸！"所以儿子一直知道，不管对错，老爸要训人，自己永远斗不赢，干脆妥协安静。在成长的过程中，父子之间没有冲突是不可能的，除非您对儿子的成长不闻不问，顺其自然。这些年，我们家庭父子之间也有冲突，但是很快解决，孩子讲道理是一方面，知道家庭规则也是一方面。中国就是中国，不是西方，不要拿西方的教育说事。当然做父亲的，不可滥用杀威棒，用多了，就不灵。爸爸也要明白事理，学会理解和把握未成年儿子的正当需求，有些确实儿子是对的，也要虚心接受，这并不影响父亲的权威，况且父亲的权威也不是靠严厉、打骂、训斥体现的，而是靠自己的学识、眼界、修养、进取心和责任心赢得孩子的尊重。这一阶段，风筝在爸爸手中，选择好天气和场地，主要是爸爸说了算。

阶段二：儿子成年以后，关系主题词：父子商量了算。这个时间段，儿子基本上高中毕业，但是尚没有成家立业，大概18岁到28岁左右。走向成年的儿子更具有男子汉的身心特点，更具有挑战世界的雄心壮志，也需要担负属于他的社会责任和人生发展，一切海阔天空，自由驰骋。现在的儿子基本上或上大学或开始就业，远离家庭这个爱巢，作为父亲，对于儿子生活起居、细小琐事已经不可能关注，这时候儿子的大事主要是学业发展、就业岗位、个人爱情，此时的父亲也许起作用，也许就不起作用，因为时代在变、情况在变，今非昔比，过去的想当年只能成为遥远的回忆，但是多年的社会滚爬阅历，可以帮助我们在儿子遇到困惑时指指方向、理性分析，避免儿子狂热而偏执、迷茫而颓废，当然要找恰当的机会、可接受的方式、宏观的建议，儿子接不接受，为父的都不要生气，要相信古语"儿孙自有儿孙福"，儿子一定比我们高明，要认识儿子已经成年，自己的事情自己做主自己负责，我们充当的是人生顾问，顾问顾问，儿子回过头询问了我们才能提醒建议。当然，如果实在感到触及家庭底线、人生底线，我们也要坚决干预。一般情况，放手的程度与孩子的独立能力强弱成正比，放手的速度也与孩子的能力增长速度成正比，风筝早晚要放，最好只要握住风筝线就行了，要相信儿大不由父，敲敲边鼓吧！不要瞎掺和，有失落感，自己找气受，有时妈妈参与进来能够缓冲关系，这一点不可疏忽。

阶段三：儿子成家以后，关系主题词：儿子说了算。这个阶段，从儿子结婚成家开始，对儿子的监护教育基本结束。此时我们垂垂老矣，小家庭建设是他们自己的事情，大家庭的事情也可以交给儿子打理，我们就安享天年，过自己的快活日子。过去常说：闭上你的嘴巴，敞开你的口袋。此时嘴巴紧闭，不问不说少说，乐得轻松自在。根据自己的财力，能够给儿子一些帮助的给一些，这些钱物生不带来死不带走，人老了，对物质的需求更为减少，只要精神满足，活得有尊严就行。此时没有了对子女二十多年养育培育的牵挂，莫道桑榆晚，为霞尚满天，又可以回到两人世界，无牵无挂地干自己力所能及、想干而过去没有干的一些事情，不留遗憾，充实生活。儿子需要时搭一把手，不需要时各守自己的天地，落得眼清耳顺心静。此时父子关系多的是亲情，少的是说教，管得了管不了都不要过分插手，你能管他一辈子？让他独立，让他自食其力，对他的事情作壁上观，我们只要发挥余热即可。涉及一些大事决策，儿子决定，自己配合而已，是否成功我们也不需要承担责任。安享晚年，颐养天年！父子关系走到今天有无言的眼神交流足矣。此时风筝在空中飞翔，不管高低都是自己的风筝，你现在剪断握在手中的线，让他自己翱翔蓝天吧。

朋友说我有些传统，所以我要不断调整自己的角色，把握父子控制的度，由强到弱，最后放手，这是对儿子负责，对家庭负责，对自己一生的幸福负责。朋友说我看穿人生，恰恰只有想明白了，才会从容面对，活得更自然！

（2016年阴历正月初三）

激情教学　阳光课堂——致教师

一位班主任的独白

　　由于工作的需要，我不得不离开班主任的岗位。一切来得都非常突然，第二天清晨6点多，由于生物钟的作用，我自然醒来，又习惯性地走向教学楼，本能地走向自己熟悉的教室，犹如一位老农每天早晨总爱在自己的三亩庄稼地转转才安心回家吃早饭一样。猛然醒悟：哦！我不再是班主任了！一种灰灰的心情使我赶紧朝回走，起惯了早，这时候到哪里去呢？我只好在校园在操场转转。

　　屈指算来，伴着青春步入中年，我的教育生涯都是在班主任工作中度过，过去一放长假，我这班主任就有些不自在，现在不做班主任，更有些惆怅了。有人把班主任叫做"班妈""班头""老班"，我乐意接受，但我更愿意用"教育理想的实践者""师生生命的欣赏者""学生成功的助长者"来诠释我对"班主任"的理解和情感。

　　班主任工作为我在教育理想的实践提供了基地。我是一个做事专注认真的人，干一行爱一行。初涉教坛，我满腔热情豪情万丈，希望自己像孔子那样"三千弟子，七十二贤人"，能够立道立言，我对"桃李""杏坛"词语有种特殊的感觉。当我走进教室，走上讲台，总有一种崇高的使命感和责任感，大有"天下之大，舍我其谁"的情怀。岁月流逝，但我情怀依旧，只是有了更多的理性认识和务实的思考。我参加各种教育讲座的学习，阅读各种教育大家的专著，在每次大假之后构想下一步的蓝图，在思考中调整，在调整中思考。每周的班会总含有我的激情演讲，每次的班级活动总凝聚我的精心构思，每日的班务总贯穿我的教育观念。当班主任给我提供表达自己对教育理解的实践舞台，为我追求教育理想提供了空间。当班主任有艰辛有欢乐，我一直在追求一种教育理想，不断尝试更成熟的教育理念。长期以来我不是班级事务被动的应对者，而是一个主动的思考者，我思故我在，班主任工作是艰辛的，但我是快乐的。平时穿行在书店琳琅满目的教管书籍里，我首先从书架里抽出的总是班级管理的书，对班主任工作的难解情怀已经悄悄渗透在我的生命中，变成自然的行为。当班主任我快乐，因为在那里我能找到自我；当班主任我充实，因为在那里我以一个教育者的身份实践着耕耘着。

班主任工作为我对人文生命的欣赏提供了窗口。人是生命的活体，要善于欣赏生命，欣赏生命的历程，不仅欣赏自己也欣赏他人。蓦然回首，我也不再年轻，一茬一茬的年轻人从我生命的历程中走过，我从他们的成长变化中找到自己忙碌的见证，在他们的各种成功中找到自己生命的价值，我欣赏着自己生命的内涵，走在学生的群体中，我感到自己永远年轻，俗话说"教学相长"，我在年轻的生命中找到自己生命的追求。有人将老师比作蜡烛，这是一种为高尚而殉道的赞誉，有时我有这种内心冲动，更多的我愿成为学生年轻生命理想的播种者、人生道路的引导者。有时坐在教室里，同学们埋头自习，教室里静悄悄的，只有沙沙的写字声和轻微的翻书声，我环视着讲台下面这些熟悉的面孔，我感到自己不仅是在观察学生，更是在欣赏生命，欣赏一个个充满活力的生命。有时我也有一种惶恐：在他们年轻的生命历程中，作为老师的我应该扮演一个什么角色呢？我能够为这些年轻的生命做点什么呢？我不能因为我而让这些年轻的生命失去光彩！我应该让这些年轻的生命更加多彩！因此我总是不断反省自己，希望自己竭力做得更好。高中3年，年轻的少男少女成长为大小伙、出落为大姑娘，这也是个体生命中最灿烂的成长时期，作为中学老师的我们一直在欣赏着，而班主任对于这些生命之花又有更多的关注和浇灌，从身体健康到心灵呵护，从理想培养到知识输送。我愿将自己的知识、自己的经历、自己的见解告诉我的学生，使他们少走弯路，少遇无谓的挫折，降低成长的成本，追求生命价值的最大化。因为我爱他们、爱生命，在欣赏年轻生命的同时我也在欣赏自己的生命。

班主任工作为我对学生成长的帮助提供了渠道。我喜欢被学生包围的感觉，平时里每当听说哪位学生的状况不是很好时，我总有一种冲动，想当他的老师、想帮助他，总爱犯好为人师的毛病。在我的班上，我细心观察每位学生的变化，欣赏每一点进步，尽力走进每位学生的心灵深处，特别是自己做了父亲以后，对学生又有了更多的亲情流露，也常常用"你这孩子"来称呼我的学生。每年高考填志愿时，我的学生将我团团围住，我好像坐在专家门诊的席位上，感受到的既是一种信任，也是一种责任，我帮每一位前来咨询的同学分析、参谋，唯恐出现一丝失误影响年轻人的前程。春节期间，一名1996届的学生来看望我，当年作为班主任的我多次对她进行心理辅导，但高考第一天的早晨她忽然四肢抽搐，我及时进行处理，她终于平静走进考场，她武大毕业后到北京发展，目前已成为一家京报的小有名气的记者。她在给我的短信中说："高中仅一年，你却给我这么多的影响，这么长时间那么多人想念你，这就是你的'魔力'。"我从不奢望对我的学生产生终生的影响，但我希望他（她）的一生在经过我这一段的历程时是快乐的、充实的，尽量是成功的，而作为班主任的我曾经对他（她）产生过积极影响就足矣。学生的人生路很长，我们只拥有其中很短的一段，作为班主任我总是尽力好好地珍惜和把握。每当我将一名一时糊涂而做错事的学生说服时，那种沟通的感觉是多么甜美；每当我将一名聪明的学生培养得更加优秀时，那种成功的感觉又是多么舒心。对于学生，泄气时给他（她）鼓劲，迷茫时给他（她）指路，孤独时给他（她）亲情，冲锋时给他（她）助威。我与学生总有割不断的情流不走的爱，总想在学生健康成长、成功过程中成为一名相助者。

陶行知先生曾说："先生之最大快乐，是创造出值得自己崇拜的学生。"作为班主任，我享受着育人的快乐，希望在班级这个小天地里有大作为，创造更多值得崇拜的学生，创造出更多的英雄造福社会，让社会进入英雄时代，这就是一位普通班主任多年的梦想！

（2005年4月28日）

浅谈班级管理中的人文渗透

班级管理的人文思想是指班主任在从事班级管理的过程中，注重学生的人性，尊重学生的人格，培养学生的人品，促进学生身心快乐健康成长的人本观念。在当今科教兴国的教育改革浪潮中，培养学生做什么样的人，使学生形成什么样的情感、态度和价值观是任何教育者都应面临的问题。作为班级管理，不是为了扼杀人性，管僵管死，而是以学生的整个人生为出发点，以管理为手段达到理顺的目的。如果班主任有意将人文思想渗透到每位学生身上，贯穿到学生成长的每个阶段，学生不仅会成为有知识的人，而且是身心健康的人，学生知道如何做人如何思维，那么他们就会更快更好适应社会，自觉担当社会使命，以自己健康的身心和能力掌握知识，实现自己的历史责任。作为班主任，我进行了一些探索。

一、以制度约束人——制定班规，培养法制意识，做有纪律的人

没有规矩不成方圆，在向现代化迈进的当今中国，社会主义改革的目标就是建立市场经济、民主政治、法制国家的体制。任何人以所谓绝对自由民主为借口，游离于社会之外都是不现实的。班级作为社会的一个组成部分，同样需要一个人人遵守的社会契约，这是在初建班级时必须着手制定的。培养法制纪律意识对学生以后迈向社会适应社会很有好处。

以制度约束人贵在坚持的原则是：大家制定、人人遵守、我为表率、坚决执行。主要突出以下几点：第一，必须是班上全体成员共同参与制定，让每位同学都有当家作主的公民意识，对班规有属于自己的认同感，为以后执行减少阻力。班委会先拿出班规初稿提案，然后分组讨论修改补充，接着将整理稿张贴公布，最后郑重召开班会进行投票表决。班规制定持续一个星期，充分酝酿，班主任只起组织作用，反对个人专断。仿照近现代社会民主政治程序（如人大），表决时班主任不看学生，允许学生弃权，但总人数超过三分之二通过则为有效，班规以后就成为本班的"根本大法"和行为准则。第二，执行要公正公平、坚持到底。学生很在乎老师对自己的态度，非常敏感。不管成绩好坏，什么人，在班规面前都要一视同仁、一律平等，所以对待成绩好的、班干部、家庭条件好的三种学生执行起来一定要慎重。骆文一直是班上数一数二的优生，但早出勤时有迟到，在同学中影响很不好。有一次，她又迟到了，当着全班同学的面我将她堵截在教室门口严肃批评，不留情面，并按照班规让她参加公益劳动。开始她想不通，总觉得班主任与她过不去，我和家长一起做工作：班规是大家制定的，人人都须遵守，个人触犯了公共意志，违背了社会契约，是自己与大家过不去。同时要认识到自己在班上的特殊地位，更应该成为守纪的表率。处罚是次要的，永远具有守纪的意识才是重要的，对自己的承诺保持诚信才是重要的。骆文认识到这一点，以后成为守纪律的模范，后来考上了北大。第三，言教不如身教。

班主任不仅执行制度要一个标准、始终如一，而且时时刻刻要做好表率，起到榜样作用。我常说的一句话是："向我看齐！"班规虽然不是针对班主任，但班主任主动接受约束，学生更感到人情味。夏天着装班规有严格规定，不管天气怎么热，我始终正装穿戴，学生穿背心拖鞋现象也自然消失。安排违规的同学打扫卫生，我也有时亲自参加。我要使学生认识到：谁违规理应受到制裁，只有做一个理性的守规人，才会在现代社会有更大的发展空间。

二、以目标激励人——树立目标，培养竞争意识，做有理想的人

理想是腾飞的翅膀，适当的理想才能让人飞得高飞得远飞得健康，但理想是明天是将来，而目标才是今天是现在。善于将明天的理想分解为人生成长每个阶段的具体目标才是最重要的。事实上充满朝气的中学生富有理想，却不善于分解成目标，甚至存在幻想。要么理想太高，要么没有具体目标。让每个学生人生都有理想，让每个学生每个人生阶段都有目标，让每个目标都是恰当的标高，让每个学生每时每刻都有适合自己实际的成长点和兴奋点，让学生在理想中度过、在目标中超越、在自信中成长，这就是我对学生积极人生教育的目的所在。一个没有方向的人是没有斗志、没有朝气、没有活力、没有热情的人，也是无所作为的人，也是在日益竞争激烈的社会容易被淘汰的人，因此为适应社会对学生进行理想教育非常必要。

何谓进步？只要经过自身努力，现在的自我比过去的自我强就叫进步。北大、清华谁不愿意上？但并非北大、清华

人人都能上。每个人必须有符合自己实际的目标，跳起来能摘到的目标，一步一步能实现的目标。在努力中实现，在实现中找到成功的感觉，不断地增强自信，才会不断地进步。小然是一位来自谷城的男生，当年以自费进入高中就读。在高一很快就暴露出文史擅长、数学一塌糊涂的短腿现象。不及格的数学总是拖他的总成绩，他非常恼怒。有一次数学试卷发下来，他无法控制自己，当众撕碎试卷，并掀翻桌子，然后痛哭起来。现状与他考上重点大学的理想相距太远。我和家长及时帮他分析使他很快冷静下来，认识到数学对他影响很大，他必须面对现实改变它，现在不讨论上什么大学，而应该讨论如何一步步将数学赶起来。随后设计了三步走的战略目标，小然开始着眼于每个具体目标，坚持补习数学。高一暑假他的数学达到中等水平，高二暑假他的数学达到有效分，高三的复习使他迎头赶上，数学大有起色。各科的平衡更使他如虎添翼，总成绩得到抬升，最终高考数学考了119分，以高出重点线40分的总成绩考上武汉大学。

目标的树立也包括善于寻找学习榜样鞭策个人激励他人。生活中的榜样不是没有，是缺少发现。只要善找参照点，总能找到身边的榜样。"火车跑得快全靠车头带"，班上有才艺双全的优生榜样骆文、有有思想有威信的干部榜样刘强、有有冲击力的黑马榜样王蕾、有逆境发奋的状元榜样张雅玲。要善造英雄，让班上处于英雄时代。目标的树立还包括在班上营造竞争氛围，让每个人找到竞争点，培养竞争群和竞争梯队。竞争的结果是激活，是共同进步、共同提高，但是竞争必须是阳光竞争。班上骆文、张雅玲、王君君平时成绩旗鼓相当、品行良好，将他们编成一个竞争群，竞争的结果是共同优化，都是最终的赢家，3人分别考入北大、清华、北师大。谁成为文科状元并不重要，重要的是学会了竞争，学会了相处，都实现了人生的超越。

三、以活动凝聚人——善设活动，培养合作意识，做有人缘的人

班集体活动是班集体存在的表现，活动活动，因为"动"才可能"活"。没有活动的班集体将是一潭死水、一盘散沙。以活动带动班集体建设，增强班集体的凝聚力和亲和力，不仅有利于班主任开展工作，有利于学生在学生时代有一个健康的人际成长氛围，而且有利于学生在这个交往的社会中学会如何生存、如何沟通、如何合作。

高一新生军训期间班主任需要做的工作很多，可以设计以"我们"为主题的班会系列，即：我们的学校——介绍校况；我们的班级——自我介绍；我们的老师——介绍师资；我们的纪律——学习校规；我们的未来——放飞理想。让学生说四中话做四中人，尽快实现学生由初中向高中的角色转变，让学生爱我学校，增进了解，加快班集体形成。

每年年终，新闻界总要组织读者评本年度"世界十大新闻""中国十大新闻"，为何我们班级不能也来评评自己的十大新闻呢？一则有利于回顾和总结班级工作，了解和感知班级建设步伐；二则在评比过程中有利于增强班级自豪感和成就感。评比活动本身又是一项班级活动，让班级全员参与，达到辞旧迎新、鼓励同学们来年再为班集体增光添彩的目的。为此高二时在班上开展了评评我班十大新闻的活动，

分为四个环节，环节一：征集班级新闻。让同学们议一议，凡是与班集体发展有关的事都可以提出来作为候选，大小不拘。环节二：回顾班级新闻。先将征集的候选新闻公开抄在黑板上，由团干部在充分掌握材料的前提下，逐条讲解，内容既要弘扬集体意识又要充分赞扬同学们的参与作用，要求旧事重提，表扬到人，使大家在一起回忆中感到自己为班集体尽了力，做了贡献，自己的付出得到认可和肯定。环节三：评议班级新闻。团干部讲解完后，发给每一位同学一张选票，让大家根据黑板公布的序号，挑出10条以内的班级新闻。团支部成员汇总选票，当众公布最终结果。环节四：宣传十大新闻。由团干部将入选的十大新闻按时间的先后抄在红纸上张贴在教室后面墙上，让所有进入过本班教室的老师、家长、学生都能强烈感到：二（1）班是一个团结向上的优秀班集体。教室前面、黑板上方奖状林列，黑板两旁锦旗飘扬：优秀班集体、卫生流动红旗；教室后面大红的"十大新闻"映红了同学们脸庞，使他们感到：做二（1）班一名成员真好！作为班主任要做有心人，不断变换方式不拘形式，只要围绕"班集体发展"主题，总有千变万化的"新招"。班级管理要推陈出新，善于在平凡的事件中提炼出高的境界，提升到新的高度。本活动一要充分发动同学们参与，评选哪条新闻入围并不重要，重要的是参与面越宽效果越好。二是团干部须将回顾的班级新闻意义讲透，主题拔高，达到增强班集体意识、增强班级凝聚力的目的。

此外每次开运动会最能培养学生的合作精神和集体意识，先鼓励大家积极报名参加运动项目，然后召开班会分析实力，知己知彼，确立目标，接着将全班所有同学分成运动组、后勤组、宣传组，以运动组为核心，各司其职各负其责，齐心协力相互配合，集体利益高于一切，为集体而合作，最终团结就是力量，只要取得一定的成绩就要充分肯定，增强班集体荣誉感。同学们在合作中学会了谦让，学会了尊重，学会了理解，培养了团队精神。

当然不能为了活动而活动，要注意时机和场合，把握好度。一位毕业了的男同学曾经说："班主任总能别出心裁开展活动，给我们提供了平台，让我们有了自信，学会了合作，即使我们在新环境也能很快获得人缘，打开局面。"

四、以爱心感化人——注重人格，培养仁爱意识，做有道德的人

每个学生，首先是人，活生生的人。班主任必须学会尊重，尊重他人，才会赢得他人的尊重。班主任要以仁爱之心关怀每一个人，发现每一个人的闪光点，使学生感到敬而不畏、严而不厉。班级管理也要从关爱出发，使学生明白因为爱他才有老师的批评处罚，因此学生受了批评而不恼恨，受了处罚而心甘情愿。

小佳，一名很秀气的男孩。在大家的心目中，他是一名差生，虽然他年仅17岁，正值多彩的季节，但一道无形的墙似乎将他与周围的一切隔开。新春伊始，校团委准备利用清明节到烈士陵园扫墓之机发展一批新团员。由于班上绝大多数同学都是共青团员，非团员寥寥无几了。作为班主任的我安排了工作，不久团干部就将仅剩的3名非团员作为发展培养对象报上来，3名要求进步的同学都交了入团申请书，团干部也多次找他们谈了话。过了一段时间，团支部决定在教室举行团日活动，当着全体团员的面听听他们的阶段性汇报。为慎重起见，我将3名同学一起找来谈了话，针对团员标准提了一些要求。团日活动开始了，团支书领着大家学习了团章，两名同学先后上台发了言，最后一个是小佳，主持人点了名，小佳从座位上慢慢站起来，在同学们的笑声中一步一步蹭到讲台，诚惶诚恐地，低着头，但始终一言不发，犹如纽伦堡法庭的战犯，沉默，沉默。大家停止了笑，都怔怔地望着讲台，第一次正视同属本班的同学小佳。空气凝固了，随时可能爆炸。主持人有些不知所措，求援地看着我，我赶紧走上前台小声地问："小佳，你准备好了没有？"他不作声。"你想说什么就说什么！"我又鼓励道。他摇摇头，我一下子感到问题的严重。如果就此僵持下去，也许就此扼杀小佳仅剩的一些自信和勇气。要知扼杀一颗灵魂比一个生命更可怕！我灵机一动，面向全体团员大声喊道："参与我们班第一次黑板报工作的有小佳是不是？"全体团员齐声回答："是！"我又问："小佳课堂从没有违纪是不是？"全体团员齐声回答："是！"我又问："小佳从没有迟到过是不是？"全体团员如实回答："是！"站在讲台前低着头一直沉默的小佳流泪了，我的眼圈湿润了，有的团员在擦眼泪，我接着说："小佳不是没有优点，只是他没有发现，他有许多优点。我们大家为他鼓掌！"雷鸣般的掌声将小佳送下讲台。在团支部民主评议会上，各个团小组代表纷纷发言，你一言我一语，一个沉默的好学生形象凸现出来：他学习成绩不好但始终尽心尽力；他乐于助人关心同学于细微之处；他尽职尽责默默干好布置的公益劳动；他关心集体悄悄补充完最后的黑板报；他富有追求坚持练笔；他心胸开阔开导他人；他爱好广泛……当我将这些优点一一罗列告诉小佳时，他又一次流泪了。事后我在自责，小佳成绩不如人，但不能说他一切都不如人，他也有优点，只是常人容易疏忽而已。如果我们对他多一点关爱，多一份注意，也许会少一些遗憾，他仅仅是个孩子呀！他也需要别人的理解和帮助呀！不久小佳入团了，校园里有了他的笑声。当然小佳直到毕业，成绩一直不很理想，但他获得了自尊，也一直没有放弃对于生活的热爱，一直将自己的优点发扬到最后。也许老师是人类灵魂工程师的丰富内涵就在于此！

　　考考考，老师法宝；分分分，学生命根。在当今教育改革大力推行素质教育的形势下，淡化考试淡化分数是必要的，但不要考试不要分数又是不行的。每次大考之后怎样既不只谈分数又顺应知识经济时代激烈竞争的需要，对班主任来说确实是件不易的事。但若注意以下四个环节，也许有意想不到的效果。首先是加分环节。虽说不必分分计较，但必须准确如实地反映学生的阶段性努力，我要求每科录分加分时不出差错，在规定的时间内满足学生在发卷后发现由于老师在阅卷中漏改错加对补加分的要求，然后独自完成加分工作，最好不要学生干部参与，避免泄露。这是利用大考做学生工作的最原始依据，丝毫的差错将会在评价中对学生产生不利的影响。其次是念分环节。待一切考试总结资料准备就绪后，应该马上严肃地召开班会，进行考试总结。对班级前20名、单科优秀的、进步的（哪怕是丝微的进步），都要公开公布姓名、成绩，以树立身边榜样，其他的只公布分数段统计人数和整体情况，个别情况点事不点名，然后针对考试暴露的各种问题进行充分剖析，或表扬或批评，并指明班级以后发展方向，制定具体措施。总的原则是尽量肯定成绩，找出问题，公开表扬，私下批评；尽量做到大家对成绩"老师知，学生个人知，别人不知"。第三是发分环节。将微机处理的分数单裁成单人的分数条。分数条正面是大考各科成绩，分数条反面是我根据学生大考书面总结和学生平时表现为每人写句尽量不同的"班主任悄悄话"，或祝愿或劝诫，让学生感到"特别的爱给特别的你"。我很庄重地将分数条一一亲手递到每个人手中，特别是对成绩不如意的同学一定要用真诚的眼光看着他递过去——递过去的不仅仅是分数条，更是一种殷切的希望和深沉的关爱。许多学生将分数条粘在笔记本或压在家中书桌，很是慎重，成为自己下阶段努力的加油站。第四是善后环节。成绩公布不是结果，而是手段，最终还须在善后环节的巩固。班主任借大考进行阶段性检验，对成绩落后的同学要感情交流，私下交谈，找出问题；对成绩进步的要及时鼓励，充分肯定，提出建议。对学生分批及时谈话，这是心与心的交流，让胜者再接再厉、越战越勇；让伤者揩干血迹重振旗鼓。这是大考后班主任最重要的工作任务。

作为班主任要记住：学生是人，活生生的有血有肉的人，而不是抽象的简单的数字代码。我们既要严格要求引导他们，又要富于人性爱心尊重他们。这样学生对考试对分数将有一种庄重而又温馨的感觉，自觉地将考试和分数作为评价自己不断进步的工具，融入到自己追求成功的过程中。记得一位教育家说过："一个在富有爱心的世界中长大的人，他会善待这个世界，热爱这个世界。"但愿有更多热爱这个世界的人。

总之，人文教育以人为本，尊重个性，突出道德。以制度约束人是要讲究诚实守信，处理好民主与集中的关系；以目标激励人是要注重立志躬行，处理好现实与理想的关系；以活动凝聚人是要懂得天下为公，处理好小我与大我的关系；以爱心感化人是要贯彻仁爱礼义，处理好良师与益友的关系。人文教育不能贵族化，必须贯穿到教育的每一个细节、平时生活的每一个环节、每一个人中去。现代教育是科学教育与人文教育的统一，现代教育需要以人文精神渗透和统领整个教育过程，只有这样培养的才是有人性的人、健康的人、快乐的人。

【后记】

都是自己经历的，都是自己思考的，都是自己实践的，都是真人真事。积累多年，没有大家理论支撑。自2000级新生开始尝试，前年初步提出，去年逐步撰写，今年边实践边整理，断断续续拼凑成文，贻笑大方，是为记。

（2003年7月）

我的文科班主任观

在当今教育教学教改的形势下，高考实行文理分科进行选拔更有利于每个人的合理成长。高中在适当时候文理分流也是大势所趋。在长期的文科班主任工作中，我越来越发现文科班别有洞天，与理科班截然不同。我在这方面进行了一些探索，现将自己的体会谈一谈。

何谓文科生？不可讳言，社会普遍存在重理轻文现象，"学好数理化，走遍天下都不怕"，因此对文科生缺乏更多的关注和理解。往往对文科的态度是"谈起来重要，做起来不要，需要时候就要，平时时候不妙"。虽说文科生不等于问题生，更不等于双困生，但确确实实生源存在一些问题，每到文理分流的时候，更是一些班主任暗中剔除特定对象的良好时机。因此加入文科队伍的学生，除了少部分是为了理想而奋斗之外，更多的是无奈的选择。俗话说："物理难、数学烦，化学作业做不完。"为了减轻学习压力，为了逃避更多作业，文科就成了最好的避风港。当然有些理科的失意者为了摆脱失败的阴影，重整山河，希望在文科天地里有所作为，殊不知，理科有道，文科也有道，并非轻易能悟道得道。也有些学文的孩子是顶着家庭父母不理解的压力硬着头皮走上学文这条路的。

这是一个特殊的群落，这是一个带着过去的失意挫折与未来的憧憬希望矛盾交织的群落。他们大多在学生生涯中以失败者面目出现。他们渴望成功，他们能成功吗？他们常常怀疑自己。多年来我以教师的职业道德要求自己，给这个群落以更多的关注，因为我曾经是文科生，更能理解他们。我不仅自认为是在教书育人，更常会以挽救一颗颗灵魂、在修补一颗颗破碎的心、为自己在从事一项神圣的事业而自豪，有时也会因某位学生由于我的用心而成功，会自己感动得流下眼泪。我知道我所从事的这一文科领域在教育评议中即使成功，也不会光彩照人，但我仍尽心尽力守望着这片神圣的领地，因为我在挽救灵魂，我在挽救家庭，我在稳定社会。我为自己的微薄之举有时竟有崇高之效而欣慰。

学生对我的评价是"严而不厉，敬而不畏"，我乐于接受。此评价，虽然我在班级管理中常受到个别领导和同事指点，说我对学生不狠，但我始终以温和派出现。为什么一定要成为"冷面杀手型"班主任呢？为什么要对学生狠呢？有时也许狠是一种伤害，暂时压下去了班级可能会风平浪静，但治标不治本，学生口服心不服，更重要的是心灵的伤害是永久的、深层的。最初投入教育工作中的我曾有效仿孔子"三千弟子，七十二贤人"的志向，也想立言，甚至想充当学生的精神领袖和人生导师。事实证明我做不到，也没有能力做到，但我以为我与学生的感情是永恒的，我所体现的敬业、坦诚、务实、奉献的作风将永远影响我的学生，我试图让我教过的学生永远热爱生活，永远积极向上适应开放的社会。

我带班有时像带兵，但更强调"半死不活"，也就是常说的"严而有度，活而不乱"。通过多年的观察我发现：一个班如果学生太活跃，往往做事轻浮，知识不易落实，教学效果差；反之一个班太死，气氛沉闷，虽然学生易落实务实，但不利于学生身心成长，班集体缺乏凝聚力；而介于二者之间的班级各方面效果最好。如果将整体效果排序则"半死不活"班最好，"沉闷"班其次，"太活"班第三。但若推行教学改革、上公开课则"太活"班第一，"半死不活"班其次，"沉闷"班最后。因为一个班的生命力和战斗力，最终尚须通过学生发展的主旋律运转，因此我更主张"半死不活"。开始接手班以后进行严管，由无序走上有序，加强制度化建设，注重习惯养成训练，待稳定后可以放活。开展活动是最好形式，但一定要将班级比做天空中的风筝，班主任牢牢控制这根引线，把握好度，适时进行，一旦风向变化或认为不许如此，立即收线控制局面继续严管，但必须"先死后活""死去活来"，不可"先活后死"，不易控制。死活把握都建立在守规有序的状态下。文科生形象思维有优势、情感丰富多变，容易冲动闯灯，因此更应注意。

怎样对待文科班学生呢？

一、以包容之心看所有文科学生言行

大海之所以气势磅礴，因为它有广纳百川的胸怀。作为文科班主任，从接班开始，你所接纳的就是伤痕累累的学生，如果你像以前的老师一样用老眼光看他，就会使学生失去重新成长的最好契机，让学生丧失重新做人的机会。实际上每次接手新的文科班，许多问题学生的种种"光荣"事，就以不同渠道自然不自然地传到我耳边。我到底是以此信息为基础，开始分析评价，还是忘却这些信息，重新开始呢？我常常选择后者，历史不能背叛，但这些却可以忘却，忘却是为了给学生以新的机会。因此我开班的第一天，总会对学生公开承诺："我用自己的眼睛看你！"过去的事我不追究不打听，我用自己的眼睛亲自看你，你的历史在我的眼前重新书写！这激励了许多学生在新的起点重新奋斗。小樊同学高一时因青春冲动强行拥抱女生而被劝退休学，高二开学后，他在原班已无法继续读下去，在别人的引荐下进入我班，小樊的事我也有耳闻。我见面的第一句话就是："从现在开始，老师用自己的眼睛看你，我相信你一定是位好学生。"过去他一直背着"小流氓"的沉重包袱，他当时哭了，他的父亲激动地对我说："李老师，你给了他一个机会，他就是获得了新生。"当时让孩子下跪，被我拦住。我突然明白了判一个人死刑容易，让一个人新生真不容易。在后来就学的过程中，小樊虽然也有不足，但始终没有大的错误，顺利地毕业。我并没有因为他不能考上名牌大学为我争光而放弃对他的关照。我坚信他在高中阶段——人生重要的一段时光有阳光曾照射过他。牛磊是个一着急就会与人拼命的混小子，好动，小毛病多，由于在兄弟班与班主任老师关系紧张，只好另选道路，经人介绍进我班。我发现牛磊并非一无是处，关键是怎样引导纠正他的缺点。年轻人谁不爱听夸奖，因此适当给这些有缺点的学生送几顶高帽子未尝不可。也就是顺着毛摸脾气，时不时送一顶高帽然后再指出问题，他很乐于接受，而且凭着义气，他觉得老师够意思，因此竭力表现好。慢慢牛磊迟到少了，上课不睡觉了，集体活动热心参与，总想给班级奉献点什么来表达自己的心情。他作为艺术特长生，一直到高考都没有给班级添乱。高考结束后，班级中教室卫生大扫除，由于丢弃的废物多，牛磊甚至直接用手捧垃圾，倒垃圾桶跑上跑下，忙得满头大汗。这位在家中娇贵的男孩如此之举，后来我说给其父母听，父母难以相信。最后牛磊考入华中科技大学。我以为：对于有问题的学生不必用太高的标准苛求他，不必与品行优秀的学生绝对一致。只要在大节上过得去，没有必要在细节上斤斤计较。一个人不可能没有缺点，只要在改正就行。黄鳝泥鳅不必要扯得一般长，也许这样学生才会看到自己的希望，在点滴中改正。如果全面苛刻要求，只可能使学生丢失信心，在老师的责问中放弃自己。有人开玩笑说我是"破烂王"，总拣"破烂"。我却认为他们不是"破烂"，只是教育上令人头疼的受教育者。也许我多改善一个，国家就多一个稳定分子，社会多一个幸福家庭，虽然劳神劳力，但一旦有成效，其成功的意义不小于学生考上北大、清华。因为在他们的变化中我感到自己力量的伟大，这也许就是帮助问题生的工作魅力和意义所在吧！

二、以平等观念待所有文科学生成长

文科生多有失败挫折经历，情感丰富，对人文科学接触较多，因而对人权平等有更敏感的触觉，越是后进生敏感性越强。文科女生多，感情细腻，稍有风吹草动，在心灵就会激起波澜。文科学生家庭条件较好，性格内、外向两极化明显，班主任能否每时每刻一碗水端平，能否一把尺子量到底，都将影响文科学生的成长、文科班的稳定。

在制度管理上必须平等，学生干部与一般同学平等，成绩好的与成绩差的平等，家庭条件好的与家庭条件差的平等，越是学生干部、成绩好的越应该从严要求，反而对一般学生、成绩差的偶尔模糊处理也有其独到妙处。因此一旦闯灯，学生干部从重处理，成绩好的从重处理。同时男女生绝对平等，既不宠女生也不损女生，大多时候文科班男生是"少数民族"，班级有阴盛阳衰之嫌，有时反而要特别注意男生的性格成长，增强其男子汉风格。

在帮助学生上给每一位学生平等的成长机会。特别是中生群落，这是老师容易疏忽的教育盲点。因为根据注意规律，往往奇特性、移动性的事物首先引起人注意，因此老师在教育教学中往往对表现优秀的与表现差的容易注意，前者表扬得多，后者教育得多，总之关注两头疏忽中间。平常工作中常认为中间的不出事，不惹事，最稳定，总是在"以后再找他们"的借口中悄然失去关注的机会。我曾有过这样的失误，大考后我先找优生依次谈话，再找不稳定的差生鼓励，轮到中生谈话时，考试已过了半个月，时过境迁，效果大打折扣。我们常说："抓优促中稳差。"实际上"促中"真的很薄弱。有一位同学班级成绩中等偏上，分班不久他上课听讲也认真，学习环节落实也到位，就是不交作业，时有迟到，引起了老师的关注，结果各科老师纷纷找他谈话，两个月后期中考试成绩大增，成为学习突出进步的典型。他说："我进班成绩中等，班上这么多同学，老师不会很注意我的，但如果我表现反常些，故意犯些错误，老师就会注意我了，我受关注的机会就多多了。"这是他的表哥传给他的绝窍，他说如果中生等着关注不知要等到何时，不如我主动争取。这种故意犯错的举动虽令人好笑，但难道不是我们教育的悲哀吗？关注所有学生不仅不要忘了差生而且不要忘了中生，他们也渴望老师的帮助。

平等与民主是一种人文理念，表现在教育上是师生平等；表现在成长上是机会均等；表现在管理上是人人平等。我们制定制度强调人人参与，共同表决，组建班委会，公开竞选，全民投票，重大决策上民意表决，走全民路线，培养

"班级是我家，人人热爱她，共同来营建，共同珍惜她"的集体观念，让学生在平等的氛围中成长，将平等的理念渗透，对其将来处世处事平等对待社会都将产生终生的益处。

三、以发展观点评所有文科学生的进步

人生是个变量，学生是不断发展的受教育者，不要因一言一行将一个学生凝固地看死，更不能随意武断下结论。我心目中的成才观是多元的，行行出状元，读书上大学不是唯一的成才道理，但读书上大学是最快最好的成才道路。学生渴望成功、更需要进步。何谓进步？进步是今天的我超越昨日的我，不与别人比，自己某一点、某一块有变化就要充分肯定自己，赏识自己，找到成功的感觉。给自己找一个适当的标高，跳起来能摘到的目标，不要太苛求自己，永远的成功者没有，但努力中取得小成功是有的，这就是进步。如果都以第一的标准来要求自己，那么全班所有同学只有第一名是成功者，其他同学都是失败者了。因此我首先给每位学生输灌的理念就是"进步"的内涵，"成功"的概念。

其次帮助学生进行正确的定位，找到进步的标准。我以为学生成绩每次大考上升下降5名以内都是正常的，同时要注意对学生针对性提要求。一位中生平时很努力总想考第一，虽然进入了前10名，仍觉得自己是个失败者而沮丧，这就是定位不准。我对不同的同学有不同的定位。成绩一直后进的同学定下次大考目标，以本次总成绩名次为起点前进5名即可。成绩突飞猛进的同学要注意高原现象，下次成绩目标应是"求稳为主，稍退求稳也行"，不能再要求前进，不然会大起大落；成绩进入第一方阵的同学"不求大进，稳中有

进，稳中不进"也行，高处不胜寒，稳本身就是巨大的努力和成功。我觉得许多学生有时对自己定位不准，自我评价不到位，往往是增加学习焦虑的重要原因。

其三是帮助学生进行自我评价，强化成功意识，找到自信。我始终贯彻"阳光行动工程"，让老师的阳光洒到每位同学的心田。我充满信心，常用殷切的眼光看着学生说："我相信你！老师关注着你！你的所有言行都是老师关注的对象！"（我说这些时常让我的学生用眼睛看着我的眼睛。）因此我曾不吝啬赞美之词，每次表扬学生时，一要诚恳，不能虚情假意；二要有据，不能空话假话；三要注意公开表扬与私下表扬相结合；四要不分大小，细微之处也不放弃称赞的机会。我的观点是：只要想表扬，不可能找不到闪光点，就看你是否是有心人！

小陈同学是来自他校的插班生，爱出风头，约束力差，课堂内外时有违纪，总爱狡辩，我对他多次严厉批评，但我始终强调："你的本质不坏，潜力很大，老师对你寄予厚望。"他也明白这一点，对我又敬又畏，在我的鼓励中不断改正一些小毛病。临近高考，他多次中午不休息，跑进跑出，干扰室友休息，终于有一天惹恼了一名外班同学（混合寝室），这位同学成绩好性格内向，学习压力很大，无名火直冲脑门，他从床上一跃而起抓住小陈的衣领当胸就是两拳。人高马大的小陈并没有像平时那样还手，而是站在那里，那位同学又打了两拳，小陈还是没还手，那位同学更加生气，也觉得没有意思，愤而离校跑回了家。小陈后来对我说："李老师，他打我，我真想还手，可我怕给您添麻烦，我忍了几忍，还是没有还手。"是的，小陈犯错在前，高考在即，寝室里的休息多么重要，影响他人真是不该，但他克制了自己，没有引起暴力冲突，值得表扬。我表扬了他的克制，避免了事态的恶化，同时也指出他的问题所在，他认识到自己的错误，后来主动找那位同学道歉，那位同学也不好意思，承认不该打人，一场考前风波平息了。那位同学考上中国人民大学，小陈考上省内一所大学。虽然小陈在班上麻烦最多，但他深爱这个集体，现在这届毕业生的班级网站还是他开设的，而且作为管理员非常热心地管理着。我觉得小陈在高中阶段超越了自己，他就是一个成功者。

四、以独特视野助所有文科学生成才

学生先成人后成才，我平时注重成人的品行教育，但同时鼓励每位同学："天生我才必有用。"每个人都是世上独一无二的人。既然存在就有存在的理由，相信自己是个人才，只是要找到适合自己的领域。一些人学文化不行，但也许其他方面可能行。多元的成才观对于学习困惑的学生很有帮助，特别是在高考来临的备考后期，班主任更要注意。班主任不能让学生特别是差生失去生活的希望，否则他们不仅对学校教学秩序而且对社会的破坏都是灾难性的。因此为每一位学生提供生长点非常必要，不能领着大家在一棵树上吊死，必须分解突围，寻找突破口。小扬同学是高二分班时成绩排尾被"搭配"进我班的，如果凭文化课无论如何无路可走。不过虽然文化课成绩差，悟性也不强，但做事踏实，幼时爱涂画。针对这些，我鼓励他参加绘画兴趣班，开始他也并不出色，随着高三到来，兴趣班的许多比他绘画基础好的

同学纷纷离开教室，而他铁心报考艺术专业，人的潜能在坚定的意志下开发。经过勤奋努力，小扬进步很快，最后考上哈尔滨师范大学艺术系，专攻卡通动画。

小李是位身体不好的娇气女生，学习成绩一直不理想，有从事美术改变现状的想法。父母有些拿不准，我与她进行了深谈，让她对父母立下军令状，一式三份，签字画押。结果置于死地而后生，干自己感兴趣的事，调动小李前所未有的热情，她成功了，最后考入四川大学。学习成绩差并不意味没有路，走出去，一片新天地。特别是在当今"高中热"重点中学扩大招生规模的情况下，基础差的学生越来越多，在成才思路上如果广开门路，不仅仅走文化这条路，在美术、摄影、舞蹈、影视等艺术特长上加大力度，也许既解家庭之忧，又利学校社会的稳定，这是一个有前景的天地，也是一个尚待进一步开发的天地，希望越来越引起有志之人的重视。如果教育管理者在师资、建班、资金、评估、社会信息上加大力度，无疑会使后进生的成才机会增多，对后进生也会是个福音。因为他们仅仅是学习成绩的后进，也许在其他方面他们是先进，为什么不让他们的先进体现出来呢？教育者是让受教育者成才，找到成功的感觉，找到快乐，如果教育者让不同的受教育者都找到各自的成功，各自的快乐，难道教育者不是世上最快乐最成功最幸福的人吗？我常常为这些学生能找到属于自己的成功之门而自豪，也常常为一些学生最后自我感到以失败者走出校门走进社会而自愧。

带文科班是个干不好挨批评、干得好不表扬的行当，实际上从学生成分上看文科生绝大部分是高价生，是学校的衣食经济来源。但文科班班额大、管理难度大、问题多、易出事，而负责这些"衣食父母者"的文科老师工作量大、作业量大、待遇低、工作环境差、费时费力，因此许多老师公开扬言不愿带文科班，因为既不易出名也不易得利，铁打的营盘流水的兵，文科班师资队伍不稳，文科班主任队伍不稳，何以谈研究，何以谈深入？经营好文科就是经营好学校的后院。文科生稳定，就是学校稳定。有人说理科为学校争名，文科为学校挣利，一旦失去了"衣食父母"的信任，学校何利何名？

职业是谋求生计，事业是实现价值，我力图将职业视为事业，我在教书的同时实现着自己作为一名教育工作者的价值。我是从事历史专业的，如果做班主任，也只能从事文科班主任。在这片寂寞的天地里我多少次哀叹，甚至想放弃，但我却欲罢不能。因为我深爱着，也希望更多的眼睛关注它：文科班你朝何处去？

（2003年12月）

古希腊"陶片放逐法"在班级管理中的应用

新课标高中历史必修教材有这样的记载：公元前6世纪末雅典执政官克利斯提尼当政期间，每年举行特别公民大会，公民将其认为可能危害民主政治的人的名字记于陶片上，然后投入陶缸中，一个陶片相当一张选票，如果某人选票超过半数，则被放逐国外10年，期满可回国，或提前召之回国，归还其财产并恢复其公民权。这一做法，对威胁城邦民主的人有震慑作用，迫使他们言行谨慎，不敢恣意妄为，成为维护民主政治的有力武器。

在我们班级管理的过程中，作为班主任也存在管理的困惑。我们发现有些班级现象仅仅靠老师观察发现、仅仅靠学生自律自觉去解决和制止是不现实的，潜在的不良现象将逐渐侵蚀我们的班集体。抓反复、反复抓，加强学生纪律观念、养成良好品行习惯对营造良好班级班风、促使班级共同成长很有必要，因此班主任偶尔采取"陶片放逐法"也具有集中整顿班纪班风的杀手锏作用。

班级管理"陶片放逐法"可以采取以下步骤。一是学期之初制造舆论。在开学不久，班主任明人不做暗事，面向全班同学开诚布公宣讲该措施，这样可以在一定程度上约束或减少不良现象的滋生，尽量减少歪风邪气的滋长，为以后纪律整顿做好铺垫。二是一旦时机成熟就开始实施。一般选择在一两个月后，特别在期中考试后，此时评判学生要成绩有成绩要表现有表现。选择一个全体同学集中的时间，老师提出投票内容，要求投票检举者公平公正，不打击报复，然后将预先准备的统一空白票发给每位同学。每位同学都是被考察对象，每位同学都有检举权，匿名投票。检举规定每人只写危及班级最突出的3个同学，列出具体不良表现。三是统计与处理。选票折叠后由班主任和班干部及时收回，避免泄漏，维护检举者的安全。所有投票工作归根到底是落实和处理，按照票数多少统计出来，这样犯错最严重的同学凸现出来，班级许多共同存在的现象也暴露出来。对于问题多的同学以检举材料为依据，班主任必须个别谈话、严肃教育，绝不姑息，可以考虑家校联合，及时通报共同管理教育个人，同时也达到震慑全班的效果。对于共性现象，班主任利用班会进行教育引导，树立正确的是非标准，制定规矩全班执行。

当然这种"陶片放逐法"不能常用，一学期最多一两次，不然容易制造班级同学人人自危、相互猜忌的恐怖局面，不利于班级团结。对学生评判的原则是：一个、几个同学举报你有问题，可能有误解和打击报复的嫌疑，如果大家都举报你有问题，你九成有问题，至少说明你的行为触犯众怒，损害了公众利益，影响班集体的发展，必须反省和改正。通过投票，我们班主任会发现平时没有发现的问题，也会重新认识和评价一些同学。当然班主任头脑一定要冷静，一定要在调查了解的基础上做判断。即使发现有多个同学有问题，也一定不能树敌太多，集中精力一个一个分头解决，不要同时解决，绝对不能让他们抱在一起形成山头。彻底解决绝不能留后患，更不能让犯错的同学打击报复检举者，这不管对班级风气还是安全都有好处。

不仅要让学生掌握教材的知识，更要将民主法制意识渗透到学生平时生活中去，在提高青少年现代公民的人文素养方面发挥作用。过去人类文明的成果古为今用，在班级管理的现实中发挥作用，对班主任来讲，不也是一种收获吗？

（2008年2月26日）

教育成败谁之功过

现实生活中，面对孩子不尽如人意的读书状况，有的家长痛心疾首，进而抱怨地说："不该把孩子送到X学校，要是不到X学校读书肯定情况不是这样！"人往高处走水往低处流，想当初为了能进当地最有名气的X学校，全家上下调动一切社会力量才挤进去，不是学校八抬大轿将孩子请进去的。如今孩子读书有问题，学校老师也许有责任，但家长一古脑儿将责任推给学校不仅于事无补，反而会激化老师的情绪。事后家长还是不愿让孩子离开这所学校，孩子的问题也并没有根本解决。由于没有正视孩子错误的根源，结果孩子还是将在家长的埋怨中度过学生时代。学生在读书时某个学业阶段成长出了问题，难道只有学校的责任吗？这涉及到长期以来教育的评价归因问题。

一个学生成长的成败原因探讨，纵的方面可以以时间为轴，一个人不管变好还是变坏，都有一个量变到质变的过程，不可能一下子突然变好或者变坏。从出生到幼儿园，从小学到初中，从高一到高三，总有一个时间的经历。许多时候我们疏于学生成长过程的细微变化，而惊异于阶段性的突变。但任何事情的发生都不是偶然的，都有个萌芽产生—隐性潜伏—显性爆发的过程，某种现象没有显现，并不意味着没有产生，因此将人生的成功或失误的原因归结于某个时间段尚可理解，而全部推给某个时间点是绝对不科学的。横的方面也可以从内因、外因两方面去找，过分夸大遗传因素不行，过分突出后天因素也不妥。主观与客观、内因与外因都能帮助我们进行分析。一个学生的成长，社会大环境、学校小环境、家庭小环境都起作用，个人的主观能动性更不可忽视。即使再优秀的学校也有不成功的学生，而我们绝不会因为太阳有黑子光斑就否认太阳的光辉。

对学生问题成因分析应该更系统更全面一些。社会上存在一种不健康的评价倾向，总是一边倒。一方面教育部门包括学校总结成绩、成果展示时总爱强调和突出自己的成绩和作用，常有"选择ＸＸ，选择成功""走进ＸＸ，走向北大"的宣传；另一方面家长也会因孩子中考、高考成功而子显父荣，从一名普通职员一跃成为教育专家而到处演说、沾沾自喜。学生出了问题，互踢皮球；学生有了成绩，争相表功。不可否认：不论是学校教育还是家庭教育，在学生成长的关键时期都具有不可替代的作用，但什么问题走极端就变了味。实际上学生不管成功还是受挫，学生自身的主观能动性都不应该被疏忽，而学生将成功仅仅归于自己主观努力的认识也是一种缺乏感恩思想的危险表现。

不管社会在对待学生教育成败评价上如何东风西风，任何一个关心教育的人士都应保持清醒的头脑，正视教育的多因素，从实际出发具体分析，给学生成长以健康的空间和定位。

（2005年6月4日）

我读《谁动了我的奶酪？》

一直听说过这本小册子，一直没有机会细看。

最近我忽然想起，如果利用每周六的休息时间看一篇不长的经典文章，一年加起来也是个了不得的自我学习！今天上午在开明书店浏览书目，我又看到这本书，于是决定上网查查，阅读阅读。

该文章很简单，阅读时间不超过15分钟，只是静下心来扪心思考时间要长一些。作者斯宾塞·约翰逊博士是美国知名的思想先锋和畅销书作家，该书生动地阐述了"变是唯一的不变"这一生活真谛，他在清晰洞彻当代大众心理后，在书中制造了一面社会普遍需要的镜子——怎样处理和面对信息时代的变化和危机。好像一则寓言故事，实际是小故事大人生。给人的启示至少有以下几点：

1. 我们要有危机感，即使在人生辉煌的时候。时刻充满警惕性，追踪变化，经常闻一闻你的奶酪，以便知道它们什么时候开始变质、在悄悄变化，而不能麻痹大意。

2. 面对变化，我们应该是以积极的心态尽快适应变化，而不是回顾过去、怨天尤人、沉溺遐想、失意堕落。立即出发去找新的奶酪！

3. 越早放弃旧的奶酪，将越有机会享受新的奶酪。放弃旧的，不依赖旧的，才可能重找机会，拥有新的生机。也许追求是永远的，从拥有开始就意味着包袱。问题简单化，也许动作更迅猛一些。

4.每个人的最佳时机都是有限的。拖不得，等不起，不要依赖别人，也不要借别人为自己找借口，一定要有自己的解决方式，谁也不能成为阻挡我们前进的障碍。

（2011年11月5日）

人在旅途
——乘车随想

生活中常常赶火车办事，赶的过程，有时细细一想，倒有几分哲理。

一是与时俱进，讲究计划。每位赶火车的人在火车提速后一定要知道调整后的运行时刻表。赶火车必须有时间观念，多一分钟出发就多一分主动，提前到就能赢得主动、赢得从容。虽然也有人在火车开动的前几分钟匆忙赶到站台，搭上即将开动的列车，好像及时赶到不吃亏，但那赶到前一直伴随的心理焦虑及狼狈奔跑的被动样并没有什么潇洒可言，弄不好与启动的火车擦身而过，只能望车兴叹，经历过这种情况的大有人在。人在旅途，立身处世，预则立，不预则废，只有顺应潮流、及时调整、提前计划、主动行动，才能坦然应对、身心轻松、事业成功。

二是沉着冷静，抓好机遇。火车时刻表一旦确立短期不会变动，火车准点出发，毫不拖延。不似汽车客运，稍晚两分钟，也许尚未走，也许启动了喊司机也会停。而火车一旦启动，不管你怎么千呼万唤，它也毫不客气呼啸而去。每一班开往目标的火车都犹如一次人生机遇，一旦错过不易再来。虽说有时误了这班车尚有下班车，但此机遇不等于彼机遇也，若没有下班车则当天就失去机遇了，往往人生缺憾就在其中。时有人说赶上了末班车，是指幸运地抓住了最后的机遇。抓住机遇比抓不住机遇要强，早抓住机遇比晚抓住机遇要强，因此人在旅途要头脑冷静、不存侥幸、果断出击。

三是适应角色，遵守规则。火车沿着铁轨运行，不得脱离，不然车毁人亡，后果不堪设想。火车运行中该停站则停站该错车则错车，时而提速时而降速，每个阶段都得服从总调度。人生旅途也如行车，虽有很大的机动性，但也要依照规则行事，否则快乐一时后悔终生。不能游戏人生，只能遵守人生游戏规则。游戏规则不是为了限制而是为了有序。做事有序，立业有序，只有共同的有序才有共同的和谐、共同的发展。

（2004年11月14日）

爱的困惑

"爱自己的孩子是人，爱别人的孩子是神。"作为教师，我视自己的职业如事业，满腔热忱地对待每一个学生，一视同仁地对待每一个学生，投入地传授，耐心地讲解，全心地辅导，精心地批阅。这些年，我的教评一直很好，教学效果也很好，但高兴之余总有些困惑。我常问自己：这是爱的结果吗？

不知什么原因，在校外公共场所，甚至在课堂外校园里，许多学生似乎视我如路人，迎面走来，各走其路，让人感情上真受不了。有时我比较执著，眼睛死盯着，而学生呢，有的目不斜视，有的熟视无睹，有的逼急了，才挤出几个字，叫一声"语文教师"哈，教了他们一两年，连我的姓也不知道了！这种现象在代课的学生中大有人在，一旦离校，人走茶凉，恐怕更加惨不忍睹了。

每每想到此，我就有些职业的寒心，是我爱得不够深？还是爱得不够多？社会不是常要求老师将无私的爱洒向每个学生吗？我尽力去做了，我问心无愧！我并不需要什么回报，但一声"老师好"的感情慰藉也成奢望吗？我在教学中尽量强迫自己不去想这些，不断地说服自己"尽力做好自己该做的，学生怎么做是他自己的事"。私下问了几个同事，都有同感，大家已经习惯了，有的同事干脆说："我早就没指望学生在外面叫我一声了，只管走自己的路，眼不见心不烦！"

教育工作毕竟不是商业活动，既使商业活动也讲究诚信。教育是件良心活，是心灵与心灵之间的交会碰撞。教育过程是爱的双向交流，单向的交流毕竟令人窒息，作为老师也需要真情被爱。有时想到这些，在工作中也真让人不容易再爱起来！

我不过说了大家想说而不愿说、懒得说的现象而已。我不知道这种困惑的起因是学生个人、学生家庭、社会舆论还是学校老师？

（2002年5月）

浅论青年教师的高三情结

不到长城非好汉，不上高三非骨干。对于高中青年教师而言，上高三成为业务成长的分水岭，能不能上高三是人生的一个坎：不能上就意味着自己教学业务尚不成熟，尚须修炼；上了就有了机会，可能就在高中教学这块阵地站稳脚跟，从此走向坦途。多年的观察发现，凡是一次冲上高三的青年教师往往一顺百顺，事业蒸蒸日上，很快成为一名业务出色的教师；凡不能一次冲上高三的，要么拖几年终成熟，要么从此消沉，等人到中年也是业绩平平；更有甚者，不安现状，另谋途径，远走高飞。近年出现青年教师"考研热"部分原因就在于此。

教学质量是学校的生命线，学校看高三，高三看高考，高考仍是社会关注的焦点，高考考得好仍是学校的亮点。因此每年的教师教学岗位聘任是学校管理者尤为重视的，特别是对高三师资的安排。学校管理者常常感叹高三教师人手不够，后继无人，只好老教师顶着。实际上管理者走进了一个误区：年轻人越是不用越无用。不仅延误了青年教师的个人成长，而且浪费了学校潜在的人力资源，"抱着璞而哀叹没有玉"就是实质。一名师范大学生从毕业到成为一名合格的人民教师是需要很长一段时间磨合的，犹如从璞到玉，有的璞一眼看去就能琢成玉，有的璞却一眼看不透，需要打磨，甚至很长时间的打磨，但往往"楚王"缺少这个耐心，因此随手丢弃了许多能成玉的"璞"甚至丢掉"和氏璧"，而这些丢弃的"璞"既不继续打磨，也无法搬走，任岁月冲刷。

　　青年教师开始都很在乎能不能上高三，刚离开大学门的青年教师热情冲天，谁不想大干一番！关键是热情能持续多久，有没有成长的环境。虽然许多学校实行青年教师"拜师"制度，让年长的教师培养青年教师，但许多已走向虚设。年长教师愿不愿意带？工作如何认可？是否有责任心？是否真心传教？拜师1年还是3年？往往一个师傅同时带多个徒弟，师傅上了高年级，徒弟丢在低年级，徒弟找不到师傅，师傅已经走了，谁管可怜的徒弟！有一位青年男教师工作6年一直没机会上高三，他的妻子说："与其你窝窝囊囊呆在这里，不如考出去活个人样来。"在妻子的支持下，这个青年教师考走了，飞远了，出国了。另一位青年教师说："我不是不敬业，我不是教得差，但我没有机会，我只有走！"他从高二两次上不了高三，考研走了。还有位青年教师经常将"我好郁闷"挂在嘴边，周围人介绍朋友他毫无心情，他私下说："今年再上不了高三，我就辞职了。"今年8月他聘上了高三，如今心情也好了，女朋友也有了，工作也积极了。3年一个循环，青年教师都希望将大学生到合格教师的成熟期降到最低。青年教师都是学校挑选过来的，既然挑选过来，学校就应该对他们负责，对他们信任，不浪费他们，给他们提供机会。那么怎样助青年教师成长呢？我以为至少要注意以下三点：

第一是年长教师让路子。我们常说"事业留人"，应该给青年教师提供成长的空间和平台。为了确保高三质量，许多经验丰富的老教师长期把关高三，成为"高三专业户"。在新课程不断改革的今天，连续从事高三教学既不利于"高三专业户"个人将来发展，同时也将积压一批年轻教师不能走向教学成熟，相互积压，越积越多。教育管理者对那些有活力、知识新、有干劲的年轻教师，在保证有学科带队人的前提下，应该大胆启用。事实证明，凡是第一次上高三的青年教师都很珍惜机会，教学成绩都很出色。老中青三结合，年长教师适当让让路，不仅有利于年长教师个人知识更新，教学万古长青，也有利于青年教师业务成长，更有利于学校师资队伍的良性发展和学校整体持续发展。

第二是学校领导压担子。年轻教师不仅要大胆用、给机会，更要合理引导，增强紧迫感，而不能放任自流。这种压担子并非到了高三才考虑使用那些年轻老师，而应注重过程管理，从初始年级就引导他、帮助他。青年教师一踏入工作岗位，就应该立规矩定要求，注重传帮带。现在教学管理上盛行年级负责制，许多年级只爱用人，不爱培养人，爱用的是教学业务硬的教师，不爱用的是羽翼未丰的年轻教师。业务由不熟到熟有个过程，新陈代谢是必然规律，如果都听任不管，这些年轻老师随着岁月的流逝只可能变成中年教师、老年教师而不可能成为骨干教师、一代名师。水不紧鱼不跳，教育管理者多关心、多布置任务，让青年教师在实践中接受锻炼，在压力下不断进步，待到三四年自然有模有样。多一个骨干多一份力量，如果一批又一批青年教师都高比例地走向成熟，何愁学校事业不旺？教育管理者不要消极等待，而应主动关注，毕竟一枝花开不是春，万紫千红才是春。

第三是青年教师拼身子。不可讳言，一些青年教师受社会影响，对个人的人生观、价值观与社会的需要缺乏正确的定位，他们经过十多年的读书生涯，终于踏入社会走向独立，有人就有一种"刀枪入库放马南山"的松懈，安于现状，不思进取，殊不知学业结束事业初创，人生之路才刚刚开始！个别人一方面不安心尽力工作，另一方面感叹怀才不遇整天牢骚满腹，完全是扶不起的阿斗。对于这种人是不必理会，大可任其淘汰出局。其他的年轻教师则须苦练内功，从头开始，真正视职业如事业，尽快进入角色，尽快缩短成熟期。年轻是笔资本，错了可以再来，只怕不给机会。人的一生完全靠年轻时期打下基础，人生能有几回搏，此时不搏何时搏？成才的条件要注重从自身开发，不要幻想未来和外界，真正有一种初生牛犊不怕虎的干劲，拼命三郎不怕死的拼劲。抓住机会，成长自己，在当今教育教改的浪潮下，在知识经济的时代，谁也不可能成为知识的永远拥有者，随时面临更新与调整。挑战与机遇并存，只有敢于拼搏的人才能永立潮头！

总之，高三情结是青年教师积极向上、岗位成才的体现。但高三情结能不能变成现实，青年教师个人首当其冲必须努力，此外教育管理者要关注、年长老师要扶持，不要等到面临高三聘任选择时再给青年教师判决书，而应平时多要求多指正。学校是属于管理者、年长者的，也是属于年轻人的，但归根到底是属于年轻人的，终归学校的大旗须他们去扛他们去添彩。关心年轻人就是关心学校的未来，就是关心自己。待遇留人，事业留人，感情留人，让我们首先从感情留人、事业留人开始吧！

（2004年9月5日）

走近魏书生

近距离走近魏书生老师，对我来讲很突然，也许这次与名人大家的面对面接触将对我的一生产生重大影响。

魏书生老师应我校50周年校庆的邀请于10月5日到襄樊（现襄阳。——编者注）作报告，并出席了校庆有关活动。10月6日中午，学校正式通知我陪送魏老师到武汉以便乘飞机返程。下午两点魏老师在教育局相关领导的欢送话别下乘专车离开襄樊沿国道出发。

学校选择我送魏老师，对我来讲是件光荣的任务，也是难得的学习机会。我琢磨：也许我这人稳重热情责任心强，进退有度不张扬，适合服务，加上我从事班主任工作多年，小有思考，有共同语言，适合交流。魏老师昨日的报告中说机遇总是降临在有准备的人身上，也许这件美差我就赶上了。

我们一行离开了喧嚣，离开了市区，红旗轿车疾驰在通往武汉的国道上，我与魏老师并排坐在后座，近5个小时的旅途中，我抓住难得的机会、一个只属于我个人的机会向魏老师请教。到天河机场宾馆下榻、晚餐后，我又向魏老师请教。魏老师平易近人，没有架子，有问必答，侃侃而谈；我有思有悟，有惊有叹，如沐浴春风，受益匪浅。现回忆如下：

话题之一：关于襄樊路途周围的历史文化讨论

我发挥学历史的学科优势，从地方文化打开话题。车过一桥跨过汉江，我介绍"一江分两城，襄阳名更长"。魏老师说，既然襄阳历史悠久，古今闻名，如此深厚的文化底蕴，为何不大力挖掘，大打襄阳品牌呢？似乎襄阳比襄樊做市名更妥当。谈到"南阳诸葛亮"，我介绍说实际上现在的襄樊一部分旧属南阳郡，诸葛亮年少躬耕读书之地应是襄樊的隆中而非河南的南阳。魏老师笑说，史学界可以争论，但我们更应古为今用为现实服务。例如四川的"诸葛亮酒"销得红火，打的就是诸葛亮的牌，酒艺是否是诸葛亮秘传倒在其次，襄阳古老的文化资源为经济建设服务很有前景。车过襄阳区，我说这是唐朝田园诗人孟浩然的故乡，魏老师似惊讶于孟浩然是襄阳人，感叹襄樊人杰地灵。进入枣阳市，我介绍这是东汉光武帝刘秀的故乡，魏老师钦佩这位帝王一生奋斗、终生节俭、史书难寻。驶入随州，我说这是神农炎帝故里、曾侯乙编钟出处，并介绍随州在夏代已建国，随商汤伐夏，后被楚国所灭，湖北属于旧楚地，为此我们讨论了楚文化的浪漫，齐鲁文化的功利，秦文化的严肃，黄河是中华民族的母亲河，长江是父亲河，汉江文明也好，辽河文明也好，都是中华文明的组成部分（魏老师是辽宁盘锦人，认为当地属辽河文明）。穿过孝感，我介绍说云梦过去是千里沼泽，董永、七仙女的天仙配的传说就产生于此；安陆过去是唐朝诗人李白与一退休宰相的孙女成婚定居十多年之地。靠近武汉，我介绍说南宋岳飞曾长期以武汉为抗金基地，以襄阳为主战场。魏老师一路兴趣盎然，顾盼车窗外荆楚大地，时有赞叹。"学子才俊荟荆襄，地灵人杰故迹多"，一路的文化讨论，我希望魏老师通过这次校庆活动更多了解湖北、了解襄樊、了解襄樊四中，襄樊拥有名校，四中走向全国。正如魏老师在四中校庆校友大会发言所说的那样："咱们襄樊四中规模这么大，培养了这么多人才，真是了不起！"

话题之二：关于教育问题的探讨交流

我：魏老师，您从事教育这么多年，古今中外教育家你最欣赏谁？

魏老师：最欣赏孔子。中国的教育出路最终还须从中国传统文化中去寻根，许多古人都有精辟的论述。这些年的教育改来改去，东一个新观念，西一个新观念，好像新得很，其实孔子早论述了，而且三言两语，非常经典（魏老师随口联珠般吟诵许多句，并结合当今流行的一些教育观念进行分析，如孔子倡导的六艺教育就是素质教育），关键是现在人浮躁得多，沉下来静心读书的人少，更何况读古典书了。

我：魏老师，我很赞成您的观点，现代人应该回过头来读经典读原著，这一点台湾比我们大陆做得好，我听过几位到大陆讲学的台湾学者讲座，都呼吁关注中国老祖宗留下的遗产。我们四中也开始在做，我们的小学部每天早晨抽15分钟时间，由普通话好的语文教师利用广播系统领读，然后小学生自己再背。

魏老师：是的，许多社会科学的东西先记住再理解也行，"熟读唐诗三百首，不会做诗也会吟"就是这个道理。不能以死记硬背来否定背诵这个传统方法，没有积累哪来创新？这不像自然科学，只有理解才能掌握。经典的东西背了以后慢慢理解慢慢领悟，终生受用，《论语》我读过许多遍，感到用处很大。现在的许多教育观点不过是它的翻版，以新形式出现而已

我：我们学校给每位教师发了本《苏霍姆林斯基选集》，假期里，我正在读他的《帕夫雷什中学》，您怎么评价苏霍姆林斯基？现在杜威的思想很时兴，您怎么看？

魏老师：苏霍姆林斯基很了不起，脚踏实地地在一所普通的乡村中学工作了二十多年，放着高官不做，只求默默无闻。用心血试验和探索着自己的教育理想，这种对教育的献身精神令人钦佩！他的研究方法主要是描虾，描出一个个活灵活现的虾，微观的多宏观的少，但他的教育有些封闭，与社会现实结合不够，有理想的色彩。杜威比孔子差远啦，论述散，无深度，缺乏理论体系。杜威讲的许多内容，孔子早就论述，但也有许多可取之处。

我：魏老师，社会上许多人把您称为当代的孔子。我前年到青岛旅游，面对渤海湾，右边是山东半岛，左边是辽东半岛，山东半岛的曲阜出了一位孔子，辽东半岛的盘锦出了您魏老师，环渤海地区自春秋以来一直很活跃，请问您与孔子的联系是偶然的吗？

魏老师：这种地域上的联系我很高兴，我原来说过，我

很崇拜孔子，多次到过孔子的故乡拜谒，特别喜欢读《论语》，孔子作为中国儒家传统文化的代表，我需要学习的有很多，我现在不过按照我的想法做了我喜欢做的事情。

我：提到崇拜，请问魏老师，除了孔子，您还崇拜谁？

魏老师：每个有理想的人都应有崇拜的人物，我还崇拜周总理，还有诸葛亮（他笑着指了指自己胸前，我才注意到魏老师的西服左胸前一直佩戴着周恩来总理的像章），这个像章是几年前一位朋友送的，我一直戴着。

我：也有人说周总理和诸葛亮事无巨细，过问和处理的事情太细太碎，违背了行政管理原则，干扰了下级行使职权，作为一个国家总理和丞相应该抓大事，况且这也不符合您的做事风格，那您崇拜他们什么？

魏老师：他们完全是一种误解。在"文革"的特殊情况下，整个国家机构运转不灵，他不亲自过问、不亲自处理是不行的，这恰恰体现他以国家民族利益为重、顾全大局、忍辱负重的高尚人格，我最欣赏他的人格魅力。诸葛亮的智慧不说，刘备遗嘱阿斗不行可取而代之，但诸葛亮为先主遗命鞠躬尽瘁、死而后已，明知不可为而为之，这种忠贞不渝的奉献精神值得效仿。我们年轻人同样需要理想、诚信、执着、奉献。

我：魏老师，您现在不仅仅是校长，而且是盘锦市的教育局长，作为一名教育管理者，您的教师比当地的电力局、电信局、税务局、财政局、银行等部门的工作人员待遇收入都低，您是否在想办法改善教师们的待遇收入？不然教师队伍不稳就麻烦了。

魏老师：在政策范围之外我不会考虑这个问题。中国就是这人均1000美元的水平，教育要想超过其他行业也不现实，教师这碗饭不好吃，一是待遇不会很好，二是操心费力与人打交道，如果有机遇你不想干教师这行，可以跳，我放你，还可以腾个位置，让愿意干的人来干，如果没机遇，你就超越自我，提高素质，等待机遇吧。留下来你就得好好干，老是与别人比来比去，瞎折腾，你说活着累不累呀？

我：您昨天作报告两次提到盘锦市的升学率、平均率、上清华北大的人数，这说明您不排斥抓升学率搞应试教育，对吗？

魏老师：素质教育并不是不要考试，不要高考，我们社会上一些人总爱一阵风，从一个极端走向另一个极端。讨论它的弊端不是全盘否定它，素质要培养要提高，考试要规范不能丢，实际上考得好的人整体素质还是高些。

我：魏老师，国家说人事制度要改革要改革，说了很长时间，怎么好像又没有动静，您作为盘锦市教育局长，盘锦市教师聘任制怎么推行？

魏老师：中国这么大，各地不平衡，改革难度大，有个过程。我们盘锦推行教师聘任制，第一年聘不上的发70%工资待岗培训，第二年聘不上离岗。现在不是老师少而是老师多了，谁不好好干谁走人。条件差的岗位或学校的老师想调动凭本事看机遇，不好好干的让愿意干的顶上。

话题之三：关于理想、人生与社会成才的交流

关于此话题的交流一直是断断续续的，现将魏老师的回答记录如下：

"人是哭啼着来到这个世界，又是眷恋着离开这个世界，看来这个世界还真好，因此人在来到和离开这个世界之间的一段时间里确实要好好把握。"

"何必老是与自己过不去，自己也不过是地球的一个小点、宇宙的一个微生物而已，没有什么大不了的，如果想想这些也就心平气和了。"

"一个人成长一靠素质二靠机遇，没有机遇时，且发展着。"

"人往往因为没有根，所以左右折腾，折磨自己。一旦一个人有了根，就可浇水、发芽、长苗，就可以成长。"

"这个根就是确立了自己的信念，坚定了自己的标准，正确了自己的定位，而不是老受别人的影响。中国的教育也是没有根，所以摇来摆去。"

"教育这行业，不能像仕途，也不像商海可以去抢夺机遇，大多情况下只能靠积累，慢慢地等待。"

"没有机遇时，快乐自己，在小天地里游刃有余。"

"人不可能要求环境适应自己，只能自己适应环境。只有适应环境，才有机会改造环境。"

"这世上的事儿还真的不公平，有时看到身边的人没有自己做得好甚至他做得很糟糕却受到表扬得到升迁，感到不平衡。怎么办呢？不要觉得怀才不遇。人才的使用有三种，一是小材大用，二是人尽其材，三是大材小用。第一种别奢望，第二种最理想，如果做不到，那就退而求其次，不就是自己被领导大材小用了吧，说明自己做好自己的本职工作绰绰有余，那多余的时间做自己快乐的事，不也是很幸福吗？或者利用多余的时间继续发展自己，也许机会真的来啦。"

"你问我出名前自己做的与别人不一样，担不担心别人议论？我是不看别人眼神的，认准了我就坚持做下去，万一不行可以偷偷做，还好的是当时领导也很支持我。我出名了，周围的人就更没有必要与我比了，因为我不再与他是一个标准了。人要比就与自己同标准的人比，朝上比、朝下比都是折腾自己。"

"古人向来是将出世与入世连在一起的，实际上道家也是注重入世的，只是世人更多关注道家的出世。"

"在中国要想在教育上做点成绩，我建议可以读点哲学，可以跳出来看，例如艾思奇的《哲学常识》我在中学就读过，还可以读点马列经典原著，最好是原汁原味的，此外看看教育史，对古今教育发展过程有个宏观了解。"

整个旅途近5个小时，魏老师除了有半小时靠着座位小憩外，一直精神很好。

"我的身体一直不错，我也一直在锻炼，一个人没有身体可不行。我自1978年教书以来，一直健康地工作。这些年，我没有花国家一分钱医疗费。有人提倡忘我工作，我认为工作与锻炼并不矛盾。我开始做班主任时就站在学生队中做操。后来做了校长全校推行，再后来做了局长，全市提倡。锻炼自己的身体，怕别人笑啥，时间一长，慢慢都习惯了，现在盘锦市的教师不做操反而不习惯了。锻炼身体，大则为国家社会，小则为自己个人，于公于私都有利。毕竟锻炼身体，提高生命质量嘛。"

"我是比较尊重别人的习惯方式的，比如每次坐车，只要能够到达目的地，司机走哪条道方便熟悉，我从来不干涉。"

　　"我确确实实是不吸烟不喝酒，喝白开水吃米粥蛮好的，我真的好招待！别人吸烟喝酒舒服，他有那个命，我不反对，也不羡慕。我呢，白开水、小米粥舒服，也有这个福分，不是我格外，不给面子，各得其所嘛。作为局长，我每次到各学校检查，很好接待的，要求不高，有粥就成。前几年，我在离盘锦市百里外的一个地方开语文教学年会，我还是个理事长，会完了，菜也上好啦，大家都到齐了，我说了声再见，就让司机出发，趁黑驱车回家喝我的稀粥。朋友们习惯了，也就不会见我的怪了。"

　　话题之四：关于魏书生个人与我们

　　我们一行3人，司机小罗和我一直陪同魏老师从襄樊出发到武汉登上飞机一共18个小时，相处的氛围一直非常融洽，过去我对魏书生老师的大名如雷贯耳，人们议过，书上看过，现在就在我自己的跟前，开始不免有些紧张和拘谨，慢慢就放开和轻松了，魏老师具有极强的亲和力，在与我们交流的过程中，总是认真倾听，细心回答，用鼓励的眼光看着我们，用和蔼的神情面对我们，时而平静时而微笑，语调轻松富有哲理，如果不是任务在身，我们甚至以为魏老师和我们是一伙的了。我感到：名人也好，领导也好，层次越高，架子越小，修养越好，反之亦然。后来在飞机场利用帮魏老师换票之际，我仔细地端详了他身份证上的照片，为什么跟网上查的出生日期错那么远？中国公民的一员，一个成长在中国大地的教育家！

　　虽然我走得仓促，但我还是带了相机，希望有机会同魏老师合个影，我不知道什么时候提出这个请求比较适合。晚上在天河机场宾馆住下来我向魏老师请教的时候，我说："魏老师，我们想跟您合个影行不行？"魏老师笑着说："好哇！可是没有相机呀。"我连忙说："我带的有！"我赶紧到隔壁的房间拿来相机，我和小罗轮流与魏老师合影。当时魏老师坐在一个单人沙发上，我准备站在他的身后合影，他说不行，坚持要求我和他一起坐在双人沙发上合影，后来我利用请魏老师在书上签字的时机又让小罗抢拍了一张合影。魏老师在我随身带的《苏霍姆林斯基文集》书的首页签的是"天人合一，道法自然"8个字，并认真地将他的姓名和日期做了落款。第二天早晨在临检票上飞机以前，由于时间充裕我们又在机场的标志物旁合影留念。我过去从不追星，这一次算好好追了一次星。

18个小时的相处匆匆而过，等到了飞机场告别，我们才忽然感到相聚的短暂。魏老师将先飞沈阳回盘锦停留一下，然后再到呼和浩特继续讲学。离别的时刻越近，我们越想表达离别之情，我们争着排队办手续争着提包，终于分别的时刻到了，魏老师与我们一一握手，他说："谢谢你们，谢谢襄樊，谢谢襄樊四中。"我们目送魏老师经过通道，他再次挥手向我们告别，然后向里面走去，魏老师又踏上新的旅途了。我们低头看着手中魏老师送的名片，然后慢慢离开机场。是的，也许我们这些送行者不过是魏老师一生中打交道的匆匆过客，但他在我们一生中却将留下深刻的印象，甚至将影响深远。望着蓝天，我们默默地祈祷：当代的孔子，走好！

（2004年10月8日）

假如我是监考教师

——一名中年监考教师的宣言

作为一名中年教师，作为一名父亲，假如我是监考教师，我认为应该这样做。

爱心在规则下闪耀——热心热心再热心。学生三年苦读，终于等来高考两天的检验，机会难得，确实不易。作为监考老师，我们在规则允许的范围内，尽量为考生创造条件，不干扰考生正常考试就是最大的支持。严格遵守时间操作，按时发卷收卷，按时提醒交代，给学生一个积极阳光的面孔和温暖热情的语言，不多说不少说，不干扰学生的注意力。将心比心，理解他们父母家长的心情，待他们如我们的孩子般。父母长年培养，希望他成人成才，高考就是关键时候显身手，工作失误可以弥补，但是考生受影响却至少需要来年高考才能弥补，有的甚至一辈子也弥补不起来，所以千万不要因为我们的监考失误耽误了他们的一生和前程，我们要将家长对监考的合理期待在工作中实现。考场上我们能帮的一定帮到位，准考证、身份证一时找不到，我们宽慰他：别着急，慢慢找！出现晕场摔倒，我们快速反应，立即报告协管员通知处理，节省一分钟算一分钟；学生有呕吐，不要怕脏，赶紧拖干净，既帮了患病考生，也帮了全场考生。热心服务，像父母般耐心，如服务员般热心。

名誉在工作中捍卫——仔细仔细再仔细。人到中年，滚爬教育行业20年，人民教师的光荣使命已经融进生命。平时我们为社会育才，现在我们为国家选才。胸挂监考牌，代表国家名义，监考责任重大，监考使命神圣。监考从提前集中到每场结束，工作时间长，细节要求多，每年有变化，常规动作不走样，创新动作不要有，容不得半点失误。到了这个年龄，我们参加监考工作的机会越来越少，要珍惜机会，出现失误也丢不起人。既然担当监考，就要履行监考职责，高考监考不谈经验，依靠经验操作会出问题，必须严格按当年程序操作，所以中年教师此项工作没有经验可依靠，与年轻教师比没有优势可言，而且年轻人动作迅速、反应灵活。我们中年教师怎么办？只有更细心更认真，反复检查，不厌其烦，虚心请教不丢人，出现事故才丢人！

角色在工作中转化——尽职尽职再尽职。我们与考生家长年龄相仿，我们有家长的期盼；我们的孩子与考生年龄相仿，我们有父母的心愿；我们作为教育工作者，我们有教师的情怀；我们临时参与监考，我们有国家的责任。我们的角色不管在家长、教师、监考员之间怎么变，归根到底当前主要角色就是监考员。合情合理必须合法，规则面前人人平等，如果我的孩子参加高考我也必须回避监考，我们必须敬畏规则。我们坚决服务考生，但绝不能纵容他们。我们知道此时慈母的柔情必须被严父的刚强所掩盖，更要被理性的法规所环绕。我们是监考教师，我们的职责有刚性的要求和基本的底线，对一个人的违规宽容就是对大多数人的不公平。零违规、零容忍就是我们监考教师的追求！

社会是个大课堂，高考本身就是人生的最好一课！孩子呀，我们人生的每个环节都要自己打拼，考试千万不要有侥幸和投机的心理，将来路还长，不能坏在成才的起步阶段，不能坏在品德操行上，我们愿为你护航！

（2014年5月10日）

浅议教师子女教育的困惑

【摘要】

"教师子女"是校园教育的一个特殊群体，本文试图分析教师在教育子女的过程中存在的困惑：（1）教师的父母角色转换难；（2）教师的教育权威树立难；（3）子女的成长动力产生难等，以期引起社会的关注。

【正文】

作为教师，我们在生活中常常会遇到这样的场景，社会上的朋友们总爱用羡慕的口吻说："你们当教师的懂教育，自己的孩子肯定教育得好，成绩也好！"父母是教师，享有教育的便利，子女教育得好，好像理所当然，但事实上并非如此，教师子女成才成器的不在少数，但不成才不成器的也大有人在。一些教师辛勤耕耘教坛一辈子，桃李满天下，在喝彩中离退，但由于子女不成才或不如意，退休后依然须为儿孙们就业生计牵肠挂肚，度过紧巴窘困的晚年，令人感叹不已！

　　社会常常将教师比作辛勤的园丁，但有时经营好别人的花园却荒芜了自己的田地；社会也常常将教师比作蜡烛，但照亮了别人却烧干了自己。在许多模范教师的光荣事迹中总能看到我们的模范教师为了工作，不顾家庭和孩子，最终成功了别家的孩子却牺牲了自己的孩子。这种精神固然令人钦佩，但这位模范教师也将终生面对自己孩子的遗憾。宣传媒体似乎渲染了这种牺牲精神，主管部门似乎疏忽了这种终生遗憾，只注重了群体的利益强调奉献精神，而疏忽个人的存在漠视教师个人正当权益。教师子女也是受教育者，更是校园的一个特殊群体，教师子女的教育问题存在许多困惑，社会尚须更多的关注。我试从中小学教师与子女这个角度做一浅析。

一、教师父母角色转换难

　　人是具有社会性的，社会是个大舞台，每个个体都在这个舞台上扮演一定的角色。作为社会个体的教师同样有多个社会角色，至少在子女面前是父母，在学生面前是教师。进了教室是教师，"传道、授业、解惑也"。进了家门是父母，抚养、教育子女。教育子女问题主要开始于中年教师，人到中年，在校是骨干，在家是支柱，中年教师既肩负着教书育人的社会重任，又承担着赡老育幼的家庭重担。特别是社会改革不断加剧，教学教改不断深入，岗位人事不断变化，一劳永逸的时代不复存在，人到中年的教师面临前所未有的挑战和压力。教师的事业心和责任心促使他更全心投入教学，对学生和风细雨、关爱有加、百问不厌、耐心解答，出色地履行教师的角色。当拖着一身的疲惫回到家里，什么都不想做，什么都不想说，可谓身心俱累。我们常常听到教师爱人在埋怨："他在学校忙一天，有说有笑，回家问半天什么也不吭一声。对学生那么耐心，孩子在家想问他一个问题，要么人不在，要么说上几句就对孩子发火，简直屋里屋外两个人！"这实际上是教师角色转换出现了失调。

　　角色失调主要有四种：角色冲突、角色不清、角色中断和角色失败，教师主要表现为前两种，回家以后面对孩子应该是父母角色，可思维上仍然是教师角色，如果是教师温和的一面则好，糟糕的却是教师严厉的一面，对孩子的要求本能地比对学生苛刻，在心目中自己的孩子就应该更强。一位教师父亲自己坦言道："孩子已经上三年级，我平时较忙，无暇管她，只有闲时才检查她的作业。但我在家里脾气不好，没有耐心，只要发现不足，我就会生气，每一次过后，看到那颤抖的身影，我又很后悔，但我还会犯同样的错误。我知道这样的后果不好，可我无法控制。哎，身为教师的父母难做呀！"教师在学生面前收敛的自然本性无拘无束地对自己的孩子显露出来。本来教师在家里更应该关心孩子，应是父母亲情的一面，弥补欠下的亲情账，结果角色产生冲突，甚至角色不清，该是父母角色的却仍是教师角色，高高在上，见面就是一派指教的口吻，老爱教训人，时间一长，孩子见父母就像老鼠见猫躲都来不及，哪来的亲情可言？双方关系紧张，越教育越对抗，教师子女的家庭成长环境可见一斑。

　　此外也有教师将教师与父母角色中严格严厉的一面混杂

在一起。有一位优秀的教师子女发出了"我好累"的感叹。她说："在老师和其他同学的心目中，我是一个乖巧、幸福无比的学生：学习遇到困难不用去问别人，还经常能读到其他同学只能羡慕的书籍，可其中的甘苦只有我自己清楚。我的优秀成绩是我用无数的汗水和时间换来的。在学校里，我除了要完成和其他同学相同的作业，还必须要完成妈妈每天给我规定的阅读任务；回到家，除了要完成指定的阅读书目，还有那些怎么也做不完的《每课一练》《AB卷》……就是双休日，我也没机会休息。可我在妈妈面前，却从不敢说累。因为妈妈还时常说：'你是妈妈的一面镜子，如果妈妈的女儿成绩不好，还怎能教好其他的孩子呢？那别人又会怎么说妈妈呢？'看来，我只有用功、用功、再用功，才对得起妈妈，可我真是觉得好累！"作为教师，必须要清醒地认识到：自己的孩子也应该是一个普通又特殊的学生，千万不要将自己的"面子"押在自己的子女身上。孩子就是孩子，绝对不是家长的脸面。可以看出，由于教师的角色转换难，教师子女教育面临三大误区：一是父母教师化；二是子女学生化；三是家庭学校化。长期下去如何不出问题呢？

二、教师教育权威树立难

教师的权威，是指教师在教育教学中使学生信从的力量或影响力，它是教育教学高效、有序进行的必要条件。我们常常看到，一个有权威的教师在自己的学生中享有崇高的威望，他对学生的教育教学效果特好，令出必行，令行禁止。若是班主任，他的班级一定班风好，凝聚力高，班级人际关系和谐，舆论健康向上；若是科任教师，他能很好地驾驭课堂，学生能高效率地听好他的课，喜欢并热爱他的教学，成绩斐然。

教师教育的权威是如何产生的呢？　德高才能望众，主要来源有三：教学水平、师德人品和个人魅力风格。这种权威对学生来说，是发自内心地对教师的心悦诚服，会使学生潜移默化自然而然地接受教师教育教学的影响。亲其师才能信其道，一个从心理上不认可某老师的学生是不可能从这位教师的教学中学到什么知识的，更谈不上接受其教导。

教师子女作为特殊的受教育对象，自小生活生长在教师的圈子里，耳闻目睹，了解学校教育的许多情况，也多少对周围教师的轶闻趣事有所风闻。上学前，喊他们叔叔阿姨，上学后称他们老师，熟人熟面，多了一些随意，少了一些敬畏。距离产生神秘，神秘也能产生权威。教师子女对教师失去了神秘感；常得知教师的一些隐私，不仅仅与其他学生一样知道教师在教学中光彩照人的一面，而且知道其他学生不知道的教师在生活中平凡普通的一面。在现实中我们会发现名师的子女对身为名师的父母是很少有崇拜感的，对于别人崇拜自己的父母也是不以为然，为啥？因为子女也了解父母作为普通人的一面。教师子女对教师这种崇拜感的缺乏，不仅仅对身为教师的父母，也包括对周围身为教师的叔叔阿姨。如果叔叔阿姨在他小时候经常开玩笑，特别是恶作剧，对不起，待他长大了在这位叔叔阿姨班上是绝对不受教导的。作为教师，我们在平时也许更要注意我们的形象，言行举止都要讲究，不然不良的形象将随着教师子女这个信息渠道很快传到学生中去。

有人把教师比作鱼缸里的金鱼，既受行政主管的监督，也受社会家长学生的监督，事实上我们还受到教师子女的全方位监督。怎么办呢？教师首先要不断提高自己的道德品质修养，以"德"生威。教师既要言教更要身教，从人格上赢得教师子女的尊重，征服子女的心，才能从根本上奠定自己的权威。其次教师要不断增进自己的才学，以"才"生威。对新知识、新技能、新理念，要时刻保持好奇和敏锐，不要拒绝，要努力去学习和掌握，方能适应不断发展的教育教学的需要。否则，一个教师知识老化，又不思学习，面对新知识新理念一无所知，面对教育教学的新技术一筹莫展，那么，他既落伍于时代，更会被教师子女瞧不起，还有何权威可言？其三，教师还要有多方面的才能，至少要在自己的专业领域内有精湛的专长，以"能"生威。总之，教师只有在德、才、学、识上成为教师子女的楷模和表率，教师才会成为教师子女心目中不可替代的权威。

三、子女成长动力产生难

动力来自需要，需要表现为有机体对内外环境条件的欲求。美国心理学家马斯洛把人的需求由低到高分为五个层次，已经满足了的需要不再是人的活动动力，只有尚未满足的需要才是推动人活动的动力。建立在父母奋斗基础上的教师子女享受着人世的幸福时光，既对父母奋斗的艰辛和来之不易缺乏理解，又对自己未来人生的设计充满挑战缺乏危机感，许多教师子女缺乏强烈的竞争意识和积极的进取精神，与当年的父母形成鲜明的对比。据有关调查，中小学教师大多数来源于城乡家庭条件中下的子弟，他们少时充满艰辛，个人的成长史大多数是一部发奋读书、知识改变命运的奋斗史，走的是自下而上、农村包围城市的道路。随着教师地位的提高，教师家庭的经济收入也明显好转，教师子女物质条件日益丰富。有的教师忧郁地说："我们奋斗了自己，却娇养了下一代。"有些教师子女不仅不珍惜条件的来之不易，反而对父母过去的举动嗤之以鼻，甚至不愿随父母回老家，出现瞧不起老家人的忘本现象。

教师同千万家长一样望子成龙、望女成凤心切，眼看着一批批学生在自己的教育下成人成才，也希望自己的孩子能够比别人的孩子更有出息，攀比思想起了作用，高标准严要求，无限加压加码，缺乏对孩子的理解，最终孩子承受不了，产生厌学情绪，使孩子更加缺乏学习的动力和兴趣。前几年本市某县一女教师因要求儿子读书很严，儿子后来成绩不好逃学被女教师捆绑致死的悲剧就是一例。据《江南时报》报道，"从事教师、会计等职业的家长，所教育出来的子女容易患上心理障碍"。南京脑科医院医学心理科主任医师周正猷语出惊人，他告诉记者，"多年工作发现，前来诊治的心理障碍患者中，父母职业是教师的位居榜首，超过一半"。也许我们教师多些平常心，对子女的发展采取"跳一跳，摘桃子"的态度，将会更有利于孩子的健康成长。

教师的子女在学校学习，与其他同学相比，不管在入学、收费、分班，还是教师关注、评优推先等方面都占尽优势，充满优越感。一位教师子女自己也承认："本校的教师子女在学校里是一大派，有点像社会上的高干子女。由于有人际关系的牵扯，教师一般都轻易不会得罪。"教师的子女不但要受到父母的特别关照，还经常会受到其他教师甚至学校的格外关照。在其他同学的心目中，他们是学校里较为"独特"的同学。如此环境，本来是更有利于子女成人成才，然而有的子女却将它变成放纵的条件。公平竞争的环境很有必要，任何偏袒都可能给子女的心灵造成创伤，投下阴影，影响他们以后的人生旅程。

教师这个职业是一个劳心劳力而又奉献性很强的工作，关系到国家的发展、民族的兴旺，解决好教师子女的成才成人问题实际上就是解决教师的后顾之忧。作为教师，要树立正确的子女教育观，教师之间要形成合力，达成共识，为子女成长创造健康的环境；作为教育管理者，要将教师的子女问题看作职工的隐形福利问题，解决教师的后顾之忧实际上就是提高教师的待遇、改善留人的软环境；作为社会，对教师提出了越来越高的要求，同时也要理解和关注教师的个人利益。当然，教师子女不是特殊群体，优胜劣汰的规律谁也逃脱不了，必须接受社会的挑战！教师子女需要关注，但不需要同情，与其同情他们成人后的困难，不如关注他们青少年时期的教育成长，这将会更有效更长远！

（2004年8月）

看餐桌上小客人抢菜想到的

近日参加一个同事的聚会，都是全市的教育人士，大家彼此很熟，去掉工作时的状态，都很轻松，饭前的娱乐谈笑都很开心，有的客人难得带来孩子，孩子们嬉闹中不时的欢叫声让室内的氛围充满更多的亲情。

桌面上早早都摆好餐具，只是一位同事有事来得晚，正在路上，所以大家需要等待，待主人电话联系确定这位同事马上快到了，于是立即安排一边上菜一边等待。

精心烹制的菜肴一道一道地端上餐桌，所有的客人继续等待，都没有入席，继续坐在原处娱乐谈笑，谁也没有留意一个七八岁的男孩子已经自己坐到餐桌主座位置上开始拿起筷子、转着餐桌，有滋有味地吃起来。我注意观察了一下，他的母亲就在旁边沙发上坐着，看着自己的儿子，一声不吭。

待最后一位客人抵达后，主人提醒娱乐的客人们结束活动洗手入座，这时发现一件让主人尴尬的细节：主座已经让小客人占位，无法按"常规"安排客人们座位顺序。小客人的父母好像也没有在意这些，任自己的宝贝儿子吃着、占着。在场彼此都熟，孩子的父母不说，主人不好说，其他客人更不会说，大家稍微迟疑以后，在阵阵张罗声中都将就坐下来开始了宴席。

宴席中不断在上菜，只要一道新菜上来，小客人立即转动圆桌，将新上的菜夹一筷子，有时旋转太快，有的叔叔阿姨伸出筷子刚准备去夹自己眼前的菜肴，结果菜盘转走了，只好将悬空的筷子抽回来，而小客人的父母也始终没有制止过宝贝儿子的行为……

大家不会因为小客人的行为而影响聚会的主题，依然谈笑风生，在场的我却在思考：到底谁出了问题？孩子自己？

学校教师？爸爸妈妈？

孩子的行为失礼了吗？答案是肯定的，关键是这种行为谁来规范，谁来教育。孩子不是生下来就懂礼仪规矩的，特别是这种社会道德礼仪。七八岁的孩子，正在成长学习的过程，没有人引导要求肯定不明是非，所以孩子是可以原谅的，其行为是可以纠正的。学校有责任吗？多少有一些，现在对文化知识的关注、对琴棋书画的关注远远高于礼仪道德，况且饮食礼仪主要是在就餐活动中体现的，也容易被疏忽。那么责任主要就是在父母、家人身上了？没错，父母，孩子的第一任教师、孩子的终身教师，家庭教育不到位。

不要因为孩子小就可以不讲礼仪，特别是爷爷奶奶外公外婆长辈们的溺爱，事事孩子为大，件件孩子优先；不要因为孩子是自己的就不顾及他人的感受，人是社会性的，不是永远呆在小家庭小圈子，家人可以原谅，要求社会所有的人都原谅不现实。从小这样可以原谅，长大以后要求原谅也不现实。这一切就是父母平时没有重视这些事情、没有当成什么问题、没有教育自己的孩子，或者大胆地说，也许有些父母本身就是不懂礼仪的。礼仪不会随着年龄的增长而自动拥有，礼仪也不与文化程度成正比，而现在小客人的家长恰恰就是老师，而且还是优秀的老师。所以我时有感慨：我们的一些教师可以说是文化知识的拥有者、传播者，但却是礼仪知识的贫乏者、疏忽者。

所以在我们教育圈也会出现一些失礼的言行：聚餐不懂礼仪，入座随便，不管尊老敬上，虽然都落了座，宴席还没有宣布开始，只要上了菜，自己就先动筷子，同桌的别人比自己年长，别人主动敬酒自己却不回敬或者只管吃自己的；办公室的开水年长同志烧年轻同志喝，年老同志做办公室卫生年轻同志只管自己办公桌卫生，甚至自己办公桌也乱七八糟；有点教学成绩就飘飘然，感觉良好，评价起来自以为是，没有认识到当前任何人单打独斗，没有集体备课团队合作是不可能出成绩的，言行伤害其他教师，造成老教师不愿传帮带；校园里同事碰面，不打招呼只当没见，擦肩而去，视若路人；对于学生对自己的不尊重言行非常恼火，让前来学校交流的家长站着而自己坐着说话……虽然只是极少数，但确实存在。

作为教师，我无意抨击同仁，我也身在其中，我是想说明三点：一是礼仪修养不是文化知识能取代的，学历不代表礼仪修养，我们许多教师在给学生上课的同时，自己也亟须补上这一课；二是一名教师可以在教学上优秀，但是为人处世包括家庭教育未必优秀，可以成为优秀教师但是作为父母不一定是优秀家长，让别人的孩子成才，也要让自己的孩子成器，这才是真正拥有人生幸福的老师！三是谁来培养我们自己和孩子们的礼仪，礼仪之邦的中国真的可以丢掉这些了吗？民主、自由、平等、个性不是丢掉礼仪的借口，作为教师，不仅应该做知识的引领者，更要做文明的践行者。

（2014年11月10日）

试论学校管理中的教师心理健康

摘要：教师心理健康是教师心理素质的一个重要体现。目前，由于种种原因，教师心理健康问题已成为一个不容忽视的话题。影响教师心理健康的原因包括社会（学校）因素、职业因素、个人因素三方面。教师心理健康与学校管理是相辅相承、辨证统一的。因此，学校管理者应加强对教师心理健康的关注。学校应从更新管理意识，完善教师评价制度，提高教师心理素质，寻求社会力量的支持以及把好教师入口关等层面来提高教师心理健康水平，促进师生的健康成长和学校的快速发展。

关键词：心理健康　学校管理　措施与对策

一、问题的提出

进入21世纪，心理健康已经成为一个引人关注的社会问题。国际社会把20世纪称为经济和科技大发展的"物质文明世纪"，而把21世纪看作是信息和生命大发展的"精神文明世纪"。肩负培养新世纪人才使命的教师，因为要培养学生健康的心理，教师自己就必须具有健康的心理。然而，目前我国中小学教师的心理健康状况却很不乐观，中小学教师心理健康问题已成为一个无法回避的话题。

近年来，在教育园地里，发生了一系列令人难以置信的事情：一些孩子仅仅因为轻微的过失就遭到恶劣而又残暴的惩罚：罚"吃苍蝇"者有之，强迫学生互打耳光者有之，在学生脸上刺字者有之，剪断幼儿手指者有之，用火钳烫伤学生者有之……有的教师情绪波动大，工作热情和对学生的态度随着自己的情绪变化而变动，遇到不顺心的事，就拿学生当出气筒。有的教师在单位人际关系不和谐，与周围的人包括领导、同事、学生等常常发生矛盾冲突，不能相互谅解，缺少人际之间的交流与沟通，加上工作紧张、社会压力大、生活不如意等因素，产生各种心理疾病，如神经衰弱、焦虑症、抑郁症等。

随着社会的急剧变化，教师的心理问题正显示出增长的趋势，而且已成为一个国际性的问题。英国的调查表明：20%-30%的教师感受到巨大的职业压力。美国的研究表明：78%的教师感受到职业压力，37%的教师有严重的精神紧张和焦虑状况。[1]

我国研究者认为：教师的心理焦虑比其他职业群体更为严重。据《检察日报》报道：目前我国正常人群心理障碍的比率在20%左右。国家中小学生心理健康教育课题组对辽宁省内168所城乡中小学的2292名教师所进行的检测显示，中小学教师心理障碍发生率高达50%！北京市对500余名中小学教师的调查显示，近60%的教师觉得在工作中烦恼多于欢乐，70%的教师有时忍不住要生气发火，教师中较普遍地存在着烦躁、忧郁等不良情绪。在广州市天河区的一次心理保健讲座上，用心理健康测试量表（SCL-90）对在场教师进行测试，结果显示：近半数教师的心理健康受到不同程度的影响。调查还显示，31.51%的教师有轻度的心理障碍，12.37%的教师有中度心理障碍，21%的教师已构成心理疾病，69%的教师感到压力大，嫉妒、焦虑情绪的出现也比较高。调查发现，教

师的心理问题症状主要表现为抑郁、精神不振、焦虑、过分担心、有说不出原因的不安感、无法入睡等

数据或许是枯燥的，但数据往往又是最具说服力的。中小学教师心理健康问题已成为一个无法回避的话题，它既引起人们深刻的反思，也对学校管理提出了严峻挑战。

教师心理健康问题的严重性已引起所有关心教育发展的人们的关注，有关这方面的研究纷纷开展起来。例如：山东泰安师专的徐富明在《教师职业压力与应对策略的研究》中表明教师的职业压力与学校管理相关，89%的教师认为他们是通过自己的经验积累获得一些应对策略的，提出要减轻过重的职业压力，提高教师的应对能力。曲阜师范大学邵光华、上海教育科学研究院顾泠沅在《关于我国青年教师压力情况的初步研究》中指出：教师职业是一种压力程度颇重的职业，我国青年教师普遍承受着较重的压力。江苏省盐城师范学院王广中在《关于中小学教师职业压力的研究》中阐明：我国中小学过强的职业压力严重损害了教师的身心健康。杭州师范学院教育科学院的周俊在《学校管理中教师反影响力的调查与分析》中表明，教师群体由于其内敛的特性，他们的不满常常是通过态度和情绪这样较为温和的方式体现出来，并在教育教学中产生极大影响。面对如此严峻的教师心理问题，许多社会人士呼吁：要维护和促进教师的心理健康！

社会以及职业是造成教师心理问题的重要因素，但更关键、更直接的原因应该是教师日常工作的场所——学校。据此，本文拟通过对教师心理健康与学校管理的关系及其发展的论述，从学校管理层面来寻求减轻教师心理负担和提高教

师心理健康水平的具体对策。希望学校管理者在教师管理工作中转变观念，提高对教师心理健康的认识，关注教师心理的健康成长，设法满足教师的心理需要，激发教师的工作热情，培养教师的健康心理，以提高教师管理质量，促进学校的良性发展。

二、教师心理健康与学校管理

（一）基本含义

学校管理，是指学校管理者按照教育规律沿着一定方向维持学校正常运转，使其获得不断发展和提高的手段。它是达成学校教育目标，提高工作效果的一种总体作用，其功能是对学校教育总过程的一切活动和资源进行计划、组织、指挥、监督和调节，以便实现全面提高教育质量的目的。[②]它包括教学、德育、教师工作管理等，可见教师管理是学校管理的核心内容之一。教育教学工作需要教师健康的心理。教师心理健康是教师心理素质的一个重要体现，更是学校管理者目前在教师管理工作中需要关注的问题。

心理健康，通常采用《简明不列颠百科全书》的定义："个体心理在本身及环境条件许可范围内所能达到的最佳功能状态"。它指的是人的一种心理功能状态，即能够使人们所具备的全部心理潜能得到充分发挥的理想状态。[③]健康心理的评价标准大体来说，包括良好的社会适应状态；稳定的情绪；正确的自我评价；和谐的人际关系；良好的工作能力；完整的人格以及合作精神等。

（二）教师心理健康与学校管理

教师是学校发展的主力军，教师的心理状态直接影响着学生心理的成长，影响着学校的良性发展。同时，学校管理水平也直接影响着教师心理的健康状况。教师心理健康状况与学校管理是相互促进、相互制约、相辅相承、辨证统一的。

1.教师心理健康水平与学校管理的关系。教师具备良好的心理素质，有助于学校管理的顺利进行；反之，则阻碍学校的进步和发展。具体表现为：与学校教育教学效果的关系；与学生发展的关系。

教师心理与学校教育教学效果的关系。教育教学活动是师生双向互动的过程。心理健康的教师会以心换心，以爱换爱，动之以情，晓之以理，导之以行，持之以恒，约之以纪，使之养成习惯，收到良好的育人效果，提高学校德育质量。学生在老师的感召下，会表现出强烈的求知欲。师生在平等、民主、和谐的情境和氛围中，教育教学效果显然会事半功倍。可以说，"学生对教师的态度是教师性格的函数"。[④]在感情方面，不同的教师性格会引起不同的感情反应。教师性格好，学生喜欢教师，学生学习积极性就高，教学效果就好；反之学生讨厌教师，厌恶学习，教学效果就会受到影响。另外，教师的认知风格、价值观等也直接影响着教育效能。杨多（Yando）与卡根（Kagan）的研究发现，一年级学生认知风格冲动性的改变总是教师冲动性的函数。[⑤]进一步的研究还发现，教师的场依赖性/场独立性与学生的对应相似，会影响教学效能和学生的学业成绩。教师的价值观应与当时社会的核心价值观相一致。否则，教师不仅不能很好地完成教育任务，而且还会影响教育工作，把学生引向歧途。

教师心理状况与学生个性发展的关系。教师是学生潜能的开发者，是学生个性发展的促进者。一个具有良好心理素质的教师，一方面能主动自觉地开发和挖掘自己的潜力，提高自身的综合素质；另一方面会努力为学生创造一个有利于学生开发潜能、发展个性的理想的环境，启发和鼓励学生创新，引导学生发展自己的兴趣爱好，塑造学生健全的个性人格，促进每一个学生健康成长，达到学校管理教育的目的。反之，如果教师的心理不够健全，在具体的教学过程中，就会出现许多问题。诸如：有的教师与学生之间存在一种明显的等级关系，有距离感；对学生不能充分地信任和理解，不能进行换位思考；学生充当的是被"镇压"、被"看管"的角色。这样的师生关系使得学生缺乏安全感、缺乏归属感。有的教师或由于个人生活上的问题，或由于工作上的失败，或是由于人际关系的紧张，或是由于其他原因，不敢面对现实，导致情绪消沉。如果这些情绪得不到合理的排解与控制，就有可能迁移到学生身上，造成学生心理伤害，阻碍学校教育目的的实现。此外，教师不良的言行举止和生活作风、不当的教学态度和落后的教学方法以及低级的知识修养，尤其是喜怒无常的情绪状态和暴躁乖戾的性格，常常易导致学生厌恶学习、消极生活。

据加拿大学者就体罚对孩子将来身心健康产生的影响所做的全球最大规模的调查显示：被体罚儿童成年后吸毒和酗酒的可能性是正常儿童的两倍，而且患上焦虑症、反社会行为倾向和抑郁的概率大大增加。在偶尔被打的受访者当中，有21%患上焦虑症、70%患上抑郁症、13%酗酒、17%嗜毒。另据北京市教科院透露的《师源性心理伤害的成因及对策》的调查报告显示，打骂学生、讲课死板、对工作不负责任、偏心等不被学生喜欢的行为给学生心理造成伤害，构成师源性心理危害。这种危害，从某种意义上说，远远超过教学能力低下对学生学业所产生的影响，影响着学校教育的进步和发展。如果我们再从更高、更深、更远的角度来看，教师的心理健康将会直接、间接地影响整个社会和民族心理的健康，关系到中华民族文化的发展。

2. 学校管理水平与教师心理发展的关系。如果学校管理者能从学校、学生、教师的需要和发展来实施管理，诸如教师的学习与工作，措施的实施与改革，都能从教师心理需要加以考虑，做到既能发展学校教育目标，又能促进教师心理的健康发展，那么教师大多会在教育教学工作中，以深沉的爱来关注学生的学习、生活，使整个学校成为一个和谐的学习环境；而教师在和谐的环境里更容易实现自身事业的成功。成功需要的满足，使教师的心理达成平衡，教师也会以更积极的态度回报工作；学校的教学质量也会立竿见影、迅速提高。但如果学校管理缺乏新型的管理意识，不懂得人性化管理，那么，教师的心理健康就会受到损害。教师的心理需要得不到满足，或是不能健康发展，都会对学生产生不良影响。

三、影响教师心理健康的原因分析

影响教师心理健康的因素很多，主要包括社会因素、职业因素、个人因素三个方面。本文着重从社会因素中的学校管理层面来进行探讨。

（一）社会因素

1. 社会对教师的要求过高。教师压力来自社会的沉重期望，"这学期，我不知怎么了，干事没头绪，遇事急躁，没有教好学生，心里很难受，感觉自己是在耽误学生，想起这些不如死了算了，因为我始终记得一句话：误人子弟，杀人父兄……"这是陕西省一位年仅25岁的女教师因患严重心理障碍，服毒自杀前留下的遗书。江苏省盐城市一名30多岁的男教师因解答不出学生的问题，竟然自杀身亡。随着社会的进步和发展，人们对教师的期望值越来越高：（1）目前我国的课程改革挑战教师的心理承受力。教材更新的力度加大、速度加快，先进的教育教学和课程理念得到广泛传播，现代教育技术手段纷纷涌现，所有这一切都对教师素质提出了更高的要求。不仅要求教师有渊博的科学知识、高超的教学技能，还要有高尚的道德情操、健全的教师人格；不仅要使学生学会求知、做事，还要使学生学会共处、生存。（2）教育体制改革挑战教师的心理承受力。近年来，我国的教育体制正进行着全面改革，诸如职称评定、教师聘任、末位淘汰、按绩取酬等等，每位教师都感受到了前所未有的压力，有的能适应形势需要，将压力转化为动力，有的教师则因压力过大而导致心理危机。虽然这些要求和期望似乎让人们看到了社会对教师的关注，然而遗憾的是，尽管颁布了《教师法》，但社会关注的是教师这一职业，并不完全包括教师本身，社会更没有意识到教师已面临严重的心理危机。

2.学校领导对教师心理健康发展的忽视。学校是教师日常工作的场所，这里的一切都直接影响着教师的心理健康状态，是教师心理问题的发源地。突出表现在以几个方面：

第一，我国传统的学校管理，只重视对物的管理，忽视对人的管理；只关注"应试"教育，忽视人的精神需求。学校的教师管理工作往往只关心教师的教学质量，关注学生的学科成绩，而忽视甚至无视教师心理素质的培养和教师的心理需求。在应试教育和社会的压力下，有些学校为了提高学生成绩，教师一天的工作时间长达12小时：早晨6时50分-上午11时50分，下午2时-下午6时，晚上7时-10时。在许多学校，双休日对教师来说已是一种奢侈品。然而教师也只是一个普通的人，而不是机器，或许我们有理由要求他们有超常的业务能力与道德素质，但不可能要求他们没有常人的七情六欲、喜怒哀乐，否则必然影响心理与生理的节律。如此这般，教师何来身心健康？

第二，教师评价体系不完善。目前我国的教育评价在很大程度上还受传统应试教育的影响，存在许多不足之处。现行的教师评价，采用的是终结性评价方式。评价过程欠公开性、发展性；评价标准程序化、强行量化、一致化，忽视了教师的差异性和教学背景，用统一的标准来衡量所有的教师；评价方法机械、简单。大部分学校对教师的评价是自上而下的，有些学校的教师连评价指标都不清楚，教师根本就无法明白自己该何去何从。原有的评价体系具有明显的奖惩性，只是对教师过去的教育教学进行"鉴定"，不关注评价应有的导向功能，教师无法知道自己今后努力的方向。评价指标存在不全面和操作性较差，只注重显性工作忽视隐性工作等不足。由于教师这一职业的特殊性，那显然是不科学的。此外，目前我国许多学校对教师业绩进行考评时，都将学生给授课教师的打分纳入教师考评的总成绩。作为一种全新的教学改革为目的的评价制度，对促进学校的教学改革，提高教师授课质量，起到了一定的积极作用。可随着教师全员聘任制的实施，没通过考核的教师将面临末位淘汰的命运，这就会使教师处在既不能得罪领导又要讨好学生的两难境地。如果有的教师对学生要求严格了一点，学生一不高兴，教师就有可能拿低分。如果学校不加分析地把结果简单相加，则定会造成误评。而这种结果往往又被作为对教师奖惩的依据，这必然引发教师的不良心理。

第三，缺乏教师文化。长期以来，学校功能被定位在传授知识、促进学生发展，忽视学校教育在促进教师发展中的作用。教师整天忙碌于备课、上课、出试题、批试卷、改作业。学校很少把教师的正常需要加以考虑。殊不知学校既是学生成长的基地，同时也是教师成长、发展的场所。教师除了生存还要生活；教师除了劳动的需要，还有交往、成就、社会赞许、求知、爱和尊重的需要。然而遗憾的是，目前在学校管理中这方面的工作还很薄弱，人为地造成教师的孤僻、自闭的个性心理，教师之间除了竞争还是竞争。

第四，学校管理者本身存在的问题。有些学校领导自身素质太低，缺乏科学的管理方法，工作作风简单粗暴，遇事缺乏民主作风，不把广大教师放在眼里，漠视教师的人格和权益。例如，最近一些学校兴起了"教学质量监测设备""教学检测仪"之类的手段，以加强对教师的监控。在教室里安装摄像镜头，教师的一举一动都传输到校长室的屏幕上。也许实施者目的是为了提高教学质量，但不知监控者是否想到：这样做涉嫌违反教师专业自主和课堂自主的教学原则，如此监控是侵犯了广大教师的人格尊严，会使教师感受到领导的不信任和人格的侮辱，会使教师感觉被压得喘不过气来。在这种情况下，一些教师的无助、焦虑、自卑乃至绝望的不良心理油然而生。

（二）职业因素

1. 教师角色冲突多、责任重。在家庭里，作为子女他们要孝敬父母前辈；为人父母，他们要照顾子女。在学校，教师扮演的是为人师表的角色，迫使教师不得不掩盖自己的喜怒哀乐。在社会，社会对教师的期望值也日渐增高。面对家长的望子成龙和学校的以升学率论英雄，以及社会的沉重期望，不少教师往往"载不动许多愁"。此外，作为教师，要高度自觉地遵守社会公德，如果教师的行为有什么闪失的话，就会遭到周围舆论的强烈遣责，因为教师这一职业应该是神圣的。然而教师也只是人，不是神，社会对教师的如此厚望使得教师疲惫不堪，身心疾病增加，心理负担加重。

2. 教师劳动强度大，收入低。据调查，我国中小学教师人均日劳动时间为9.67小时，比其他岗位的一般职工日平均劳动时间高出1.67小时，其中睡眠时间比一般职工少1小时，娱乐时间少0.5小时，积累起来，年超额劳动时间为420小时。⑥长时间超负荷运转，导致教师心理空间被严重挤压扭曲。此外，教师收入低，却承载着社会、家庭太多的希望和责任。在这种情况下，教师哪能不自卑，哪能不绝望？

（三）个人方面

在同样的环境里，有的教师能够乐观健康地生活，有的则不能。这是教师个体本身的原因造成的。具体表现在以下几个方面：

1. 教师对心理健康的认识不够。有资料显示，目前有些教师对心理健康的认识还比较模糊，有53%的教师对心理健康状态的认识还不清楚，有15%的教师不清楚自己的心理健康状况，大多数教师缺乏应有的心理学知识。⑦因此，当生活、工作压力影响身心时，教师缺乏应有的自我调节能力，并在不知不觉中让自己的心理受到了伤害。

2.教师自身素质不完善。应该承认，在现行的教师队伍中，的确有一部分教师本身的素质特别是心理素质比较差，他们在走上教师工作岗位后，更是背上了沉重的心理包袱，难以胜任教育、教学工作的需要。根据认知心理学，认为事件本身是没有意义的，所有的意义都是人加上去的，人的情绪取决于个体对事件的认识和看法。有时由于教师认知水平有限，面对工作、生活中的各种压力或挫折，无力招架，心灵憔悴，痛苦不堪。

四、提高教师心理健康水平的措施与对策

如上所述，教师的心理健康问题已危机四伏，直接影响着学校的发展，影响着祖国的后代与未来，影响着中华文化的命运。因此，发展健康的教师心理也已迫在眉睫。学校领导在教师管理工作中应加倍关注教师心理的健康发展。学校管理者除了自身树立现代教育观念、现代管理意识，并针对实际情况、具体原因采取有力措施，努力提高教师的心理健康水平之外，还要努力寻求全社会关注教师的心理健康，更要鼓励教师本人提高对心理健康的认识，并提供相应的条件和机会，让教师的心理素质得以提高。基于教师心理问题起因的复杂性，学校提高教师心理健康水平主要应从以下几点入手：

（一）坚持以"以人为本"为管理理念

1.树立人性化管理意识。学校管理者应更新管理观念，坚持以人为本，不断改进领导方式，推行人性化管理。学校无论是制定规章制度，还是拟订教学规划，都应重视考虑

"教师心理"这一层面，不能单单为了学生或教学。给予教师更多、更广的灵活度和自主权。尊重、信任教师，关心爱护教师，从人的需要去经营和发展学校。

2.创建教师学习型组织，构建教师文化。学习型组织是企业在发展改革中产生的一种新型企业组织模式，它是通过培养弥漫于整个组织的学习气氛，充分发挥组织成员的创造性思维能力而建立起来的一种有机的、高度柔性的、扁平化的、符合人性的、能持续发展的组织。⑧其实质就是创新，是学习的创新、管理的创新和工作方式方法的创新。教师学习型组织则是全体教师持续不断地学习，透过心灵上的潜移默化获得学习中真正的意义，进而增强个人知识与经验和改变整个组织行为，以强化组织变革和创新能力。学校管理者应根据学校的实际情况和教师的需要，有组织、有目的地开展教师学习型组织活动，比如设立科研机构，健全科研制度；组织师训；组织年级组、学科教研组等的团体学习；组织各类谈心活动等，使教师获取新的知识和技能，开拓教师新视野，修正组织行为，提高组织的竞争力。此外，学校领导还应设法缩短教师的工作时间，增强教学的有效性；提高教师待遇，减轻教师经济负担；主动为教师排忧解难等。

（二）完善教师评价制度

教师评价。是指根据一定的教育目标，运用可行的科学手段，通过系统地搜集信息、统计分析，对教师工作和结果以及与此相关的人文素养等进行价值判断，从而为不断优化教育和教育决策提供依据。目前我国许多学校的教师评价机制已日显滞后，尤其是现有的评价指标几乎忽视教师心理素质的存在，当然这也是教育管理存在的弊端的曲折反映。针对现行评价体系与现代教育发展矛盾冲突，学校应实施发展性评价机制。发展性教师评价是一种新型的评价模式，它以促进教师发展为主要目的，制定明确合理的评价内容和评价标准，突出教师在评价中的主体地位，促进教师积极参与到评价中，同时体现教师的个体差异。同时运用奖惩手段，因为发展需要动力，需要外在强化物。学校把奖惩作为一种诱因，使所有通过努力实现发展目标的都能获得相应的奖励，激发教师发展的积极性。对于教师心理健康而言，完善教师评价机制的具体措施是：

1.注意评价指标的完备性、科学性。除"德""勤""能""绩"，还应有"心"，即心理素质。评价标准必须适应多种评价背景，要考虑学科、年级、学生特点和教学背景等。指标要细化、客观，应注意体现对教师的隐性工作的关注，比如：教师对学生的思想教育、生活指导、教师的关爱等。

2.增加透明度。评价者必须从高高在上的审视者转变为与教师平等的倾听者和对话者，组织全员参与，即通过师生、管理者等多层次的交流、沟通和协商，赢得教师的理解和支持，使教师畅所欲言。便于获得全面、真实的教学信息，为学校经营管理提供依据。

3.运用多种方法，严格控制评价过程，确保评价的可信度。通过自评与他评，工作表现与工作效率相结合，综合参考分析学生对教师的评价，而不是简单地得分相加。评价小组一定要采取多项分析、求证，以减少误评，保证评价工作的可信度。

4.综合处理评价材料，全面、及时反馈评价信息，确保评价的效度。对于评价材料要认真分析、整理，写出教师评价报告，在报告中提出指导性建议以及殷切期望。并及时反馈给教师，使教师全面了解自己教学工作中的成绩和不足，从而改进教学工作，提高教学效率。

（三）寻求社会力量的支持

教师的心理问题从某种意义上说是社会问题在教师身上的曲折反映，因此，社会层面的改革和支持是促进教师心理健康的必要前提。学校领导尽可能地为教师在学校内部乃至整个社区、学区内形成教师社会支持系统。

1.国外的做法：国外的"工作组"和"教师中心"。所谓"工作组"类似国内中小学的科研小组、语文组、数学组等形式，是同事之间提供社会支持的主要形式。所谓"教师中心"指一种由几个学校或整个学区组织形成的服务于该学区教师的机构，其主要目的是为教师提供一个可以和同行讨论种种教学问题、获得新的教学技巧和心理支持的场所。⑨教师可以在这里与同行进行丰富的信息交流和思想交流。还可以联合社会机构开展教师心理咨询和心理辅导活动，有组织、有计划地对教师开展心理测验与调查。

2.我国的做法：我国学校有"教研组""科组""级组""教工会""教代会"等。教师可以在这里交流教学经验，向组织提出自己的看法和意见，参与学校的规划和建设，监督学校民主管理。此外，学校领导者的支持与帮助是教师社会支持系统中非常重要的成分，尤其是校长的支持与关心能有效地减轻教师的心理压力，减少心理问题的发生。

（四）提高教师心理素质，培养教师心理健康的自我维护意识只有自身具备了良好的心理素质，才能保持良好的心理状态，才能适度地调节好自己的心态与情绪。要使教师充分认识到，市场经济不相信眼泪，大浪淘沙、优胜劣汰是社会发展的必然趋势。鼓励教师在教育体制改革的竞争中，正视现实，不断进取。学校要设法创造条件和机会，让教师参加各种形式的学习，以提高教师自身的综合素质，与时俱进，这样才能找到自己应有的位置，才能真正拥有心理上的安全感。同时，鼓励教师增强心理健康意识、丰富心理健康知识，以及时有效地克服和化解生活中的不良情绪，保持一种健康的心态。针对目前教师心理健康状况，当务之急，学校要在教师中普及心理健康知识，开办面向教师的心理健康咨询，有计划地为在职的教师进行心理健康测试。并邀请专家讲课，有针对性地开展集体心理辅导、个案咨询等，提高教师心理素质。

（五）把好"师源入口关"

把好"师源入口关"是学校顺利发展的基础和必要条件。要做到这一点，首先是培养师资的师范院校，要加强学生心理素质的培养和教育，以尽量减少不合格师源流入学校。其次，学校招聘教师时务必要精心组织招募、甄选以及聘任。聘任前应通过严格的笔试、面试、心理测验等甄选过程，确保学校师资的心理素质水平。

教师素质，已经成为世界教育发展的一张王牌。教育面临的最大挑战不是技术，不是资源，而是教师的思想观念、思维方式和人文修养。"明天的教师"的心理素质应该是健康而全面的，要实现这个目标，有赖于全社会的关注，有赖于教师自己努力争取，更有赖于学校管理者全面重视。学校的教师管理工作应从教师心理的健康发展出发，采取有力的措施，实施人性化经营，以提高教师管理质量，保证学校的健康发展。

注释

①③.朱仁宝，王荣德，《21世纪教师素质修养》，浙江大学出版社，2001年，第107页，第96页。

②.江月孙，《学校管理学教程》，新世纪出版社，1995年，第4页。

④⑤.熊川武，《学校管理心理学》，华东师范大学出版社，1996年，第228页。

⑥.《中国教育报》，2001.9.20。

⑦.刘霄，《论教师心理健康的促进》，《教育探索》，2003.2.第87页。

⑧⑨.俞国良，曾盼盼，《论教师心理健康及其促进》，心理学.中国人民大学，2001.4.16-17.

参考文献

1.佟丽君，《中小学教师心理健康的维护》，《教育探索》，2002.12.

2.高亚兵，《从师源生心理障碍看学校心理健康教育》，《教育研究》，2003.2.70-74.

3.徐富明，《教师职业压力应对策略的研究》，《中小学学校管理》，2003.2.第38页。

4.朱仁宝，王荣德，《21世纪教师素质修养》，浙江大学出版社，2001年。

5. 熊川武，《学校管理心理学》，华东师范大学出版社，1996年。

6. 《中国教育报》，2001.9.20.

7. 《中国青年报》，2003.3.10.

8. 刘霄，《论教师心理健康的促进》，《教育探索》，2003.2.

9. 俞国良，曾盼盼，《论教师心理健康及其促进》，《心理学》中国人民大学，2001.4.16-17.

10. 杨建云，王卓，《论教师发展性评价与奖惩性评价的关系》，《中小学教育》，2003.5.59-61.

11. 赵希斌，《国外发展性教师评价的发展趋势》，《中小学学校管理》，2003.4.55-57.

12. 王广中，《关于我国中小学教师职业压力的研究》，《教育探索》，2002.12.

13. 周俊，《学校管理中教师反影响力的调查与分析》，《教育科学》，2002.4.62-64.

14. 满盈金，《学习型组织理论对现代中学管理的启示》，《教学与管理》，2002.6.第14页。

15. 吴职治，《论教师心理健康的自我维护》，《教育探索》，2002.9.

16. 邵光华，《关于我国青年教师压力情况的初步研究》，《教育研究》，2002.9.第20页。

高中办学从企业管理学习什么？

现代教育与企业管理是截然不同的两个领域，企业是物的生产，一个个标准的、整齐划一的凝固的冰冷的物品；教育是人的培养，一个个多样的、性格各异的思想鲜活的生命。可见现代教育有它的特殊性，如教学要求的一致性和学生个体差异的多样性；教学内容的规定性和教师教学工作的创造性；教学时间的不变性和课堂教学的多变性。

如果用企业管理的具体方法生搬硬套使用到教育管理上绝对是形式主义，目前一些学校采取企业的具体管理方法来提高教学质量，事实上收效甚微就是明证。但是现代企业管理的基本理念和原则确实值得我们学习。

一是顾客至上原则。企业强调市场服务，车间围绕市场转，市场需要什么，车间就生产什么，以顾客的需要和满意为至高原则。我们学校的服务顾客主要有两类，其一是作为学校来讲，顾客就是家长，服务内容就是培养适应未来社会需要的人才；其二是作为教师来讲，顾客就是学生，服务内容就是教书育人。我们需要俯下身来善待生命，人文尊重，没有学生的发展、家长的支持、社会的认可就没有学校的兴旺。有人说学生是学校的衣食父母，家长、社会是学校的投资者，虽说不全面，但有一定道理。社会满意不满意、家长满意不满意、学生满意不满意目前在很大程度上影响着我们办学的声誉和效益，特别是对非义务教育的高中。遵循教育规律，不急功近利，让学生全面发展、健康发展，让学生学有所得，其中对高中办学来说一个硬指标就是让学生有学上、有更好的大学上，学生就满意了，家长就满意了，社会就和谐了。

我们提出教育顾客至上的原则，但绝对不能无限夸大顾客是上帝的做法，绝对不能违背原则一味迁就跟风，作为从事专业教育的工作者必须学会引导学生、引导家长，遵循教育规律，达到共赢。让全体学生发展，让全体学生充分发展，满足社会需求，有特色、现代化就是教育市场服务的目标。

二是质量至上原则。质量是企业的生命，企业强调质量承诺和质量问责。教学质量同样是学校的生命线，高中办得好不好，除义务教育学校的检测标准之外，还有一个统一标准，那就是完成阶段学业任务，让学生更多更好地进入高校接受高等教育。高中教学质量既包括学生作为个体人的全面发展，也包括文化考试特别是高考，前者是隐性的，后者是显性的。社会竞争很激烈、家长评价很现实，独生子女的家庭选择一所高中就是投下一个家庭的希望，没有教学质量何来吸引力。

学校同样要将质量意识从过程抓起，在学校管理中，要关注过程管理的每个片段，细节决定成败，任何一个方面的缺失，都会影响最终的结果。我们将教学过程分成大过程和小过程，每个过程再分成许多阶段，每个阶段又分成许多时间段。要明确哪些是关键过程，狠抓关键过程的管理，哪些是关键过程的接口，控制影响关键活动的各种因素。教学质量的管理像企业一样是一个持续改进的过程，计划、实践、完善计划、继续实践。质量问责也不是终极问责，在执行的过程中不断测量、验证、分析，既肯定优点，也找到不足，分析原因，寻找方法，迅速改进。问责既是质量问责也是责任问责，要敢于追究责任、给予惩处，还要找到问题原因，研究改进的方法措施，真正做到"凡事有准则，凡事有负责，凡事有程序，凡事有监督"。汽车出了质量问题可以召回，学生出了质量问题我们没法召回，因此责任意识要更强，真的失误不起，那是一个个生命，一个个家庭。

三是规则至上原则。企业强调各环节的程序化，哪些能做，哪些不能做，一切量化要求，必须严格执行，不得有丝毫偏差，这就是企业的规则。虽然教师的工作是以个体劳动为基本形式的带有创造性的智力劳动，但是遵循教育规律的基本原则绝对不能违背。

（2011年2月7日）

高考倒计时牌取下的时候

"五一"假后，高三教学楼显眼处的高考倒计时牌取下了，我为此喝彩。

步入高三后，为了提高高三一年备考的紧迫性，挂上倒计时牌很有必要，让每一位高三学子视觉上产生冲击力，使他们不自觉地加快走路的步伐，加快生活的节奏，提高备考的效率，振作迎战的精神。让时间数字的变化伴随最后的高中岁月在充实中度过，也是美妙的记忆。走进大学校园的学子往往最怀念的就是倒计时的日子，常常用花开不败表达自己的青春赞歌。

高中什么时候开始挂倒计时牌时机最佳？太早不行，例如你刚迈入高中就测算多少天多少天高考，学生丝毫没有紧迫感，没有任何效果！太近也不行，高考最后一百天开始挂，只能让人心跳加速，血压增高，心态失常，高考未到自己先乱阵脚！应该是不早不晚最好，一般是365天以内开始，选择一个时间节点，学校或校长或年级主任或班主任发表一次演讲，做一场报告，进行一项活动，举行一种仪式，宣布高三起跑开始，例如新高三开学时，新高三起点考试后，高三家长会后，18岁成人仪式后……往往让学生在高三一年的大多数时间里处于非正常忘我状态，效果明显。

高中什么时候摘掉倒计时牌时机最佳？有的学校和班级一直坚持挂到高考开考，我是不赞成的。因人而异，有的学生需要这种氛围激励，有的学生到了后期反而会受这种氛围干扰。学生的情绪是会感染的，消极的情绪与积极的一样。眼不见心不烦，本来后期时间逼近，复习任务重，心理压力大，天天这种负面强化，只能增加学生更多的焦虑。所以我以为，百日誓师以后学校就可以适时摘掉倒计时牌。班级也好，个人也好，是否继续？根据实际需要，但不要再把高考还有多少天挂在嘴边。

最后的日子，对于考生来说，需要的就是淡定与沉着，按照学校老师的计划按部就班，保持节奏，不管还有多少天，只管充实每一天，不管过去与将来，真正做一天和尚、尽力撞响一天钟，每撞都响，天天都响，如此何愁高考不响、一鸣惊人？

（2015年5月4日）

静心守望　做幸福的教育人
——在湖北省骨干教师培训班的成长报告

各位专家、各位同仁：

　　受刘老师委托，让我来给各位讲讲课，我曾反复推辞。一是因为我确实没有什么讲的，教育理论水平不高，都是平常人平常心做平常事；二是我今年在高三，所在的教务处今年人手少，事务特别多，又正在担任教育部的一师一优课、一科一名师的优课评委工作，我是湖北高中历史课的唯一评委，59节课，天天晚上加班加点泡在网上看，原则上要求自己不外出；三是我自感心态比较年轻，尚没有到人生冲锋收手的时候，还有许多事情要干，许多想法还想实现，所以"不敢回顾，担心止步"，不求别人评，只求我尽心，我的个人资料整理也不够。

　　我与刘老师在此以前没有见过面，只看过她的博客，包括她转的一些文章，通过几次电话联系，觉得她对中学教育的钟情、工作的敬业和对我们的理解让人感到"心有戚戚焉"的知音共鸣，好像不来就有点对不起她，所以纠结了三天，终于答应。我虽然在湖北文理学院给校长们讲过《新高考政策解读与应对》；给华师历史研究生讲过《高中历史常规命题与思考》在一些学校和场合做过备考方面的报告和演讲，经常接待来自全国各地教育考察团的来访，但是给全省骨干教师讲，以个人的体会讲教师的追求，有王婆卖瓜自卖自夸的嫌疑。好在我个人的事情个人的体会自己最熟悉，不要加工不要包装原汁原味奉献，也算给我们教育同仁做个汇报，对自己做个简单的小结，讲得不对的大家笑笑而已。

回顾篇：一路走来，依然在路上

我叫李自斌，1992年湖北师范学院毕业，直接分配在我的家乡襄阳市南漳县，一所山区县高中，一干4年，1992—1996年连续带完两届高三，1996年至今，除了2005—2006年脱产一年读华中师范大学教育硕士外，一直在襄阳四中工作。回顾23年的教育生涯，不长也不短，我一直以为"是金子在哪里都会闪光"，作为一名高中教师，最容易出成绩建功立业是在哪里？那就是抓备考，带高三，全国全省一套题，是骡子是马拉出来遛遛就知道了，就像战争年代没摸过枪打过仗不算军人一样，一定要建功立业在火线。

我对自己的个人教学阅历很自豪，先后带完1995届、1996届、1997届、1998届、1999届、2000届，连续6年，25岁到31岁，然后3年一循环，2003届、2006届、2007届、2010届、2013届。现在正在带2016届高三，共12届高三，在全国百强中学襄阳四中，我自认为宝刀未老，雄风犹在，高考没有失过手。当班主任我破记录，当年级主任我实现超越，当教务主任学校高考成绩连连攀升，现在上重点线1717人。所以我有时候自诩自己"既可冲锋陷阵攻城略地做士兵突击，也可运筹帷幄决战千里做统帅指挥"。

回顾我的短暂教育经历，当班主任15年，当备课组长5年，当年级副主任7年，当学生工作处副主任4年，当年级主任2届高三4年，当中层干部15年，当教务主任5年，班主任干过，备课组长干过，学生管理干过，教学管理干过，前年下半年我既是教务主任，还兼班主任、备课组长，班级管理、年级管理、处室管理我都是一把手，在实践中锻炼，在锻炼中思考，在思考中学习，所以做了不少，思考了不少，写了不少随笔，我感到自己在班级管理、年级管理、教学管理、青少年道德养成、心理咨询、传统文化、家庭教育等方面都有研究。

我真正整理自己的荣誉材料是伴随评职称的需要而展开的。三年磨一剑，显锋在三天，1995年高考是考3天的，从高一带到高三，我第一届一举打破了当时所在山区学校建校50年文科高考历史记录，全县人民欢欣鼓舞，当时作为一所山区高中，与市区的省重点中学持平，确实创造了奇迹。当时全县评首届十大优秀青年，社会各界都参评，26岁的我是教育界的唯一代表，从候选到结束县电视台和县市报纸都做了宣传。高考7月7日—9日3天结束，7月15日我就与我相恋3年的大学女友结婚，还在度婚假，领导就找我面谈说："李自斌，婚假你先休，班级别人带着，休完就接班。"当我一周旅游回来，尚未进教室，许多同学奔走相告，在我后面指指点点，兴奋地传递"我们班主任李老师回来了"。当天晚上，我豪情万丈地走进教室面对全体学生，发表热情洋溢的就职讲话，一讲一个小时，接带了第二届高三。带完第二届高三，我就调到省重点中学——襄阳四中。雄关漫道真如铁，而今迈步从头越，我又一切从头干起，先做一般科任教师。来自小县城的，水平怎么样还需要考察了解。两年后开始做班主任，然后一步一步参与面增加。调到四中以前我只是听说过四中，从来没有到过四中，那时交通没有现在方便，根本没有网络媒体了解，没有手机联系，固定电话都少，自己搭车摸到襄阳四中校园里，问别人哪位是校长，别人手一指，我就追上去自我介绍，刚好那天《襄阳日报》正以《闪光在教坛——记青年教师李自斌》报道我，领导指着报纸问是不是我，我点点头，结果我就调来了。埋头苦干，重新再来，我的付出没有白费，我逐渐被大家认可。2003年我37岁被评为高级教师，2010年被评为襄阳名师，后来改为隆中名师，2014年底我被评为湖北高中特级教师，历史作为小学科，比例非常小，确实很幸运。40岁以前，一直是批发学校级荣誉，老在十佳青年教师、三育人先进个人、十佳师德标兵、优秀共产党员上打转转，年年评年年有，真正荣誉猛增的是这5年，2010年全市十佳师德标兵，2011年被市政府评为全市劳动模范，2012年被省政府评为湖北省劳动模范，2015年4月底我很荣幸地被评为全国优秀工作者，也就是全国劳动模范，在人民大会堂受到习总书记和其他政治局常委的接见。

　　面对荣誉的到来，我有时反思：一个人只要始终不懈怠，厚积薄发，受肯定的机会就会越来越多。幸运女神是很势利的，人生道路锦上添花的时候多，雪中送炭的时候少，例如屠呦呦是"从故纸堆里打捞起这个名字"，85岁的她院士评选是落选的，没有博士学位，没有留洋背景，没有院士头衔，2015年10月5日获诺贝尔奖后家里日日贵客盈门，中外记者蜂拥而来，访客喜气洋洋。而往日既无访客，偶尔来个记者尚要从什么是青蒿素扫盲开始讲解，而屠呦呦更多的惯常是平静和言简。所以我们在座的各位，你们就是将来的屠呦呦，至少我们现在基层是肯定的，是作为省级骨干教师出来开会的。好事确实是一环套一环，一环套不上，下一环就会出问题。作为国家、省、市三级劳模，实际上我很清楚，许多人比我做得好，做得优秀，只是没有我的机遇好，所以我一直头脑清醒，我并不是比别人强，而是我更坚持，我机遇好而已，所以"高调做事，低调做人"一直是我的处世原则。目前全省高中历史特级教师在岗不到10人，全国优秀工作者今年在湖北高中就是两人，另外一名是黄虎成，荆州市江陵中学副校长，而在襄阳教育界新中国成立以来全国教师劳模在岗的就我一人，还有两个退休的，所以我更要好好努力，对得起这些荣誉，因为我刚刚满46岁，还有许多梦想要实现。

追求篇：永占人生制高点——做教育的名师

1. 主动寻找人生的竞争对手

前几年电视剧《亮剑》播出，我特别爱看，最喜欢前半部战争年代的李云龙，最喜欢的一句话是："面对强大的对手，明知不敌也要毅然亮剑。即使倒下，也要成为一座山，一道岭。这便是亮剑精神！"每次打仗，两军相遇勇者胜，许多时候看谁先抢占战役的制高点，谁先占制高点，谁就捷足先登获得先机，谁就起步处于有利状态，而且成本少损失小。人生也是如此，虽然是一场马拉松长跑，但是开始起跑占好位置，每圈总是占着最便利的内圈，突破的机会总是多些。我们都年轻过，年轻真好，因为可以允许失败，允许尝试，因为还有翻本的机会，但是我们都将逐渐老去，一茬又一茬的更年轻的加入我们的队伍，我们比年老的拥有优势，我们比年轻的失去优势，岁月如水，人生如歌，谁都要顺其自然，认可自然规律，谁也逃避不了，包括在座的年轻同行。1998届我的学生至今记得我当时作为历史课任教师第一次与学生见面自我介绍的时候说："我与同学们可以课堂课外交流，如果我弄不懂的我还可以请教其他教师，因为我还年轻，我才28岁。"全班同学哄堂大笑，在他们16、17岁的眼中我不年轻，但是我一直感到自己年轻，心态年轻是最好的。楚天少儿诗社近期成立，《楚天都市报》记者采访诗社总顾问、鲁迅文学奖诗歌奖获得者车延高，他说"写少儿诗应有少儿心"。同样，我们做高中教育的，整天与年轻的高中生打交道，何尝不需要一颗年轻的心呀？"老夫聊发少年狂"是应该有的，我不喜欢那种一天到晚木着脸、没有微笑，好像别人总欠他的那种死气沉沉的老师。那样活着，累不累？

我们走在人生竞走的马拉松跑道上，并不是我们一个人在孤独地走，那是很寂寞的，我体会一定要有伙伴，一定要找到伙伴，旗鼓相当的伙伴，人生的路一起走，才热闹才充实才进步。以我们自己为比较点，年长的我们找一个看得见的自己钦佩的作为标杆，学习他，缩短差距，争取超越他，不是做不到，不是仅仅靠年龄的优势，现在我就超越了不少；同龄的，条件差不多的，将他视为自己的人生对手，不是敌人，暗中比赛，你追我赶，共同进步；40岁以后，我才感到后生可畏，我们也要有紧迫感，要么保持优势，至少不能掉队；要么就被淘汰。长江后浪推前浪，师傅拍打在沙滩上，我们不可能永远成为重心，但是要靠自己能力不褪色，不能被别人区别对待，始终一定是所在领域的实力派，那就是王道！我在四中的成长很受益这种人生竞走游戏。我总是暗中在身边挑选自己的人生对手，我们生活是兄弟，我们工作是同事，我们更是事业的对手。我们四中1992年大学毕业的10多人中，我挑选两人作为人生对手。我们3人都是1992年大学本科毕业，一个华师，一个湖大，我最差，湖师，一个带语文，一个带化学，我带历史小科，当时（上世纪90年代）湖北有3所本科师范院校。我们有时在一个年级，有时不在一个年级，但是我们都是做班主任，我们3人2005年一起竞选上中层干部，我们3人同时被学校任命为年级主任，我做了4年，一个做了6年，一个做了9年，我们都属鸡，襄阳四中的3个大公鸡，轮流上场，为四中的荣誉而奋斗。我想这20年，我们3人良性竞争，性格各异，彼此包容，各自带领一个团队在战斗，目前他们一个语文特级，一个化学特级，都是湖北名师，我是历史特级，国家、省劳动模范。我还在找差距，争取申报湖北名师。感谢他们，我的对手兄弟，他们一个叫钟道杰，一个叫李先军。所以建议在教育生涯中也要找对手，与自己实力相当的，不同学科的都行，不同学校的也行，超越了再换实力更强的新对手，敬畏对手，感谢对手，人生有标杆，追求不松懈！目前我们学校又有4个1999届大学毕业到四中的，两个年级主任、两个处室负责，生活上互帮，工作上竞争，对学校很有好处。因为我们襄阳四中提倡良性竞争，打造教育家团队，仅靠一枝独秀，是撑不起一片天的。

回顾自己成长的40年，不同人生阶段，我都有不同的人生格言激励自己，天生我材必有用（高中）——路漫漫其修远兮，吾将上下而求索（大学）——逆境不久强者必胜，是金子始终会闪光（大学毕业）——雄关漫道真如铁，而今迈步从头越（调入四中）——沉默是金、大丈夫按剑居蓬阁待时而动（30岁）——世事我曾抗争成败不必在我——机遇总是降临在有准备的人身上——少说话多做事——学会选择学会包容——年轻不是唯一优势，永夺人生制高点——多做好事多积德，名利荣辱犹云烟。即使别人不给你打气，你也一定要给自己打气鼓劲，干劲干劲，没有精神劲，你如何干得好？一个人无论何时何地，精神状态都很重要。

2. 人生苦短不能瞎折腾，看准了就坚持下去

记得我当时26岁被评为全县十大优秀青年，又被任命为学校团委书记时，我感到少年得志，政治前景一片光明，各级领导座谈有我参加时总要问问我，学校领导承诺给我一套高知楼，希望我留下来。我的新婚妻子说："李自斌，你在一中混的再好，也不过是个小县城，不要忘了你的想法。"沉迷温馨现状，目光短浅怎行？我忽然醒悟，猛然想到自己大学的梦想和人生追求。什么都不要，调到襄阳四中，一切从零开始。事实证明我做对了，到了省重点，舞台大，平台高，机会才多，那时我27岁。当然我这里不是鼓励大家去跳槽，何时跳，要算成本，因为跳一次，前面全部归零，也要看值不值，适不适合自己。上世纪90年代我调到武汉也有机会，但是我估算过，这所学校是个普通高中。虽说襄阳是个地级市，但四中是省重点，不管是单位的教育资源还是成长环境都有利于我。后来沿海朋友也动员我过去，但是我坚守下来了。20年的选择是对的，现在的襄阳四中基本上可谓全省第一方阵，我们学校现在的追求目标是四个一流："全市一流、全省一流、全国一流、世界一流。"自己的舞台不一定是最好的，一定要是适合自己的。适不适合自己，就像穿鞋一样，只有自己知道，特别是我们教师关注的不仅仅是收入待遇，更要有认可有尊严的生活。我多年前很喜欢魏书生老师的一句话："如果你想离开教育，你就赶快离开，也是给别人腾位置，如果你调离不了教育，你就安下心来好好干！"教师是个寂寞的职业，需要潜心付出，整天牢骚满腹、怨天尤人，除了伤害自己的身体，影响自己的情绪，没有任何好处，与其消极地应付，不如积极地挑战，寻找职业的快乐和幸福。

我的父亲是小学教师，改革开放初期，地位低待遇差，幼小的我有很深的印象。那时大学招生是不征求录取意见的，我高考后被调配录取到师范院校，当时是本能地抵触，但是新生报到一周后我就调整了心态，与其消极混4年，不如积极创机会。我参加工作时，地方政府经常拖欠教师工资，几个月发不下来。我的一个大学同学就是因为参加工作大半年没有发工资，家里也不救济，结果上吊在学校单身宿舍门框上。现在政策越来越好，社会关注度越来越高，随着岁月流逝，我越来越爱上教育，我现在没有想到其他行业，现在自己在教育行业干得虽然忙忙碌碌有些累，但是有成就感有幸福感，为何要离开呢？所以凭个人的经历，我奉劝在座的各位，如果你真的只能在教育上呆，你就不要瞎折腾，安心干，教育不是个需要高智商的工作，需要的是用心去做、不怕吃苦吃亏地做，能做到这些，你就会赢得自己的成功。

3. 人生规划要有前瞻性，要自我加压主动学习

2003年我带的一个文科平行班考上北大一人、清华一人，其中一人还是全市文科状元，这个文科襄阳市纪录好多年以后才被兄弟学校打破，当时我34岁，工作上有成绩，学生喜欢，家长认可，还担任年轻的中层干部，儿子也有4岁了，可谓小家庭过得有滋有味，非常美满。当时许多大学开设研究生课程班，后来开设教育硕士，我觉得机会难得，想到不能只图现在过得滋润，还要想到将来持续发展，须从提升个人学历水平着手。经过打听，我一边从事繁重的班主任管理、年级学生工作、高中教学工作，同时加紧复习抽空报考教育硕士。学科专业我不怕，但是教育学、心理学、英语丢了许多年，又不能全心准备，困难可想而知。印象最深的是2004年国庆节，学校难得放两天假，经过商量，爱人陪孩子到小姨家玩，我就独自一个人骑辆自行车到阳春门公园背

书复习，待到中午12点时，妹夫打电话，说做了许多好吃的，邀我到他那里吃饭。能够有整块的复习时间太难得，为了节省时间，我谢绝了。挂了电话，当时我心情复杂，何必呢，为了啥？那天可是我35岁生日。我管住了自己的情绪，继续复习自己的。放弃安逸舒适的小家庭生活，到大学住集体宿舍去自找苦吃，这就是我的苦行僧情结。事实证明，我一年的静心读书，对我以后人生的冲击力影响很大。我以为，有机会就读书，能够在红尘滚滚的世俗间有一个读书心是弥足珍贵的。有工作后再读书，与读书后再工作感觉不一样，对读书的领悟也不一样。我之所以当时如此强烈地要求出去读书，是因为我担心自己工作了10年，知识落后，观念落伍。以后在许多评选中我的学历优势就体现出来了，自己做事视野开阔、得心应手也得益于当时教育思想的提升。

2000年以后，心理咨询在中国大陆兴起，我敏锐地感到这项技能对中学教育的重要性，也能改善自己的生活质量与品位。我自2002年开始关注心理咨询师培训，也渴望自己成为一名心理咨询工作者。外省许多培训信息我都关注过，但条件不成熟，武汉大学、中德医院、红桃K等省内的培训也关注过，甚至本省外地培训我也动过心，但人在江湖身不由己，2004年，红桃K终于在襄樊开办了培训班，我最早报名，培训费3000元，当时也是一个不小的数字。每次学习我总是坐在第一排听课，终于系统地学习了有关教程，如一头牛闯进菜园，心理学天地太广阔了。我参加湖北招生考试杂志社的考试潜能与心理咨询培训班，也参加过社会上心理咨询培训班，后来轻松考了国家二级心理咨询师，包括医学各界，我是襄阳第一批国家心理咨询师，这对我在校园青少年心理咨询实践工作和个人处世起了很大作用。我们在心理咨询室接待各种青少年来访，进行心理讲座，办心理专刊，写心理咨询案例，后来学校出版了一本书《高中生心理学案例》，2006年我被评为全国校园心理辅导之星。我有个体会，我们国家正处于社会转型时期，许多事物开始兴起时，门槛也低、要求也少，如果你具有前瞻性，看准了，认为有必要，抓紧参与，待以后完善了，要想再取得就不容易了。例如考律师考会计师，体会最深的就是考驾照，现在不仅价格高，而且科目多。

当然继续学习的途径很多：（1）网络学习是最便捷的，已经成为我生活离不开的一部分。有问题找百度，我觉得百度老师真是好，随时可以帮助我。我喜欢的网站除了专业学习网站外，凤凰网、中国教师网、湖北教育网、武汉教育网等我每周必浏览，随时把握大政方针，下载一些好文章，搜索一些专题资料进行研究。（2）各种会议学习最正规，每一次外出学习都是难得的机会。我在外面开会培训学习，从来不逃课，认认真真听，认认真真记，有机会就转转周围的中学，看他们的学校建设、橱窗标语、师生活动，开会的人来自不同的地方，办学的情况各不一样，都有自己的高招亮点，围绕自己感兴趣的话题询问别人，都是教育人，素质都很高，我以为报告人只要有一句话让我启迪一个月，我就知足，就不虚此行。三人行必有我师，报告人、参会人、经办人、周围环境，只要对我们有启迪，改变观念就值得，关键是你是否是有心人、是否用心。如果白天开会打瞌睡，晚上活跃到处跑，将外出开会变成找旧友寻故人，喝酒打牌吹牛，我是瞧不起这种人的。我们许多人信外来的和尚好念经，总以为只有出来才叫学习，实际上平时学校各种报告会、座谈会、教职工会都有值得我们学习借鉴的观念方法举措，要知道会议发言人都是提前准备的，都是个人积累的智慧迸发，所以开会带笔记本很受益。（3）有心人随时在学习，看书思考。大凡在教学中取得成效的人都是坐得住、能读书的人。远离牌桌、酒桌，多亲近书桌，排除干扰，耐住寂寞，多读书、读经典书，结合自己的生活实际，肯定好处多多。实际上我爱一个人拿一本书在河边、山上、公园散步读书，我爱一个人坐火车或汽车，让我的思维与外面的风景一起奔驰。爱买书，爱看书，爱记笔记是我的习惯，我可以自豪地告诉大家，哪一天我主要做了什么事情，从当年级主任开始，这些年我都有记载。目前依然保持着记日记的习惯，好记忆不如烂笔头，忘记了，翻翻。

人在世上走，要面对的很多，能够慎独很不容易。我这个人不抽烟不打牌不爱热闹，所以有时显得不合群，有些另类，我就入不了爱喝酒爱打牌爱热闹的个别领导的法眼，平时私下活动不约你，外出活动不带你，所以也就进不了圈子，受不到青睐。主要是我不习惯他们的娱乐方式，前些年确实受了一些委屈，但是我并没有改变，恰恰相反；我没有伤害身体，我有更多的精力和时间读书、思考、写东西、找学生谈话、守教室。1999年我做班主任，所在的班级高考考得最好，有几个班主任不服气，有个领导就尖锐地指出，平时你们几个结伙天天晚上出去喝酒，人家班李自斌每天晚上坐在班上教室里，人家不考好才怪。所以我以为：只要自己认准的好的原则一定不要改变要坚持，别人理解不理解都能坚持，认可不认可都能坚持。

4.真功夫长期积淀才能铸就名师

首先必须自己讲得好，学生喜欢听，有粉丝。学历只是代表你的潜能，讲得出来才是水平。我们发现，我们许多名校出身的教师讲课水平赶不上普通师范院校的教师。因为他自我感到名门出身，不安心于现状，眼高手低，不能从基本功上修炼，所以虽然有货，但是茶壶里煮饺子，倒不出来。相反普通院校的教师知道自己出身一般，对现状很知足很珍惜，吃透教材吃透学生，结合实际，很快进入状态。对学生来说，站在讲台上讲课就是教师，他可不管你是什么院校毕业，他只管你是否讲得好，讲的是否有益，工作是否认真敬业。每位教师都应该结合自己的实际，探索属于自己风格的课堂。因为只有自己的风格和特色，才能吸引学生，才能把课上得精彩！就我自己，我的性格阳光大气，我的语言激昂向上，我喜欢演讲鼓动，我爱好相声小品，我鉴赏说书、快板，我收集谚语、歇后语，我关注民俗风情，我逐渐形成自己的教学课堂风格，归纳起来那就是"激情教学、阳光课堂"。记住，我们教师的名声是通过学生传播的。讲得好不好，学生说了算。

其次教学效果好，家长认可。我当年级主任的时候经常强调"讲得好不如落实得好"，教师再有水平，不能转化为学生的能力照样不行，我们教育的目标是培养学生，不能将讲台变成你的表演台、作秀场，要让学生切切实实有收获，放在高中来讲，要考得出成绩来，考不出成绩，你讲得天花乱坠，学生、家长也不认可你。高中有硬尺子，那就是高考这把通天尺子来检测，社会、家长很实惠，他首先看的是孩子能否升学，升什么样的学校，至于教育思想、教育理念那是你学校去落实去体现的。前些年，我们兄弟学校有个特级教师，3个年级都不愿聘他，为啥？他讲课学生喜欢，一考试班上成绩一塌糊涂。所以他虽然有幸评上特级教师，但是在学校没有人认可他是名师。所以我们教学头不要昂着，只顾自己的教育理想，而不考虑现实需求，不接地气的名师长不了。落实很关键，教得好不好，成绩说了算。

其三是理论有思考，科研有建树。前两条所有教师都在追求，从第三条开始，教师与教师的档次上不上去就拉开了。教学绝对不是简单的重复、机械的劳动，教学有周期，有规律，结合自己的教学实践就要思考，每次课堂的教学反思，每次班会的方案设计，每个学生的成长日记，都值得我们动动脑，动动手，思考琢磨写下来找规律，结合理论再实践再探索，升华提高。先不要贪多求大，平时几句话，百十个字，及时记下来，抽空整理整理，写个豆腐块，千字文，自娱自乐，有机会就推出去。名师成长有阶段性，必须有个积累的过程。我将它分三个阶段，30岁以前站稳讲台，40岁以前思考探索，40岁以后整理成果。要想成名师必须要有个人生规划，时刻不能偷懒。刚到四中时我才26岁，一位50多岁的语文特级教师在酒桌上说："一个老师，只要每年推出一篇像样的文章，40岁他绝对是个特级！"当时在座的人很多，有人听进去了，年轻的我也听进去了，我也坚持做了，刊物级别不嫌弃，从低到高，我在各种刊物上发表文章，各种活动都关注，在征文中获奖，在实践中研究课题，从参与到主持，写的教育随笔100多篇。我觉得人都有惰性，对自己贱一点，狠一点，一年里，实际上逼着自己不就是加一两个晚上的班吗？一篇文章出来了，能够管一年该多好！20年加起来就不少了，我后来的有些文章都是被约稿，首先答应下来，然后逼着自己去写，就出来了，2010年我评上襄阳隆中名师，2014年我45岁终于也评上了湖北特级教师。

其四是领域有影响，引领垂范。作为名师，你必须在教育领域里经常发声，高质量的发声才能被同行持续认可，才有影响力，所以持续保持高水平，始终发挥引领作用就很关键，这就逼着你必须持续学习。最近针对网上流行的一篇文章——《30年1000余高考状元的悲惨下场》，中国人民大学附属中学副校长、特级教师沈献章，提出了不同意见。沈献章老师在北京乃至全国高中教育界影响很大，他1999年调到北京将湖北的教育模式带到首都，影响北京高中10多年，他现在可谓真的高中教育家。当年他是襄阳四中1997级年级主任时，我是他的助手、年级副主任，老领导的很多作风我至今还在学习，他现在60岁了，还活跃在教育教改一线，要知道他仅仅是襄阳师范中专起点，华中师范大学函授本科，湖北的特级到北京要重新认证，他照样认证为特级，他就是继续学习成功者的典型。所以要不断充电、不断读书、不断思考、不断参与各种教育活动宣传自己的思考。一个名师被评上是一回事，评上以后还在发挥名师的作用又是一回事，而发挥作用的源泉还是在教育实践，所以我认为不上讲台的名师就算不上名师，我们襄阳隆中名师3年一复评就好，不搞终身制。但是教书大如天，教师最主要的舞台就是讲台，所以我每天走进办公室的第一件事是在工作笔记上安排一天的事务，处室事情再多，我首先完成的是备课，然后再处理其他的事，只要有课，上课优先，所以我常常代表学校在参加教育局、考试院的会议中途溜号，不怕批评，我以为行政事务可以换一个人去完成，但是教学一个萝卜一个坑，不能缺位，当干部是一阵子，当老师却是一辈子。

说到这里，我稍微提一下**如何做科研**。（1）小切口突破，指的是我们是中学老师，写文章做研究，题目不要太大，我们不是大学教授科研专家，知识能力有限，课题太大不容易驾驭，而且我们拥有的资源有限，没有时间资金设备等条件去做。（2）强调创新性，不求全不求大，只求视角新、方法新，大理论没有优势，注重实践新操作新案例，来自一线的鲜活成果。（3）要研究刊物风格，涉及这个领域的有哪些正规刊物，这种刊物的编辑对文风对字数有何要求，最近编辑计划是什么。（4）借助多种途径。有的可以独立做，有的就要学会合作，别人带你，你合作别人都行。将其他学科的思维方法迁移过来使用，例如学物理的你可以读一些数学、化学的教育探索论文，甚至文理交换使用都是一篇教学成果。（5）要勤快。出现新点子新思维马上用手机备忘录或者纸片记下来，强迫自己坐下来，对于到来的机会要把握，首先答应，再想办法。

修炼篇：安静地守望——做师德的楷模

"教育是项寂寞的事业，没有显赫，没有功名，你是否能够承受？教育是项育心的事业，没有立竿见影，只有心灵的交流，你须用心应对；教育是项甜蜜的事业，当你爱上她时你会魂牵梦萦。不管别人怎么对待，我愿守望，因为我充实我快乐！"这是2005年6月17日我受程红艳老师邀请在华师为本科生以"做中学教育坚定的守望者"为题做的演讲结束语。10年过去了，我心依旧。

讲课总是正能量。我是讲授高中历史的，不管我讲专业课还是其他活动，我始终坚持讲课总是正能量。我的历史课堂内容始终坚持三个不讲原则：损害国家民族利益的不能讲；反党反社会主义的不能讲；违背人性伦理道德的不能讲。坚持四个意识：历史客观意识、人文生命意识、民族国家意识和全球人类意识。教师的职业操守使我深深明白：不能迎合学生哗众取宠而肆意妄为；可以通俗但是绝对不能庸俗；形式可以活泼多样，但是内容绝对不能走样；思维可以活跃，但是原则底线不能放弃；头脑可以解放但是嘴巴必须管住。我们面对的是未成年的学生，他们的世界观尚未成熟，对社会的认识不全面，责任感和担当意识不强，思想容易走极端，我们有责任引领他们，认识人世间的真善美，激励学生超越自己。所以热血沸腾的语言、积极向上的故事和令人启迪的格言可以使学生振作起来，使他们感到生命充满力量，产生想冲向和拥抱整个世界的感觉。对学生要动之以情、晓之以理，以自己的情绪取向感染学生、感动学生，得到学生的认同，学生就会和你一样对生活、对明天充满热烈的期盼。我努力坚持内容烂熟于胸、教法得心应手、讲解洒脱自如、主题紧扣时代，这样的课堂既让学生收获丰富的知识，又让学生收获生命成长的正能量，催其奋进，这就是我追求的师道，我把我的教学模式叫作阳光教学，专门写了篇文章总结自己的教学风格。

做事也是正能量。我总是以个人的成长经历教育和激励我的学生。要想有地位必须要有作为，只有有作为，才会有地位。我们历史学科在高中学科系列地位低，属于小学科。必须靠干出来，不是喊出来。有些年轻人，嫌学校条件差、外部环境不好、自己运气不好，要知道现在不能代表将来，过去不能说明现在，不能因为别人做了，自己就不去做，也不能因为别人没有做，自己就不去做。我在大学是学生会主席，当时一个班也就发展1—2个学生党员，毕业时是省委组织部跟踪培养的学生干部，但是我就被丢在山区县，像蒲公英一样自己成长，后来组织部派人到南漳县打听我，才知道我调到襄阳四中来了，这个身份我没有沾到光，只要你好好干，有成绩，各级组织都会看重你的，所以现在省委组织部不找我，我更没办法直接找省委组织部，自己没水平找谁也没用。我最初几年教材基本能背，黑夜上自习讲课，自己不垮掉，谁也打不垮。10年前的襄樊四中青年教师、《演讲与口才》原执行主编、中国演讲协会副会长蔡顺华20多年前有一个著名的演讲：《大狗叫小狗也要叫》。大意是说，大狗声音大，小狗声音小，大狗有叫的权利，小狗也有叫的权利，绝对不能因为大狗声音大小狗就不叫了。最后强调：小狗不仅要叫，而且要自信地大声叫！我校一名班主任在谈到自己的班主任管理中用《我的理想王国》来表达。论功不必有我，建功一定有我。该我出场一定闪亮登场，不该我出场，一定守岗履职。大狗叫，小狗也要叫，该大狗叫，我安静不叫，轮到我叫，我就是大狗我就拼命叫。所以我积极向上的人生态度对周围的同事、朋友特别是学生影响大，许多学生即使高中毕业了，上学时选专业咨询我，考研究生问我，谈恋爱找朋友问我，找工作也问我，教育没有句号，育人伴随永远。因为我是诚心相对、真正设身处地站在对方角度思考。将学生当人，与学生一起成长。只有爱才能被爱，当爱共振时是幸福的。对待教师这份工作，我从来没有仅仅当作职业、养家糊口的工作，更多的视为事业，一个可以实现自己教育理想的平台，它为我教育理想的实践提供了基地，它为我对人文生命的欣赏提供了窗口，它为我对学生成长的帮助提供了渠道。

强调自己正当利益不虚伪。我对"教师是蜡烛"的比喻是不认可的，教师更不是蜡烛。那种把教师看成是点燃自己照亮别人的说法，其实是很荒唐的。有人还嫌不够，要教师两头燃烧，加快成灰的步伐。把学生发展的前提建立在牺牲教师的基础之上，显然也是不妥当的。我们老师愿意成为接受各种监督评价的鱼缸金鱼，但是奉献不是教师的全部价值所在，马克思说首先是人自身的解放，然后才是全人类的解放。习总书记的"中国梦"也强调国家、集体、个人利益的统一，所以我对伤了残了才是劳动模范的事迹很感动，但是如果能不伤残牺牲又能贡献社会人民该多好？所以有些优秀教师为了资助其他学生的成长，放弃自己孩子的学业，让人感动，但是他（她）是做教师优秀，做父母亲不称职，是对教师子女不公平的，放弃自己的家庭幸福也是不值得提倡的，双赢不是做不到，比如我就是例子（后面再讲）。教师首先是一个人，他有自己的喜怒哀乐，有自己的油盐酱醋，他必须做好一个人，一个平凡的人，然后再争取做一个大写的人，一个能够促使学生健康发展的人，一个永远让学生记住并学习的人。

看淡名利学会进退。做教育不在职位高低，在于自己的抱负是否得到实现。做人处世，不求回报，人生的名利得失要正确把握。2015年我有幸被评为全国劳动模范，我总结了一下，原因一是荣誉是正递增的，如果没有省劳动模范做基础是不可能做全国模范的；二是从来没有躺在所谓的功劳簿上睡大觉，多感谢组织同志们，少谈自己；三是一直在保持作风捍卫荣誉。有些事情别人看不到，有些事情别人不知道，有些事情不是分内事，但是只要认为有利于社会有利于学校有利于教育我就做。"激情评书很投入、生动形象受感染、提问针对有启迪、善于总结讲方法"，这是学生对我的评价；"有水平，很务实，循循善诱有耐心，教书育人有爱心"，这是家长对我的印象；"德的表率，业的标兵，做的比说的更多"，这是同事对我的认识；"他办公室的灯总是最后关，经常晚上把他锁在教学楼里"，这是教学楼管理师傅的回忆；"平时见面很热情，一年四季每天总是出门早回家晚"，这是家属区的门房师傅的介绍；"工作狂，即使放假，肯定又在学校里"，这是家人无奈的理解；"能做太阳不做月亮，做不了太阳就做月亮，总要带些光和亮"，这是我的人生信念，所以我走到哪里正能量就传到哪里。学生放假在家却难有安静的学习环境，我想，若将学校的空闲教室资源利用起来，自己来照管，不就实现了学生的心愿？为此，放假前我贴出了公告，自习室开放，从2007年至今，一开就是7年。这7个春节我没有踏踏实实完全休息过，更谈不上出远门旅游，就是回老家过春节，也就是腊月三十当天中午去、下午马上回。这7年累计假期值班200天以上，而且从没有提过报酬。谈钱，说点别的。北京表彰会归来，有关省领导明确告诉我们劳模的待遇，有勋章有奖金，勋章是刻有中共中央、国务院授发标志，奖金10000元随后发下。我以为荣誉已经知足，奖金实在难受，不是我不缺钱，也不是我太有钱，而是我觉得很知足，我一直有种中国传统观念：人生福祸相依，否极泰来，泰极否来，人生得失最终也是平衡的，老天爷绝对不会永远垂青某个人，要学会退和进。所以我将万元奖金捐给学校奖励贫寒子弟，不要宣传，不要仪式，只需要学校财务室给我开个证明。说高尚是资助，说理性实际是我知道进退，任何时候一个人太得意，马上就要出问题。得意不能忘形，忘形找不到自己，跌得鼻青脸肿，到头吃亏的是自己。成功时，不要以为比别人强，受挫时，不要自认比别人弱。一个人的总量是一定的，要么追求生命的长度，要么追求生命的亮度。花无百日好，月无百日圆，人生路上蹦得高跳得欢事实上都没有好下场，要学会把控，有范仲淹的境界。在北京获誉归来的学校座谈会上我明确表态：以后请组织不要再考虑我任何荣誉，剩下就是联合国劳动模范了？回归平常，做平常人。

与学生一起成长一起走。为什么同事的孩子喜欢我？蹲下来说话、用孩子的方式讲话、讲孩子爱听感兴趣的故事，同时赢得同事的工作支持。（1）熟悉他们了解他们用他们的思维方式处理问题。现在学生自我意识特别强，干什么想什么以自我为中心严重，反映了个人的利益，是社会的进步，但是注重小我多，关注大我少，群体意识差，也是不足。他们知识更新快，使用现代手段的意识和创新精神强。所以我们做教师的也要与时俱进，了解他们接触的、思考的东西，比如网络，有的教师一提上网就反对，现代人不使用网络是寸步难行的，不会上网，我们在座的将来做爷爷奶奶就不称职，上网好啊，现在许多知识全在网上，上网可以查资料，了解各种新闻动态，上网玩游戏也行，只要时间有节制，怎么啦？《三国杀》游戏我就允许学生旅游时玩，儿子每周六回来，就是那半天，玩吧，我们从不反对，我们历史学科设计活动课，也安排时空穿越剧，学生欢迎，我讲历史元朝设置宣政院管理西藏地区和全国佛教事务，过去我用"原先"现在我用"轩辕剑"，学生一下子记住了。

（2）理解他们人格，平等对待他们欣赏他们。我不能因为我而让这些年轻的生命失去光彩，我应该让这些年轻的生命更加多彩，因此我总是不断反省自己，竭力希望自己做得更好。高中3年，年轻的少男少女长成大小伙、出落为大姑娘，这也是个体生命中最灿烂的成长时期，作为中学老师的我们一直在欣赏着，而班主任对于这些生命之花又要有更多的关注和浇灌，从身体健康到心灵呵护，从理想培养到知识输送。我愿以自己的知识、自己的经历、自己的见解告诉我的学生，使他们少走弯路、少遇无谓的挫折，降低成长的成本，追求生命价值的最大化。因为我爱他们、爱生命，在欣赏年轻生命的同时我也在欣赏自己的生命。比如早恋这个词就不要随便扣帽子，现在男女孩子之间交往比我们那时开放多了，正常的男女吵闹你年轻时没有做你年轻时不想做，不要在我们手中制造冤假错案，标准很简单，交往的频率是否高，是否始终一对一，肢体空间有多大，地点是否公共场所。

（3）保持一个讲台的距离，爱他们同时让他们知道你在爱他们。教育工作毕竟不是商业活动，即使商业活动也讲究诚信。教育是件良心活，是心灵与心灵之间的交会碰撞。教育过程是爱的双向交流，单向的交流毕竟令人窒息，作为老师也需要真情被爱。当然与学生的交往，特别是异性的交往，要保持一张讲台的距离和高度，我们是成年人，把控的主动权在我们，情感是不对等的，没有任何理由允许我们心存侥幸。爱他们，让他们知道我们在施爱从而知道感恩，不是为了感谢我们，而是培养一种社会公德能力。所以我对那种默默奉献而学生不知甚至误解的同仁，除了崇拜之外没有敬意的感觉。我常常教育阳光班学生：你们得到资助，不是理所当然，要感谢资助你们的人，将来有能力要回馈社会，帮助和你一样困难的人。我们不能培养白眼狼。成长的促进者只求人生这一棒我没有耽误他。不仅给他爱，而且必须让他感知，默默的爱是低效的。年轻时可以将学生当做朋友，中年以后将学生当做孩子。

与家长一起做孩子健康成长的合伙人。（1）我们必须摆正与家长的关系，因为学生在学校读书受你教育而结成的关系，没有什么特别的关系，就是一种工作关系，一种合作教育孩子的合伙人关系，时间有限，非常脆弱，不要过分夸大这种关系；（2）我们必须了解现在的高中生家长，他们大多出生在上世纪70年代，更多讲市场规则，因为他们18岁成年时国家正发展市场经济，毕业后自由找工作，所以他们更多注重实际利益，非常务实，而前些年的家长更讲感情讲道义讲大局，必须区别对待；（3）做我们教师职责范围内该做的，真心帮助他的学生，但是不可替代他做家长的职责，有些我们教师精力有限，有些我们教师能力有限，有些我们教师鞭长莫及，现在家长的社会性、功利性要求我们在爱心的同时学会保护自己，不要哥们义气庸俗化，与家长要保持适当的距离，这是我们的职业操守，多年以后家长还念叨的是真朋友，其他不要太相信。我们只是孩子的教师，只是围绕孩子而展开工作，我们既不是孩子家长的心灵牧师，也不是孩子家庭的调停人，更不是孩子的终生监护人，不然就越位，就错位，就自找麻烦。例如帮助离异婚变家庭的孩子，联系异性的家长，都要注意我们的职业角色。

现实中我们可能有意无意被学生或者家长伤害，但是我们不能伤害学生或家长，我们用心，但不求换心，更不求暖心，只求无愧于心，无愧于我们的职业。

幸福篇：淡泊明志——做幸福的自己

我的幸福观：**身体健康、心情愉快、家庭和谐、事业有成、社会认可。**

1. 身体尽量健康，心情尽量愉快

（1）毛主席说身体是革命的本钱，强调身体健康是前提，不要丢了自己的本钱，身体是自己的，谁也不能替代。我的老祖父说"力气是奴才，用了还回来"，要舍得用力气去工作去奋斗。教育工作是个循序渐进、润物无声的持久事业，不需要爆发式的瞬间付出，不会要我们的命，和平时代也不需要我们拼命，需要的是持久的爱心和无悔的奉献。要我们命的是我们不良的生活习惯和心态表现。我想每天有规律的生活起居、科学的生活习惯和得失自然的心态是非常重要的。我大学期间也抽烟，现在不抽烟，从来不打牌，特别是带彩的，只要不是特殊时刻，尽量不熬夜，不暴食暴饮，每天坚持早起，即使冬天也要黄金一刻午休，一周尽量到校外活动锻炼一次。人过三十无少年，人过四十四，眼睛就长刺，自然规律必须顺应。我目前没有"三高"，基本没有白头发，我整天忙忙碌碌，时间都计划得很紧，工作量和工作时间只有我的家人最清楚，儿子说我是个工作狂，包括寒暑假期间，如果不到学校校园不到办公室转转我的心里就不踏实。我认为成功的人不一定是智商高、聪明的人，勤奋的人也能成功，我很有体会。我家中姊妹3人，我小时候最笨，不灵活，做农活常常挨大人骂，但是我现在发展得最好，老父亲对我最满意最自豪。

（2）人生一世，草木一秋，春天争艳，秋天收敛，该争得争，该让则让，要将得失看得开，来了不狂喜，没来不大悲，不是没有悲喜麻木，而是善于调节理性。我自己并不是什么都一帆风顺，名师不是一次评上的，特级也不是一次评上的，也有许多委屈和难过。记得2010年5月份左右，拖了大半年的湖北省第8批特级教师结果网上公布后，我很难受，一个人走到襄阳古城的江汉边坐了一个多小时，明明在襄阳市推荐时我的综合排名靠前，到了省里却被淘汰，而在市里勉强入围的反而被评为省特，反差太大。实际上学校领导比我提前知道，当时我正是高三年级主任，带领全校高三师生奋战在高考最紧要关头，离高考也就不到30天，担心影响我的情绪，所以隐藏不说。长江浩浩千百年，是非成败东逝水，得失成败是常事，何惧不会卷土来。我抖擞精神，装作没事一样，将2010届高考圆满收局，将重点线人数由过去的500人猛涨到800人，全省第2。直到庆功会上才有领导提及此事。自己不倒，谁也打不倒，个人事小，集体事大，不能因小失大。

（3）记住：过喜过悲，伤的都是自己身体，不仅花钱，更重要的是自己个人吃亏，即使家人也不能代你受罪，所以遇事要想得开，调整一下，重新再来。我很佩服习仲勋，"文革"时期在监狱关了近10年，心态好，不烦不恼，自己背毛主席语录让大脑不迟钝，在监狱房间走圈让身体不垮下，出狱时思维敏捷，身体照样棒棒的，立即到广东建特区。有的老革命委屈呀伤心呀，平反了，却自杀了，或身体垮了，想为国家再做事也没有机会了。所以我奉劝大家，遇事想不开时，到急诊室走廊上坐一个小时，到重症病室转一圈，什么都想开了，好好活，有滋有味地过。身心身心，身体不好，别指望心情好，身体好，心情好，生活质量就高起来。奉劝年轻人，不要义气用事，不把身体当身体，提前透支；奉劝中年人，社会中坚力量，家庭支柱力量，不回避压力，学会调节心情，保养身体，一切顺其自然。

2. 家庭和谐，要经营好自己的家庭

（1）要遵循人的正常规律，什么时候开花，什么时候结果，人的一生，该恋爱则恋爱，该结婚则结婚，该生子则生子，毕竟人具有社会性，不是孤独的动物。我对单身不婚能理解但不赞成，我对丁克家庭持同样态度，除非特殊原因。人活一世，也应该有自我的正当需要，这是常规的也是自然的。一方水土养一方人，我体会最深的是许多人到一个遥远的地方，往往最初会水土不服，生活不习惯，我在外地出差，到了宾馆第一件事是赶紧烧一壶水，然后泡一杯茶喝喝先适应当地水土，然后再去吃饭，一点问题都没有。不知道算不算经验。恋爱结婚门当户对最好，我这个人从事过心理咨询，有时候也很关注家庭质量要求，年轻时都想攀高枝，现在想到没有必要，门当户对最稳当，凡是恋爱期间双方的感情不平等的将来大都不是很稳当或者质量不高。早婚早育的有利弊，晚婚晚育的也有无奈，特别是现在二胎马上放开，愿不愿要取决于夫妻理性把握，除了孩子，我们还有后半辈子幸福，不要长期砸在尿片子上。

（2）要经营好事业的后院。大家庭要维持好，与父母兄弟姊妹家、与岳父岳母家，小家庭也要经营好。关键是要多交流，语言暖心比什么都强，每个人都有自己的招，婚姻也需要保鲜，要时常经营。金钱美貌地位都会成为过去，感情却是随着岁月增长而增值的。老了，漂亮丑的一个样，钱多钱少一个样，官大官小一个样，我们年轻的时候是尽量向社会外面冲，老的时候我们就要朝回撤，回到我们的原点，而这个根基就是家庭，最后日夜相伴的还是家人。没有家庭，你是冲不远的，特别是当前强调和谐社会，家庭有问题的人可能会影响提拔重用，家都经营不好，别指望经营比家大的国了。

（3）培养好自己的孩子也是为社会做贡献。作为教师，我们在生活中常常会遇到这样的场景，社会的朋友们总爱用羡慕的口吻说："你们当教师的懂教育，教师的孩子肯定教育得好，成绩也好！"父母是教师，享有教育的便利，子女教育得好，好像理所当然，言之有理，但事实上并非如此，教师子女成才成器的不在少数，但不成才不成器的也大有人在。一些教师辛勤耕耘教坛一辈子，桃李满天下，在喝彩中离退，但由于子女不成才或不如意，退休后依然须为儿孙们就业生计牵肠挂肚，度过紧巴窘困的晚年，令人感叹不已！社会常常将教师比作辛勤的园丁，但有时经营好别人的花园却荒芜了自己的田地；社会也常常将教师比作蜡烛，但照亮了别人却烧干了自己。在许多模范教师的光荣事迹中总能看到我们的模范教师为了工作，不顾家庭和孩子，最终成功了别家的孩子却牺牲了自己的孩子。这种精神固然令人钦佩，但这位模范教师也将终生面对自己孩子的遗憾。宣传媒体似乎渲染了这种牺牲精神，主管部门似乎疏忽了这种终生遗憾，只注重了群体的利益强调奉献精神，而疏忽个人的存在，漠视教师个人正当权益，特别是对教师的子女是不公平的，他们同样应该享受非教工子女一样的阳光雨露。教师子女不是特殊群体，优胜劣汰的规律谁也逃脱不了，必须接受社会的挑战！教师子女需要关注，但是不需要同情，与其同情他们成人后的困难，不如关注他们青少年时的教育成长，这将会更有效更长远！所以我在工作时间不给孩子特别的爱，但是我们应该给他们与其他孩子一样的爱。我教育硕士论文是《论陈鹤琴的家庭教育思想》，我和韩锐老师曾经在学校组织过一学期每周一场的家长学校，每场爆满，我写过一些家庭教育博客，我现在为儿子写高中成长日记，每天坚持记载，准备明年高考结束后约几位优秀家长办家庭教育讲座，提高我们家长的教育水平。我的孩子今年高三，10月份获得全国物理奥赛湖北赛区一等奖，参加了清华学科体验营，获得40分加分，他的平时总成绩好时在前5名，一般前20名，我校去年北大清华录取23人。2015年新春过节，儿子主动要求利用寒假到清华去看看，我们就住清华大学里面，就住在甲所，校园内最贵的宾馆，当年杨振宁下榻的地方，呆了一个星期，上午在房间学习，下午参观校园。只要他志在清华，不怕他不冲清华，我以为有时候创造条件，给孩子多一些见大世面的机会，他的胆识就大视野就开阔。周围的同事朋友经常与我们交流家庭教育经验，我感觉孩子出息，自己各方面也干得不错，老婆原来是我大学的师妹，恩爱得很，你说我幸福不幸福？

3. 工作上有成就感，这个成就感看怎么理解。

和平年代没有炸碉堡攻山头的英雄之举，没有轰轰烈烈，平台不一样，要求也不一样。例如我在重点高中，学校给我的主要目标就要求所带学生上名校冲击北大清华；我原来在普通高中目标任务就是所带学生能过重点线，但是让所有孩子都能读完高中，所有的学生都能有学上，所有的学生都能健康成长就是我们的心愿。教师职业必须带一颗心来，不带半根草去，不要有付出就要回报的念头，付出都是应该的。我的父亲是个小学老师，在生活中我听他抱怨过，原来作为老师他对那个人在读小学时如何如何好，结果上次在这个人的商店买的东西如何有质量问题价格如何贵。我不赞成这种观念，所以我就学会了看淡自己的付出，学生不回报是正常的，回报了是让人感动的。最让人感动的是我在学生高考之后办婚事，早已毕业的全班同学自全县各乡镇自发赶来，以淳朴的方式表达了感情，在乡亲们的羡慕眼光下抬来"尊师匾"。7月份我忽然接到一个中年男子的电话，声音浑厚，他声音异样地喊我李老师，我还以为是家长，结果他报出自己姓名，问我是否还记得他？1995年毕业，他也三十七八岁了。我说小强我怎么不记得，我记得他上颚有颗黑痣，我是他高一班主任，高二家里太穷，我想了许多办法，因能力有限，他只好辍学，回到离县城100多里的薛坪山村，走时我实在没有别的可送，当时工资也常拿不到手，就送了一本我大学带回的《红与黑》，激励他个人奋斗，以后就没有再联系，也联系不上。他告诉我，他后来做过工、跑过小生意、当过代课教师，后来又自学法律，拿了大专文凭，现在被省巡视组在地方抽调做些工作，偶遇同学才知道我的电话。他说得多，我说得少，他流露的是思念和感激，我只能谦虚客气，那一晚我很幸福，20年后结出的幸福，因为他记得我在班上常激励同学们的话"逆境不久，强者必胜"，现在在县城买房买车，有份对社会有贡献的工作，怎么不行？所以我希望在座的同仁，即使您是最普通的高中，您同样有信仰，有追求，有您周围的粉丝，所以不要以为没有用武之地，到处出名师，处处有圣人。成就没有高低，做自己最成功的人生。大狗要叫，小狗也要叫，尽力做当地的大狗。我们培养学生有三类：一是社会的设计规划者，二是社会的栋梁精英，三是社会的建设者。层次越高离我们越远，有时候生活很有意思，你平时教育最关注的优秀者不在你身边，在你身边长期生活打交道的恰恰是平时最头疼的调皮生。我不否认学习成绩优秀者的素质与价值，但是调皮生绝对不是社会的渣子，他们可能是我们基层生活的建立者和管理者。我有时与我高中的班主任开玩笑，当年我成绩不是最好也不是最坏，我总是坐最后一排，现在与您打交道最多的是我而不是我们班成绩最好的同学，他们都不在您身边。所以善待我们的中生、学困生，只有当了父母才理解，上了年岁才明白。什么是成功？20年后，您的学生从您身边经过，您无愧地告诉他，我没有耽误你，你还记得我的教诲并坚持做了，这就是成功，这就是幸福。

周围有归属感。领导的认可、同事的认可、社会的认可当然需要，固然我们需要组织的认可，有时候也许组织的认可要慢一些，只要得到尊重，得到理解就是最大的认可。我们需要有群体，有自己的空间。我们襄阳四中教师的尊严感非常明显，走在襄阳市县的大街小巷，只要我们宣称自己是襄阳四中的教师，各方面都刮目相看，所以我们常常要求我们的员工为四中的荣誉而战。我们也应该有自己的小圈子，特别是公务结束后，属于自己的私人时间，有人陪你喝酒、有人陪你逛街、有人陪你聊天、喝茶，自然的状态、自由的流露，身心的放松，这种非工作的生活享受，踏踏青，爬爬山，自由地喊叫。我是有的，不一定许多人有。我有位长兄，业务很强，特级教师，受聘到了苏杭一学校，很受重视，也很风光，干了两年，却强烈要求回来，为啥？每逢假期没有归属感，融不进当地圈子，或者感觉到不是圈里人。所以一辈子要有几个真朋友，与名利无关，与工作无关的朋友。那才是自然的人，特别是在外地工作的同仁体会最深。

所以，作为教师，我们面对生活需要一定物质条件，但我们不仅仅为了这些。一个人要有适合自己发展的空间，这就是工作有成就感，上级有认可度，在周围人际环境有归属感，这就是最好的生活空间。一个人活着不仅仅是为了钱，精神的追求、事业的成就感最为重要。一个人的生命成本是有限的，不能老折腾自己。

我们都有职业倦怠的时候，个人工作热情耗尽，厌倦易怒，冷漠消极，对自己的工作不满意。特别是到了中年以后，评了中学高级以后，该盼的都盼到了，其余的属于少数人的，三十打兔子，有它过年，没有它也过年，原因何在？没有追求了。当人民绝望的时候这个民族就没有希望了，当个个绝望的时候，这个团队也就没有活力了。所以要给大家希望，给大家活力！职业压力已成为困扰教师心理发展的最重要因素。目前我国中小学教师的职业压力主要来自于过强的考试压力、过于紧张的人际关系和高工作负荷。

2014年11月15日晚，我写人生感悟《特级以后》是这样表达的：评特级教师是我最大的心愿，但绝对不是人生追求的结束。过去老球王贝利每次球赛胜利，面对记者的提问，他最爱说的一句心愿就是"下一个（进球）"，那么我的下一个目标是什么呢？……职业倦怠是中年之后常有的表现，放弃追求是衣食丰足后固有的倾向。调整节奏，张弛有度，淡定得失，从容应对。追求不仅仅是为了目标，而是过程，是状态。前方已有目标（湖北名师），不管是否能实现，我将不懈怠，继续前进！

结尾：我们当前的面对和时代使命

让我们心永远年轻，与美丽伴行，与年轻的生命一起成长，不忘初心，用一生去求解、去证明。

我们埋头是为了深耕，我们深耕是为了生根，民族要复兴，教育要先行，我们是基层的耕耘者。

我们是农民，一群播下民族希望的特殊农民，我们不显贵，我们不耀眼，我们耕作，我们付出。我们守望，守望这片希望的田野，待金秋之日，正是伟大民族复兴之时，这就是我们的幸福！

备考家书——致家人

致即将远行的儿子
——备考家书之一

亲爱的儿子：

这次你们一群10多名同学一起到武汉培训10天，是早已计划安排的，你也早就告诉了我们，但是今天你出发，将旅行包递给你时，为父母的还是想交代两句，毕竟你长这么大还是第一次离我们时间这么长，而且爸妈一个也不在你的身边，老师也不可能常在你们身边。

第一句：生命最重要，安全记心头。 这个世界什么都可以弥补，但是生命没了永远不能挽回。出门在外，情况没有家里、学校那么环境熟悉，干什么都要三思而后行，一切活动都要在安全的底线上进行，冲动是魔鬼。你尚未成年，首先要保护自己人身安全，特殊情况，钱财物都可以舍弃，平安归来是要务。

第二句：身体第一，健康至上。 我们的一句家训是"穿好用好不如吃好"，不是讲究吃的档次，而是吃健康，吃营养，没有强壮的身体哪有做事的本钱。我们家虽然不富，但是现在供养你还是有这个条件的。这些年，你从没给我们添过麻烦，牙齿不用矫正、眼睛不须配镜、身体少有生病，也给我们省了不少钱。所以每次正餐一定要吃饱，走时带了点小零食，不够可以买一些，哪些属于垃圾食品，原来我们给你介绍过，管住自己的嘴。好在你平时就不乱花钱，但是该吃的一定要吃，武汉虽然最近气温比较正常，但是注意早晚天气变化，及时并提醒伙伴们添加衣物，适当进行室外运动，保证每天带水杯喝水。

第三句：**保管钱物，学会规划**。在家千日好，出门一时难。在家里，你的东西可以随意摆放，反正总在家里，一时忘记也早晚会找到，但是在外面，活动地点变化，流动人员多，困难就增多。社会是个大课堂，我们早晚都要适应。贵重钱物妥善保管，随身携带，将有关费用及时上交后，大钱分一块，零钱放手边。会不会恰到好处地使用管理自己的日常开支也是一种本领。"不小气不浪费，不随意不大意"是基本原则。现在理好自己的财，将来才能为社会国家理财。

第四句：**学有所获，价有所值**。过去我们早就达成共识，参加培训是一种经历，是一种历练，不必太在意最终的结果。这次没有参加全市统考本身就是一种牺牲，培训钱财花费是小事，你的精力和时间浪费不起，毕竟青春不常有，流失不再来。在培训期间，要有规律作息，相互约束，加强自律。我们的使命是来提升不是来嬉闹的，所以实验课堂期间一定要利用好我们平时没有的新资源新设备，认真听讲、积极思考、主动参与、敢于动手，及时记笔记、拍摄实验装置，捕捉该捕捉的有效信息。

10天不长也不短，每天必须给妈妈发个短信，两天通一次电话。儿行千里母担忧,有第一次远行就有第二次,我们做父母的也将会把这看作常态,因为我们最终还是想放手让你远飞,高飞,愿你走好,我们父母永远是你成长的助推器!

深爱你的爸爸妈妈
2015年2月4日

　　写于儿子到武汉大学参加物理奥赛实验技能集中培训,赶火车出发前。

按你的意愿出击
——备考家书之二

安南我儿:

　　爸爸妈妈先后看了你写的奋斗100天的信。感谢你一直对父母的信任,从来没有掩饰自己的内心想法,让我们做父母的受到朋友般的信任,这是许多家长不能拥有的幸福,我们深为自豪!我们也非常珍惜这种难得的信任,让我们一家三口可以敞开心扉自由交流。

　　爸爸是你写完后第二天看的,妈妈是第三天看的。看完后,爸爸问妈妈有什么感受?妈妈说;"我不敢说!"是的,爸爸妈妈都不敢说,都被震惊了!因为我们做父母的也从来没有想过奢望过这么高的追求,儿子,你让爸爸妈妈感到跟不上你的发展追求速度了。现在你总是给我们惊喜，许多让我们始料未及。

2015年元旦前后你忽然提出要到清华园接受熏陶，那意味着什么？那意味着儿子做出决定，准备奋斗清华大学！我们屏住呼吸，赶紧准备，说实在的，爸爸妈妈在外面都是比较低调的人，这种大胆的家庭行动对父母来讲肯定有些压力，既然儿子有如此梦想，我们做父母的为什么不跟上呢？所以我们一家就去了，就在北京在清华园过了一个特殊的春节，人生一辈子都记得的春节！事实上，儿子的表现让我们欣慰。

现在，2015年到2016年元旦前后你又用文字表达了你的高考奋斗目标，为四中争光，为教职工争光，不为40分所动，为极限冲刺！我们再一次屏住呼吸。儿子呀，过去父母年轻时觉得志向远大，现在感到自己的儿子人生规划之明确之高远，已经远远将你的父母抛到后面。过去读名人传记，谈到某人少小立志，志向高远，现在感到这种表达就在身边，就是自己的儿子！这些年的观察，我们认为儿子不是虚夸之人，一定会务实努力的！我们做父母的，不奢求最终的结果，只要有这个精神状态我们就知足了！

昨天无意中在父母卧室抽屉里翻出你的一张纸条："现在你以我为骄傲，我相信我一定会让你一直骄傲下去！"落款时间是2013年12月，大概是你还在高一上学期快结束时偷偷写的留给父母的吧？我们过去一直没有发现。我们做父母的，虽然一直以你为骄傲，但是从来不敢给你加压。一则你已经进入了人生发展的快车道，不用扬鞭自奋蹄，我们主要做好生活保障，搞好配合；二则我们一直贯彻的培养原则是快乐第一，健康第一，不想因为其他约束你的身心，因为我们只有一个孩子，你是我们生命的延续，好坏都是我们的儿子；三则我们一直保持畅通的交流，父母做教育考过心理咨询师，你是我们最好的实验研究对象，也是我们最优秀的教育成果。培养好别人的孩子，更培养好自己的孩子，我们不也就成了最伟大最幸福的教育工作者吗？记住，不是因为你优秀我们才爱你，而是希望我们爱你使你更优秀！

在你的百天信中你回顾了自己的努力、奋斗与超越，从初二的崛起、中考的突破、细小的遗憾，到高一的长啸、高二的立誓再到高三的奋斗，过去成为过去，未来在自己脚下。虽然磕磕碰碰，虽然瓶颈缠绕，但是已经击碎，也许还有新的瓶颈，需要新的击碎，这就是勇者的人生，缠绕—冲刺—击碎—再缠绕—再冲刺—再击碎！妈妈是个乐观人，爸爸是个奋斗人，你是我们的精灵，比我们更加优秀。爸爸常常感叹自己的奋斗和业绩，儿子将比爸爸更会科学地奋斗，将会取得更加卓越的成绩！

走在高三备考的征程中，儿子你比爸爸妈妈更辛苦，不过"只有苦中苦，才熬人上人"，这是你的曾祖父常对小时的爸爸说的话；"成人不自在，自在不成人！"这是爸爸高中时对自己的提醒。可是你用"请享受无法回避的痛苦"作为你的奋斗宣言，以苦为乐，比父辈境界更高。儿子，做成功每一件事情都不容易，每一代年轻人都不容易！做每件最成功的事、做每一代成功的自己！你遗传了妈妈的快乐因子，享受该享受的时刻，奋斗该奋斗的事情。目前就是集结号吹响，人生需要冲刺的时刻，你会毫不含糊的！爸爸妈妈都相信。

虽说爸爸妈妈多年备考，号称名师专家，真正轮到做高三家长时，我们却更需要慎言慎语，在今后备考的日子里，更多的选择是理性的助考，绝对不瞎指点添乱，因为我们绝对相信儿子的判断能力和自悟水平。我们将选择权交给你，最多我们只是扯衣袖的提醒。我们需要做的就是生活与营养，快乐与纯净，为你排除各种干扰，让你不分神不忧心，真正聚精会神抓备考！

儿子，我们知道高考的伟大和神秘，所以我们敬畏高考，生活从来没有百分之百、十拿九稳，有的就是朝好处做，朝好处想，不说满话，不吹大话，不到最后谁也不敢说句号是圆的。所以多年备考之中，我们总是抱着"世事我曾抗争，成败不必在我——尽心尽力"的心态，努力冲刺不留余力到最后时刻，然后就不看结果，随他而去。努力之后成败是不重要的，但是在最后时刻之前，从来不敢侥幸，从来不敢懈怠，舍得花力气做笨功不计成本！"力气是奴才，用了还回来。"这句家训一直鼓励爸爸奋斗到现在。爸爸不聪明，一直坚持到现在，你是妈妈生的，比爸爸聪明，有了这句家训，人生你会更出彩！

儿子，你的奋斗目标不是我们的期盼，只是我们的奢望，所以你做你的，按你的思路布局，按你的节奏推进，按你的计划执行，我们会扮演好属于自己的家长角色，弹奏我们三口之家的备考交响曲。记住，当2016年6月8日下午高考结束铃声响起，当你走出考场的时候，不管结果如何，站在警戒线外必定有你的老爸老妈，你永远都是我们的儿子，我们伟大而深爱的儿子！

按你的意愿出击吧！记住，不管你走多远，你永远走不出父母的视线！不管你远航有多累，父母都是你随时停泊的港湾！

爱你的老爸、老妈

2016年1月19日（腊月初十）22：51

今年春节对你很特别

——备考家书之三

孩子：

今天是腊月二十三，农历属于过小年，明天你就要参加七校联考，不久你们就要放寒假。虽说放假时已经到了年关，但毕竟还有几天不上课，对你来讲，已经是很大的奢望，已经觉得很幸福了。考虑近期发生的一些事情，还是与你谈一谈。

前两天，你班上有两位好朋友去武汉参加了香港大学的面试，我不知道你会怎么想。会不会埋怨父母没有努力为你提供机会？或担心你面试过了父母舍不得出大钱让你去香港大学深造？我们确实没有考虑过香港大学，我们是这样想的：香港大学确实是世界知名、亚洲靠前的高校，但是这种中西结合教育背景的高校不是说你不适应，而是我们认为不适合你将来的发展。

我们一直这样认为，中国的基础教育非常有优势，国人认可的北大清华才是我们中国学子的神圣殿堂。不是说一定要你考状元，不是说一定要你读北大清华，但是向那里奋斗总是没有错，这是中国读书人认可的最高目标。待我们在国内大学本科读完了，然后有机会再出国出境深造考研读博也不迟。有人说要想将来在国外发展可以选择国外高校，如果有志将来最终在国内发展，还是先读国内大学。我们以为你会有出息的，而且为国家会干出成绩的，所以我们也一直建议你高考后报考国内大学，大学本科以后可以到美国、德国等欧美国家转一转。你曾经说还要学会日语，到日本转转，只有熟悉他了解他才能竞争他战胜他，虽说是你的随口交流，但是我们相信你的思考。我们知道你在规划什么，记得多年前你尚在上初中，鉴于你的优秀，就有一位熟人竭力推荐你去国外读高中，而且保证奖学金，我们碍于情面，问过你，被你两次拒绝了。我们深信你肯定会回来报效祖国服务社会的，我们的根在中国，中华民族正在复兴，你的23岁到51岁人生最黄金的时间，恰恰处于中国两个一百年之间，多么伟大的时刻让你赶上。你是不会错过的。

这些年，父母只是普通的教员，工薪阶层，保证你的衣食无忧是没有问题的，但是如果你突然有花钱出国上学的念头，说实在的爸妈是没有那么多资金供你，要么就要完全改变父母的生活质量，好在你上学以来一直在给我们省钱。你自己注重锻炼身体，我们没向医院花钱；你自己成绩良好，我们没向文化补习班花过钱；你善待同学，从来没有惹是生非让我们花冤枉钱；你自己成绩优异，我们反而获得中考奖学金；你对衣服穿戴不追求，父母给你买的稍微好一些，你总是不好意思。前两天你自己在网上购买你自己心仪已久的魔方花了200元，就主动提出过年不买裤子不吃麦当劳。孩子，你是懂事的，平民阶层有平民阶层的过法，从来没有异想天开，而是踏踏实实地过，按部就班地来。难道国外的教育真的比国内好？父母是做教育的，我们坚信中国的基础教育，目前中国在崛起，许多国家包括欧美国家反而在反思本国教育，反而要到中国来学习交流。所以在我们的生活中，一些高中生不毕业就要到国外读高中，以为将来就有出息，有的可以，我看大多是国内发展不好在逃避现实！试想一个孩子尚未成年，生活自理能力、独立办事能力尚需培养，人生观、世界观、价值观尚未形成，以所谓放手远飞将未成年的孩子丢在文化不同、风俗不同、价值观不同的无亲无故的异国他乡，简直就是拿高价钱糟蹋自己的孩子！将羽毛未丰的小鸟扔向高空，小鸟能飞多高飞多远？晚清时期派幼童出国留学那是弱国欲强的无奈之举，只想绝处逢生，而现在"烧钱"的家长以百分之百希望将孩子送到一个成功率低的游戏中，折腾的只是自己和家庭。所以我是不主张将辨别能力不强的孩子过早送入一种不同的文明环境中，要么被同化，要么不中不西，邯郸学步，回国也不能适应发展。儿子，我们曾经笑称，将来你本科真要出国，我们也会想办法的，有一套商品房就是为你出国购买的，资金这一点还是放心，不能因为物质的暂时困扰摧毁一颗高飞的心！

这个春节假期我们还是哪里也不去，宅在家里陪你。年前我们已经给你的爷爷奶奶、姥爷姥姥送了年货，也解释了原因，相信会得到他们老人家的理解支持。高考在前，关键时候干关键的事，精力必须集中，去掉一些繁文缛节。难得的假期，你就安安静静地休整、自我安排补充，我们绝对不干扰你。春节期间我们做父母的约定如下：家里不待客，让你有安静的环境；不安排你活动，让你自由放松；爸不醉酒、妈不斗嘴，让你愉悦幸福。我们相信你会制定自己的作息计划，你是不愿在学校自习室的，喜欢一个人呆在书房里刷题。我们相信你会利用好高中最后一个寒假。这是一个蓄势期，一个大有作为的时期，属于难得的大战前的寂静阶段。可怕的寂静！所以你一定要蓄势、要有所作为、要查漏补缺，因为年后就再也没有这么集中属于自己的支配时间了。因为年后就是大考接着大考：武汉2月考、襄阳3月考、8校2次考、襄阳4月考、4次周考、5月模拟考，最后高考，一场接一场，根本没有喘息机会呀。这种备考的生活每一位高三生都得经历，扎实的知识功底、强壮的身体素质、强大的内心世界，将智商与情商最佳组合，寻找最大公倍数，才能划出自己最完美的同心圆。所以我们希望你不要荒废。这个冬天，这个春节具有特别的含义……

儿子，2016年，你就步入18岁，用什么为自己成人献礼？记住，不必天天想着将来干什么，而是策划当下，考虑每时每刻准备干什么，将一些兴趣爱好收一收、放一放。舍才能得，充实每一天，做好每一步，落实每件事，一切顺其自然，一切水到渠成！愿你联考顺利，只要保持在第一方阵就行，因为最后冲刺的决胜者，第一方阵的每个选手都有机会！但是每次大考前必须有如临大敌的准备，过分轻松懈怠总是要吃亏的。

2016年2月1日（腊月二十三）22：39

孩子，你永远是上苍给我们的最好礼物
——成人礼父母给长大儿子的一封信（备考家书之四）

安南我儿：

近日当妈妈将学校成人仪式的确切时间告诉我，并要我以父母名义给你写一封成人贺信时，我才明明确确地知道这个伟大时刻终于到来了。古时候儿女成人时，儿子有行冠礼、姑娘有行笄礼的风俗，所以作为父母我们一直认为当你18岁成人时，我们一定要用一种形式来体现，现在学校统一组织，我们做父母的更愿意在这种更庄重的场合向你祝贺：儿子，你长大了！

爸爸是从事历史教育专业的，总爱从历史的回顾看问题。于是父母在一起闲聊，回顾过去的美好时光，回顾你成长的点点滴滴，如历史倒流，你的个人成长史就慢慢地显示出来。

一直没有很认真地与你谈爸爸妈妈过去的恋爱史，因为时机尚不成熟。爸妈相识在大学，爸爸高两级，直到爸爸毕业前夕爸妈才确立恋爱关系，3年恋爱之后结婚，结婚3年之后才有你。孩子，我们是负责任的，时机不成熟我们不成家，条件不成熟我们不要小孩，虽然谈不上先立业后成家的壮举，但是爸爸确实是工作有了业绩才成家的，作为教师确实是在重点高中站稳脚跟后才有了你，因为不想让你来到世间，从出生开始就跟着父母受苦受累，因为从你的人生起点我们就深爱着你、精心地呵护着你、设计着你，希望你的每次出发尽量都是高起点的、少弯路的。

你的出生给我们带来欢乐，小家庭的幸福指数也随着你的到来而攀升。记住：你永远不是父母一生的负担和累赘，恰恰永远是父母生活的勇气和自豪，直到今天我们还是这样认为。预产期本来是5月15日，想到这个日子也怪自我的（我要我），但是你小子太懒，躺在妈妈肚子里一动不动，同事的小女原来预产期尚在后面，居然提前胎动，闯到人世间先做了姐姐，而你丝毫不着急，犹如长大后的你一样，遇事沉住气，大将风范！爸爸早早地将妈妈送到待产室，等你下凡，也计划好5月16日出生数字也怪顺吉（我要顺）。挺着大肚子的妈妈走起来像只企鹅，许多人都预测是对双胞胎。待产室太闹，已经呆了两天的妈妈睡不好，实在不愿呆在医院，闹着要回家住，好在家离医院近，爸爸就陪妈妈回家，结果半夜时刻开始胎动。哟，是不是你睡醒了要出来看外面世界？爸妈手忙脚乱，赶紧乖乖回医院，我们可不能闪失你，要庄严等待你的驾到！持续的折腾让妈妈异常痛苦，原计划雄心勃勃自己生产的妈妈告诉爸爸，"还是做剖腹产吧！"妈妈一向怕疼更怕锋利的手术刀，现在为了你的安全也豁出去了。"娇弱的女性当关键时刻也显示母亲的伟大!"这种认识就是通过这件事情我体会出来的。当时做剖腹产手术的人比较多,但是当爸爸作为家属要在手术单上签字同意、阅读有关注意事项时,手就不断发抖,因为风险与机遇并存!既然你的妈妈敢到鬼门关闯一闯,做爸爸的也只有横下心来支持,同时做好献血的准备(爸爸是万能输血者O型的)。你的妈妈低血压,随时可能需要输血补充,事实上当你从妈妈肚子里出来后,你的妈妈血压迅速下降,生命非常危险。爸爸相信现代技术,相信爸妈爱情的力量,相信上苍会赐我们礼物,所以爸爸在姥姥等的支持下签了字!所以孩子,你一辈子都要记住感恩:你的妈妈,伟大的母亲,是她用生命将你带到人间,也是她给了你生命!

你的出生手术是安排在5月17日上午,一起只有2台。9点钟妈妈被送进手术室,她一个人孤独地去面对未知的一切,何等勇敢!我们所有的亲友都被隔离在外,等待,等待,漫长的等待!直到11点后有位白衣天使抱出一个小婴孩,在走廊上大声喊:"谁是叶红云的家属?"爸爸慌慌张张地跑出去,第一次见到你!这就是上苍赐给我们的精灵?黑乎乎的,满脸皱纹,闭着眼睛,呼呼大睡,我一点也不习惯,赶紧大呼姨奶奶:"三姨,快来抱!"孩子,你知道爸爸当时最关心的是什么吗?一是妈妈是否平安,二是这个孩子是否是我们的亲骨肉。经常阅读一些抱错新生儿的报道,搞的爸爸紧张兮兮的。乖乖,8斤重!胖小子,当时少有如此重的婴孩,十月怀胎装在妈妈肚子里够她难受啦!所以我很感激你妈妈的付出,孕育、生育,个中艰辛只有她自己知道!谢天谢地，你终于平安来到人世间。

孩子，你的名字是妈妈取的。在此之前，爸爸作为一位所谓的博学者拿着词典翻了许多字，确定了许多很深奥的名字，都被大家否决，包括被我自己否决。怀孕的妈妈很理解老人的心思，第一不能拂了老人的兴，祖父很传统，我们家轮到你这一辈是安字派，别人是否遵守族规我们不管，我们是要遵守的，所以"李安"两个字是定了的，剩下的就是自己发挥，妈妈说就叫李安南吧，南字有南漳之意，一则因为爸爸是南漳人，不忘本源；二则南字音响亮，笔画少，字好写，不至于你一辈子吃亏；三则"安南"两个字字形稳当，人生稳健；四按安派取也顺从了祖父的想法，那时祖父是很严格的，家庭和谐也需要。没有想到还有第五：志在南方，锐意革新，因为中国自古南方活跃北方保守。第六：当时的联合国秘书长叫安南，虽然皮肤黑一点，但是才能卓越，与他同名不亏，意为走向世界。对此我们很满意，但愿此名伴你走天下，叫得响又好记。后来也有好心亲友怂恿我们去找大师测字算命，我们是不信的也没有去，命运如何靠自己后天努力，所以名字不改就是李安南，你连乳名也没有，偶尔别人亲昵喊你"南南"，我们很少喊，不想在言语上过分宠溺你，要你堂堂正正，阳刚大气。

你的出院是一周之后，妈妈手术后的伤口基本愈合，但为了你的到来，从此腹部就留下了蜈蚣一样的疤痕，那是妈妈勇敢的标记。虽然医院离家不远，爸爸办完出院手续，奶奶抱着襁褓中的你，爸爸搀着裹得严严实实的妈妈慢慢穿马路朝家走，没有专车没有担架，家在七楼，妈妈伤口疼，爬不上去，爸爸用双手平端着妈妈一个台阶一个台阶朝上挪，没有换手换人，一直端到床上，也算对英雄母亲的最高礼仪和奖赏，然后将你小心地放在妈妈身边。你的成长虽然伴随着周围亲友的呵护和关爱，但是我们从一开始就没有打算放任你。妈妈的奶水实在充足，你的前期营养完全仰仗母乳，主张母乳喂养根本不需要提倡，妈妈也从来不吝啬对你的所有母爱。妈妈个头小，你的个头大，但是妈妈从来不喊累，平时大多时候总是妈妈抱着，以致很长时间你的小手如果不揪着妈妈的秋衣你就睡不熟，因为躺在妈妈的怀中你感到最安全。爸爸工作忙，也享受做父亲的喜悦，只要有空就来逗你，做各种滑稽的动作和夸张的表情，惹得你咯咯直笑，但是毕竟哄技不高，记得有一次妈妈上街回来晚了，爸爸在家使出浑身解数，忙得满头大汗，也招架不住你，为此还写过一篇《哄儿记》。待你能走路，我们就耐心地引导你蹒跚前行，姨奶奶家的茶几就是你旋转走路的道具。平日里摔跤是正常的，我们总是用"快爬起来我拉你"来鼓励，从来不会心疼着立即从地上将你抱起，就等待你自己很笨拙地慢慢爬起来。你是个很坚强的孩子，每次一不小心摔跤时，口里喊一声"哎—哟"，似乎很有节奏感喊着号子，也不哭不闹，惹得我们哈哈大笑，然后等你自己起来，我们绝对不会怪地面不平、怪有物品磕碰，让你从小就知道：自己摔跤怪自己，自己摔跤自己爬，怨不得别人！当然爸爸有时陪玩时没有看护好你，也没有少挨妈妈责怪，爸爸只有一脸的歉意。那次在家属区门球场你搬石头玩砸伤你的小手就是例子。你高举着流血的小手指像举着一面小红旗，向周围关心你的人诉说你的疼痛，结果爸爸让妈妈结结实实批评了一顿。

　　断奶后你就开始吃辅食，妈妈没有少操心，想着法子给你换口味，印象最深的就是将黄鲇鱼炖好后，妈妈一点一点地剔骨去刺让你吃。爸爸也凑热闹，总是玩轰炸机游戏给你喂饭，让你在快乐中进食，所以从来没有追着强迫你吃饭。让父母最欣慰的至少有两点，一是凡是奶粉，不分牌子不分味道，只要冲好总能干上一瓶，时有含着奶瓶喝着喝着就睡着的时候。这让爸妈很省心，不要进口奶粉，价钱太贵；不认牌子，奶粉到处购买方便。爸妈是工薪阶层，所以工薪阶层的儿子很懂事不金贵！二是断奶之后，你的身体免疫抵抗力下降，时有突然发烧发病，考虑到爸妈工作忙，总是选择爸妈放假的时间，所以那两年，爸妈工作忙时你绝对不添乱，一旦学校放假，爸妈绝对陪你在医院打点滴度过好不容易的假期，因为教工子女的你从小就知道上课大如天，不能影响爸妈正常上班！当然毕竟爸爸事业刚起步，妈妈照顾得多，有时四姨夫、四姨陪着，黄曦东叔叔也陪着你举着吊瓶逛超市。有一次你发烧后在家里，妈妈给你喂水果，你忽然晕倒抽搐，你的妈妈抱着你飞奔下楼，张峰叔叔将大把的钱塞给妈妈，不认识的好心人立即将母子俩用三轮送到医院。所以你成长的过程中得到许多认识不认识的人的帮助，我们以后人生的道路上也要多做好事善事，帮助别人，毕竟这个世上还是好人多！

　　一个人并不是生来就优秀的，妈妈说你小时候爸爸管得少，爸爸诡辩说是让你自由成长，不必拔苗助长，不必提过高的要求。例如围绕你学钢琴我们出现了分歧，爸爸妈妈带着你也去拜了师，妈妈要求先买钢琴让你学，爸爸主张学了钢琴开始入门然后买钢琴，围绕兴趣如何培养展开争论。事实上你对钢琴只是好奇，而妈妈认为这是兴趣的火花，再后来我们就买了个电子琴，你兴趣了两下，一直封存在你的房间；例如妈妈要求你选择的事情就坚持做，有一次你不想去游泳，妈妈发了脾气，结果你只好被逼着一路哭着跑去训练，幸亏这个虎妈才有你现在时而畅游水池的展示；例如你打乒乓球在武汉比赛，被对手强大的气势吓倒，流着眼泪坚持打完显得坚强又懦弱；例如你放学回家不及时完成作业而是呆在小朋友家玩耍被妈妈赶出家门扔掉书包；例如你去绘画班学了一年，画艺不高最喜欢的就是画龙卷风……但是爸妈从没有攀比别家孩子，没有责怪你不是最优秀的，只要你参与的活动有伙伴玩、你高兴就行。但是妈妈要求爸爸每周必须陪你一个单位时间，所以我们父子俩常常到江边玩堆沙，沿铁路线探险，在雪地打雪仗，在床上父子疯打，印象最深的是带你爬羊祜山，让你站在半山腰等爸爸，结果娇嫩的身体被蚊子叮咬58处毒包，回家后让妈妈好是心疼，而你像小英雄一样不怪爸爸，没有半点埋怨。

孩子，我们想告诉你自己成长的故事还有很多很多，但是现在是你的成人仪式，实际上也是高考的冲刺仪式，不允许我们更多的唠叨。我们做父母的只是想告诉你，现在这世上没有谁比你父母更爱你，这世上也没有谁先天有何等优秀，更多的是后天的努力。你就是例子，在成长中学会坚强学会判断走向成熟，在成长中逐渐显出与众不同，逐渐超越其他孩子。你从初二以后开始崭露头角，过去是这样，我们希望你一直这样走下去，人生必须付出，必须投入，命运在自己手中，后天努力创造一切。

临近高考，并不是每次测试都很顺手顺心，你也有些烦恼，不是综合就是数学，现在又变成了语文总是不满意。生活本来就是这样，一帆风顺是人们的期盼与祝福，越战越勇是成功后的总结，实力已经铸就，关键看发挥。所以不要急躁，沉住气，把握节奏，按常态推进，一切顺其自然，不要乱了阵脚。苏洵说："为将之道，当先治心，泰山崩于前而色不变，麋鹿兴于左而目不瞬，然后可以制利害，可以待敌。"他儿子苏轼也说："古之所谓豪杰之士，必有过人之节。人情有所不能忍者，匹夫见辱，拔剑而起，挺身而斗，此不足为勇也。天下有大勇者，猝然临之而不惊，无故加之而不怒；此其所挟持者甚大，而其志甚远也。"所以沧海横流方显英雄本色，考验你的时候到了。

我们做父母的，已经达不到你现在的学习水平，许多方面你已经超过我们，我们更不可能代替你上考场，所以你的一切都得靠自己。儿子，从现在起，你可以扔掉父母的拐杖，你可以不再听我们的主张，你已经是雄鹰，不再是雏鹰，你大可展翅翱翔！

你幼小的时候，你的妈妈年轻漂亮，你的爸爸高大潇洒；你长大了，你的妈妈已经有银丝白发，爸爸也臃肿疲惫；当我们相拥的时候，我们只能仰视你那充满朝气的额头，岁月将最锋利的宝剑由父母传承给你：热爱生活，积极向上。孩子，我们愿意用我们变老的岁月换得你的成长时刻，我们愿意用我们驼曲的身躯抬高你的人生起点。孩子出发吧，你的志向远大，爸妈希望你不要牵挂，从此，我们都是成人，父母没有给你别的，也没有别的给你，只是一颗积极向上的心，其余靠自己打拼。记住，再苦再累都要咬紧牙关朝前冲，成功回来你是我们优秀自豪的儿子，受挫回来你照样是我们优秀自豪的儿子！因为你是上苍给我们一生的礼物，我们一直珍惜自豪我们做你父母的缘分。

孩子，你一岁到武昌，二岁到宜昌，三岁遍襄阳，四岁漂海洋，攀登中华五岳，环视澳洲美国，为的就是志在天下，行走世界。现在背起行囊——出发，我们的孩子，义无反顾地走吧！勇闯中国第一关——高考！

你永远的亲人朋友
2016年4月3日

胜利在望，冲刺线就在前方
——备考家书之五

孩子：

一晃高考百天只剩下一半，当时百日誓师的场景仿佛就在眼前。想到不久前的学校成人礼活动时，我们父子现场相拥潸然泪下，我当时对你说："儿子，爸妈只有这点能力，你现在18岁了，从现在开始，你就靠你自己了。"现在离高考只有50天了，爸妈还是忍不住想对你说点什么。

一是精神状态要良好。 春天很美丽，但是即使再紧张的备考氛围也赶不走春困的影响。你说在教室里，这个季节同学们不打瞌睡是不可能的，一下课教室里一睡一大片，有的甚至上课也精神不好。你自信地说自己上课绝对不会打瞌睡，下课趴一会儿很正常。我知道，目前的高中现状，长期的快节奏，长期的睡眠不足，高中生这样，高三生更是这样，我们做家长的也只能无可奈何，爸妈相信，别的孩子能做到，我的孩子也能做到，而且能够做得更好，更优秀！现在到了冲刺的时刻，到了最关键的时刻，保证良好的精神状态确实需要精确考虑到每个细节。最近有两次早晨爸爸喊你起床，你忽然一惊，马上坐起，爸爸赶紧说："还早还早，没有迟到。"你随后又倒下迷糊一会儿，这说明你是多么渴望多睡，爸妈再心疼也不能随意呀！但是我们在备考的日子里可以在一些细节上调整一下。例如晚自习回家后，不吃味重干燥的多味锅巴，吃点水果，喝杯牛奶，既营养又有利睡眠；例如与爸妈不谈论兴奋的话题，聊聊放松一下即可，刺激性的话题留到每天愉快的全家午餐时刻。每次话题不必刻意，你想起来就聊，想不起来也就算了；例如我们会将你的卧室收拣得更加简洁，保持通风和采光，给你创造舒适的睡眠环境；例如要相信爸爸这只早起的大公鸡，按时叫醒你，你尽管安心睡觉。总之没有良好的精神状态和充沛的精力是不行的，疲劳之师是出不了高水平的。当然，请放心，学校也会有安排，待到5月仿真高考之后，年级会将晚自习放学时间逐渐提前，让大家有更多的休息时间。学校年级是按章法在组织备考的，这一点尽管放心。

二是聚精会神不分心。 同学一场，大家结下深厚的感情，你们十七八岁，正是情窦初开的豆蔻年华，要说没有丰富情感，纯粹瞎说。上次"梦想之旅"的几个演讲者总体讲得不错，但是在这个节骨眼上与你们讲追姑娘的事情，我做家长的是不赞成的，包括有位你们的同学说谈一场"没有定语的爱情"，我是持保留意见的。如果我是校方，对于演讲者讲什么内容应该有个把控。我一直坚信一个人一定时期精力总是有限的，"一只手只能抓一条鱼"，"到什么山唱什么歌"。我上次在百日誓师演讲中提到分清主次，学会取舍，该收起的收起，该暂时冬藏的冬藏。葡萄不到成熟的季节，过早摘吃是酸的，提醒的就是感情的事。我们没有多少青春可以随意挥霍，更不能随意试验，成本太高。爸妈是高中教师，在我们手中跌在高中恋情的学生例子太多，不是没有成功的，但是失败的更多。爱情太美好了，所以飞蛾扑火般前仆后继，当时谁也听不进去，毕业后这些学生即使后悔我们也看不到。可以这么说，谁过早在此经营，谁将迅速停滞人生前进的高度。父母希望你是个理智者。"美丽的姑娘在大学校园等你"，这是对阳光男孩的提醒；"你的帅哥是你的师兄"也是对阳光女孩的提醒。爱情、婚姻、家庭虽然不能划等号，但是人生精力总是有限的，一定要在关键时刻将关键的精力投入到关键的事情上。我上次成人仪式给你的一封信告诉过你：爸爸大四临毕业时与大二的妈妈相恋在大学校园，我们过得很幸福，你是最大的受益者。你们的恋爱季节还很长，但是错过高中的学业收割季节则成本很高。爱情、高考双丰收，虽然不是传说，但是童话故事更多，许多传说是后来不断渲染炒作的，新闻舆论最爱这一口。你不要做这种美梦，因为你不是一般的人、一般的追求。

学会管理好自己的感情，没有强大的自我就没有幸福的未来。

三是充实备考心要静。这个时候，一切按部就班，一切顺其自然，不求轰轰烈烈，不要热热闹闹，所有的学校活动都与你们高三无关了，学校活动也不涉及你们了。高三全体师生只有一个目标，就是全力备考！平时你是个热心人，喜欢集体活动，喜欢关心周围，但是此时你可以少参与一些，主要干自己的事情。与老师同学和谐相处，给自己一个好心情，遇事不必较真计较，退一步海阔天空，风平浪静，水波不兴，要的就是顺顺利利，简简单单，安安静静，从从容容，不必刻意交往，现在躲进小屋成一统的就是你自己，其他暂时都不重要了，这就是佛家所谓的入定状态，这就是备考的最好境界。这个时候，你的生活空间可以三点一线，教室—食堂—家，你的人际关系可以单纯量少，本班教师—本班同学—父母家人，我是很赞成你每节体育课不呆在教室而是到室外打球的，适当锻炼，不进行对抗性、高强度的就行，千万不能身体受伤。我也钦佩你每天下晚自习后沿操场缓跑3圈，不要太多、太累影响晚上睡眠，这个良好习惯你坚持了高中3年。只有身体好，不生病，吃得香，睡得着，才能打大胜仗！最后日子里，老师布置什么，你就完成什么，兵来将挡，水来土掩，顺其自然。人闲是易堕落的，所以每天要充实些，每天有收获感，做一天和尚尽力撞响一天钟，只管眼前做什么，不想未来干什么，单纯而充实每一天，至于高考后如何安排现在都不要考虑。没有现在的辛苦努力，就没有高考后愉快的享受。一定要有良好的心情、健康的身体、充实的生活，将最后的高中生活完美到底，这就是坚持到底。实际上现在大家都累都辛苦，看谁能坚持，谁坚持谁就胜利，这是到了比意志力、比非智力因素的关键时候啦。我们经常看电影大片，高手之间过招精疲力竭到最后，就看谁意志更坚强，谁的内心更强大，谁就最后王者归来。

孩子，胜利在望，冲刺线已经可见，我们只有默默地祈祷。现在你们的实力已经大体铸就，关键就看最后发挥了，变数也在最后的发挥，赛场踢球最后3分钟同样大有作为。到了此时，你们听的各种友善交代也太多了，甚至听麻木了。作为父母也确实不能过多刺激你们，越到最后越应该让你保持常态。所以这封信还是像过去那样，放在你房间里的书桌上，作为父母给你备考期间的最后一封家书吧。

深爱你的爸爸妈妈

2016年4月19日

儿子梦想带着全家飞

2014年春节我们一家三口为梦想而远行，到首都，到安南心仪的地方！

一直不敢向亲友说这个地方，更不敢公开谈我们远行的方向，因为我们不是不愿意，而是不敢畅想，更不敢声张，但是儿子安南敢：在春节晚会的12点，他向朋友发出微信：首都古老而现代，宁静而繁荣，天蓝而繁星。清华北大，我的梦想；2015，我们加油！他将自己拍摄的几张清华大学校园照片同时发上！

也许安南帮我们全家近两年指明了方向，为了安南的发展，爸妈也要加油！

培养好安南就是在为国家社会做贡献。在启程的火车上，父子交流谈到出国问题，我们的态度是一致的，本科教育必须在国内，中国的基础教育不比欧美差，能在中国发展很好何必折腾到国外呢？现在大多是不适应中国基础教育或者发展不好的孩子才让家庭花大钱出去。我告诉安南：有的孩子可能对民族国家意识淡薄，但是你是安南，李自斌、叶红云的儿子，中国未来的精英，必须有民族国家意识，一个没有文化与根的人，不管你发展到哪里都如浮萍漂浮，是站不住脚的！实际上最近几年安南经历过多次出国留学的劝说，但是他始终不为所动。我告诉他我写的那篇随笔《做人的底线》提到的观念：你可以不爱国，但是你做人不能没有底线。我观察安南：大气包容睿智，有组织协调能力，有远见有主见，处事稳重也很灵活，具有团队领袖意识，将来他的发展空间绝不可小视，所以许多成绩比他更优秀的学生都愿意和他同校同班一起活动，许多家长也极力主张他们与安南交往。一旦优秀团队形成，他们的未来发展势不可挡！

培养安南也是为学校做贡献。伟大的襄阳四中在发展崛起的过程中，需要一大批优秀的学子产生，我们父母作为伟大四中的教师，培养了大批学生，如果亲自培养出清华北大的学子，同样为伟大的襄阳四中增光添彩，我们愿意成为安南的编外教师。借助伟大四中的成长平台，目前四中子弟考上北大清华的已有3人，安南愿意成为新的一员，我们要告知社会，四中的教师队伍优秀，四中的教师子女也优秀！所以对安南的培养也是我们作为四中教师工作的一部分。前段时间，高三年级主任李先军在人手有限的紧急情况下，准备给带高三物理的妈妈加到3个班，校领导说："不妥吧，家里还有孩子上高中呢。"这种将教工子女的培养当作学校的工作来培养是令人感动的。在平时的生活学习点滴中，安南也确实在许多方面为四中的利益着想，传播正能量，团结和引导本年级的优生，捍卫四中的荣誉。

培养安南也是在增长我们做父母的后半生幸福指数。孩子培养得好，不是图他物质上的赡养和生活上的照顾，因为我们的工资收入足够我们晚年开支。我们也从不奢望安南在我们身边端茶递水，晚年的我们绝对不能成为他人生发展的负担和牵挂，那也不是我们需要的，我们恰恰希望他飞高走远，报效国家服务社会。至于晚年的精神慰藉，我认为他现在就已经做得非常好，知道与父母沟通，不让父母挂念生气，我们相信他将来也会做得很好。我们培养安南的目的只是让我们想起来自豪，这就是我们后半生的最大幸福源泉。

这几年我们全家以安南的梦想为中心，哪里也不去，以静制动，平平安安，不折腾，不分心。作为人到中年的父母，有时事业上发展的坏事反而变成好事。这不是老天赐福吗？感谢上苍给了我们一个儿子，2015年安南加油，我们做父母的，定当加油，为梦想前行！

（2015年2月19日（正月初一）上午11：34，全家学习在清华大学甲所214室）

孩子，我在四中樱花校园等你
——在儿子中考百日誓师大会上的发言

尊敬的义教部领导、教师、同为家有考生的家长战友、亲爱的孩子们：

我是本班同学李安南的爸爸李自斌，也是襄阳四中高中部教务处主任，更是下一届新高一的教师。

冬去春来，2013年中考在即，在离中考只有100天的特殊时刻召开这个师生交流、家长参与的活动很有必要，我也想在这个特殊场合以多种身份表一表自己的心愿。

一是以家长的身份感谢我的同行、我们义务教育部领导老师们对我们这群孩子包括李安南的悉心培养。孩子的成长，从知识到能力，从智商到情商，从身体到心理，点滴进步都凝聚着你们的心血和汗水，李安南目前的发展就是见证，作为家长我非常满意，我代表我的全家感谢您们，不会忘记你们的点点滴滴，向你们致敬！

二是以父辈的身份在此场合鼓励告诫我的儿子李安南。你目前的发展爸爸妈妈非常自豪，你的态势会越来越好。你要记住最近我写给你看的关于你的教育规划发展的文章。面向未来，为荣誉而战，向最好冲刺就是父母对你面对中考的交代。你的人生道路才刚刚开始，你的过去、现在不能代表你的将来，作为教工子弟，你没有什么特殊的，过去你多次生活出入襄阳四中高中部校园，我希望你能够堂堂正正走进襄阳四中校园，为荣誉而战，为人生的每个阶段的荣誉而战，不要留下遗憾！同时我也希望在座的每位同学，我们安南经常在家里谈班上同学们的轶闻趣事，虽然我不认识你，但可能我知道你。你们是安南的同学朋友，希望你们风雨同舟，将九（1）班的优秀坚持完美、坚持到最后。

三是以家长战友的身份相互勉励。在座的家长朋友，我们年龄相仿，孩子有缘在一起就是我们有缘，最后的100天，我们做家长的相约共同见证孩子的这次人生挑战，虽然中考不能上升到孩子命运的高度，但至少影响未来3年孩子心理状态和对人生的信心程度，至少今年7、8、9三个月的家庭生活状态受到影响，我们希望的是良性循环。这100天，我们少一些应酬和外出，多一些对孩子的关注和期待。我们配合学校，相信老师，相信学校，学校以陈登江校长为中心，年级以刘明伦校长、沈远华主任为中心，班级以夏青老师为中心，我们一定支持你们！辛苦啦，领导们、老师们！

四是以四中教师的身份谈几点想法。襄阳四中在全省特别在全国的影响比在襄阳地区的名气更大一些，因为襄阳四中始终坚持以人为本，关注学生持续发展，为学生终身发展负责，一直被全国同行认可。这几年我们襄阳四中在程敬荣校长的领导下，正走在上坡路上，教学业绩节节攀升。任何一场较量，必须有个过程，高中教育也是如此，从起点到见效果至少三年一个周期，我们四中人全校上下对自己也越来越有信心，我们不仅要让社会家长满意，我们更要让学生满意。学生的一生满意，不仅学有成效，而且学得愉快，有学业幸福感，这些在当前急功近利的社会大背景下很不容易做到。放在全省的视野，襄阳的高中教育已经势比武汉，如果不是武汉块头大、人口多、位置好，未必经得起襄阳军的冲击，黄冈、荆州、孝感现在已经在襄阳后面了。全省的竞争特别是顶尖学生的竞争有时就是几所名校的竞争，襄阳四中名列其中。华师一附中凭着全省范围招生、全国窗口学校的政策优势过去遥不可及，但是现在我们也可以正眼相看。现在如果我们的生源起点是一样的，也许大家又有新的社会判断。目前华师一附中搬迁在开发区，周围设施慢慢好起来，但是远离市区，交通不是特别方便，襄阳地区也有优生前去参加选拔读书，如果你家条件特别好包括有车、你经常有时间到武汉上班出差，可以考虑；如果你在该校有特别熟悉的人脉可以考虑；如果你的孩子有特别强的环境适应能力可以考虑。如果这三条你做不到，就不要拿孩子去实验，前面有许多例子，这些年总有不服气的家长和学生，考了A，满怀信心地去，两个月，环境不熟悉、同学融不进，缺乏归属感，家长想加强学校学生沟通又很困难，又闹着要回来，折腾自己。我们四中诸葛亮班、钱学森班是品牌，每年都设有特奥班，专门的师资、专门的计划，我们这个班张鹏飞、杨琪淳、熊子伟、任鹏飞、王适美同学的家长都在带2013届高三，我们大家也相约一起回到高一带我们自己的娃子，要说一点私心没有也不可能，肯定在自己孩子面前更要好好表现教学、为了自己娃子多付出，我们也会想办法多留一些更优秀的教师到高一去，种别人的田，也不能误了自己的地呀。张峰主任是数学奥赛教练，现在是高三年级主任，不忘了回高一哟。

所以，我在这里表个态，孩子们，现在就算接你们了，襄阳四中新高一的新生，大家好好努力，拼搏百天，夏秋桂花香的时候，我们在襄阳四中校园等你们！家长朋友们，让孩子们再同学3年，一起飞翔！让我们孩子的缘分继续，让我们家长的缘分继续。老师们，请你们放心，我们将接过你们的接力棒，善待他们，好好培养，努力成人成才，报效祖国服务社会。最后预祝襄阳四中义教部今年中考再创辉煌，夏日青青，硕果累累，2013，气壮河山！谢谢！

（2013年3月12日）

孩子，高考不能没有你

——家长代表李自斌在高考百日誓师会上的班级演讲

亲爱的孩子们：

过去20多年来我总是以教师的角色走向讲台，现在当我以家长的身份走上这个讲台的时候，我有一种特别的感觉。

望着讲台下面青春活力的你们，包括我的孩子，你们正在为着高考的梦想而铿锵前进，每天早起晚睡，现在连中午也开始了午自习，我们做家长的既关爱心疼，又无奈期待，只有默默地祝福，特别是当我们想到离2016年高考只有100天时，我们做家长的也会突然感到心脏怦怦猛跳，突然紧张起来。为啥？因为我们与你们心相牵，爱相随，情相依，命相连。

孩子们，在你们慢慢长大的日子里，父母与你们在一起，过去是大手拉小手，现在是你们小手变成大手，而我们的大手却变成了老手、粗糙的老手。我们做父母的，已经不再年轻，我们还将继续老去。但是作为父母的代表，孩子们，我告诉你们，28年前，我们也是一条好汉，我们也参加了全国高考。现在在你们的身上我们看到了我们当年青春的影子！伟大的高考会降临每一个高中时代的人身上，过去是我们，现在轮到你们了。你们是我们的过去，但是你们比我们更优秀；我们不是你们的将来，你们将比我们更精彩。作为高考过来人，作为你们的父辈，我想谈两点感想。

一是珍惜高考机会，因为没有高考就难有人生的未来。

参加高考是人一辈子难忘的经历，在人的一生中将会常常梦见高考。我曾经告诉过我身边的许多人，我是南漳小山城的，我是菜农卖菜出身的，上大学以前只要学校放假不上课，我肯定在家里干活，不是在菜地刨沟挑粪，就是在街道吆喝卖菜。现在我成了受人尊敬的襄阳名师、特级教师、全国劳模，受到过习总书记和全体政治局常委的接见，每年受邀参加全市社会各界的新年茶话会。为什么？因为知识改变命运，如果没有高考就没有我的今天，同样也就没有我现在的爱人、我现在的家庭、我现在的儿子，更没有儿子现在的生活状态。我们一家三代都跟高考有关，我的父亲1962年高中毕业，由于成分不好，政审不过关，没有资格参加高考，结果当了18年农民；我1988年因为高考跳了农门，用知识服务社会；现在轮到我的儿子参加高考了。我的父亲一辈子生活在小县城，我由小县城跳到襄阳市，我的儿子又将从襄阳跳到哪里？一家三代三级跳的神奇动力是什么？是高考！这是一个不要其他外部条件仅靠自身努力就可以改变命运的机遇。孩子们，高考是唯一一件你不用看别人眼色，可以完全按照自己意愿去做的事情；高考是唯一一件努力就一定会有结果的事情，并且高考的果实别人怎么也偷不走，学不会，用不了，那就是你的核心竞争力！高考是唯一一件让你持续永久升值的事情，风险：0；直接收益：文凭、工作、工资待遇、伴侣和家庭；间接收益：品位、尊重、地位、体面。

我问大家，在座的谁是官二代、富二代？官至少是厅官，据我了解，我们在座的父母好像没有，富至少流动资产百万上千万，据我了解，我们在座的父母好像也少有。我们大家没有大树可以依靠，我们大家没有巨财坐享其成，但是我们有自己的双手，我们有可以拼搏的汗水。初中高中，我们过关斩将，我们比同龄人更会学习，更会考试，而恰恰高考为我们提供用武之地，提供展示我们优势的机会。读书、高考虽然不是成人成才的唯一途径，但在当今现实社会，高考却是相对公平公正、成人成才的最有效最便捷的途径，因为高考可以成就我们：它可以为我们提供表现自我、发展自我的机会；它可以使我们的努力得到检验；它可以使我们的梦想变为现实。孩子们，你们是同龄中的聪明人，做最容易最擅长的事情，为啥不好呢？高考可以改变你的命运，你家庭的命运，提高父母晚年的生活质量，为民族做贡献的能力，为啥不做呢？高考让你改变命运，高考让你脱颖而出，高考可以没有你，但是你不能没有高考。只有在高考中没有优势的人才会诅咒高考，为自己开脱，维护那点可怜苍白的自尊心。三代出贵族，家族的兴旺是靠一代又一代积极奋斗，个人的幸福绝对不是躺在父母的努力中去啃老，需要我们自己去打拼。所以孩子们，建议你们后期高中生活简单些，思想单纯些，闭上眼睛睡觉，睁开眼睛学习，放下一切，全力高考，因为给我们创造人生新高度的机会来了，那就是高考。千万不要小富即安、眼光短浅呀！

二是敬畏高考，因为高考是立体战，需要我们上下都全力以赴。

高考是国家级考试，有法律来约束保证，是国家的选拔，牵扯千家万户的选拔，每年高考那两天，全社会为高考让路，全社会关注高考，高考的魅力就在于每年试题内容风格都在变，每一套题都会产生新的状元。一分压百人，越是顶尖越是挑战极限，越是顶尖越是高手过招，靠的是长期沉淀的实力，是长期执着的定力和临门一脚的决断力。

高考是一场立体战，不光是对你们知识、能力、心理、体能的测试，也是对老师、家长的综合考验。所以作为家长我想说——

相信自己，把握取舍。在这个节骨眼上，放下你当前该放下的，舍弃你该舍弃的。你的游戏、你的篮球、你的动漫、你的小说，这些爱好暂时收起来，你还年轻，有的是时间，但不是现在！你的感情、你的遐想、你的恩怨、你的烦恼，葡萄不熟是酸的，季节不到不要摘，冻起来藏起来，不要让青春的莽撞增加了人生的成本，影响了成长的高度。一个有抱负的人知道什么时候该干什么事，什么是主要的，什么是次要的，什么是当下紧迫的，什么是缓一缓可以放下的。没有现在就没有将来，现在奋斗的强度决定将来平台的高度。我们每年招聘教师，首先问应聘者的是本科第一学历是哪所高校，问当年高考成绩，毕竟社会绝大多数优秀者都是通过高考途径选拔出来的。新闻媒体介绍的个别成才特例确实很吸人眼球，那是为了鼓励社会底层的草根去奋斗，我们既然从一开始就可以不是草根，何必先当草根再奋斗成富豪呢？每一代青春都不容易，各有各的艰辛，该吃苦的时候不吃苦，错过机会，将来一环套一环，只有接连吃亏，吃更多的苦。我们现在的痛苦比起我们高考失利的痛苦又算得了什么？我们现在的快乐比起我们高考成功的快乐又算得了什么？孩子，享受你无法回避的痛苦吧，实际上当你投入在其中时，你感到的是乐在其中。孩子，你真的要以饱满的激情，做到专心每一天、成功每一刻、力争每一分，要知道，一百天大有作为！足球赛场最后5分钟扭转全局的经典比赛太多了。所以努力总有机会！拼搏可以逆转！

相信老师，紧跟步伐。 在全省，襄阳的教育一流；在襄阳，四中的教育一流；在四中，特奥班的师生一流；在特奥班，32班师生超一流！我们要有这个底气，我们要有这个斗志，要有舍我其谁的霸气，说我行我就行本来就行。记得2015年9月16日在全校2016届高考誓师大会上，曙光老师的表态："我什么都没有，我什么都不怕，看看我的潜力有多大！"曙光没有包袱，但是曙光有野心，请注意，他的野心是很大的，我作为家长是有信心的，作为带过12届高三的老教师我一直这样认为：有野心有拼劲的年轻人肯定会出成绩。32班的孩子们，要紧密团结在以徐曙光为核心的班级老师周围，跟着我们6科老师转，他们年富力强，他们经验丰富，他们黄金搭档，他们3男3女，男女搭配，干活不累，绝对的冲击力。我们32班要有军人作风，我们是呱呱叫的队伍，要指到哪里，打到哪里，不怀疑，不犹豫，绝对服从，不找借口。我们千万不要自作主张，另搞一套；千万不要自我解脱，放松要求。最后的岁月，人人营造强大的气场，班级不要太活跃，便于我们沉下去；班级不要活动多，便于我们心宁静。有序、落实、团结、竞争，这就是最后班级的理想氛围。多放正能量，没有消极语，步调一致，没有杂音，前进，我们实现弯道超越，冲刺，我们沉住气，我们在后期迸发，因为曙光在前！

理解父母，我们没有坏心。可怜天下父母心，你们是我们生命的延续，你们是我们愿意受苦受累的精神支柱，在备考的最后时刻，我们一定会珍惜和你们在一起生活的日子。作为家长，我们会全力以赴配合学校和老师做好强有力的后勤保障工作，在思想上疏导你们，在经济上支持你们，在生活上关心你们。你知不知道：当你们欢欣雀跃、喋喋不休地谈论你们的生活学习时，我们做家长的是多么开心；当你们眉头紧锁、郁闷叹气面对学习的低谷不顺时，我们做家长的是多么揪心。最后一百天，我们会给你创造安静的备考环境，家里的事不烦你，无关的事不找你。备考千头万绪，我们不添堵，不添乱，少点评，少唠叨，我们各自分工，你抓你的备考，我们做我们的工作，我们处于待命状态，随时听从召唤。记住我们是血肉相融的，有什么问题一定要告诉我们，即使我们帮不了你，至少可以抱抱你，与你共担忧愁温暖你！孩子，不要抱怨我们，我们也只有这个能力，所以我们有更多的期待。也许我们真的帮不上你，上战场只有你自己。

孩子们，我们做爸爸妈妈的是相信你的，相信老师的，也相信上苍。人在做天在看，生活从来没有百分之百，什么事朝好处做，朝好处想，努力冲刺不留余力到最后时刻，努力之后成败就不重要了，但是在最后时刻之前，不要侥幸，不能懈怠。这世上智商高的人大有人在，往往情商高的比智商高的成功率高，现在备考后期每个人智商发展基本稳定，就是比情商，看谁的心态更好，谁的内心更强大，谁的意志力更坚强，高强度的训练肯定会越来越多，暴露的问题肯定会不断出现，成绩的低谷期肯定无法避免，但这一切都不是高考，都是为了高考。我们一定要淡定，我们一定要坚持。记住，找到问题解决的办法比唉声叹气更有效。记住，当2016年6月8日下午高考结束铃声响起，当你走出考场的时候，不管结果如何，不管我们是否能到现场接你，但是你相信绝对有我们温暖的眼神在观望，你永远都是我们的孩子，伟大而深爱着的孩子。孩子，辛苦了！

所以，在最后冲刺的时刻，孩子们，我们要对自己负责。

从现在起，发誓做一个认真的人，聚精会神，精益求精；

从现在起，发誓做一个大气的人，激情飞扬，胸怀坦荡；

从现在起，发誓做一个坚强的人，完善修养，百炼成钢；

从现在起，发誓做一个执著的人，坚持到底，永不放弃！

孩子们，过去我们懂得珍惜时间、明白岁月不饶人的道理，面对困难和挫折，我们不曾止步、不曾低下高贵的头，面对一次次挑战，我们总是那么从容应对，学会了坚强，我们总是在超越、在不断前行！

今天我们将用高考之笔绘出青春绚丽的画卷。听！出征的战鼓已经擂起，拼搏的号角已经吹响！此时此刻，我们要上战场了，我们的刀枪已经擦亮，我们的战袍已经披上，我们的勇气已经鼓足，我们的目标已定方向：向前，向前，向前，高考就是我们的战场。

这是我们人生的重大战役，我们有崭新的力量，我们有创造奇迹的热情，我们有父母最感天动地的祈祷，我们有老师全力以赴的支持，我们有多年寒窗苦读而沉淀的知识积累，更重要的是，我们有坚不可摧的斗志。我们还有什么理由徘徊犹豫、不相信自己呢？

就让这场战争的烈火铸就我们年轻的辉煌，作为我们成熟的见证吧！当6月7日的火苗点燃最后一根引线的时候，我们要对所有关心自己的人说：这场战役，我们必须胜利！我们必定胜利！为了母校的荣誉，为了教师的艰辛，为了父母的微笑，为了我们的前程，为了民族的梦想，孩子们，我们——拼了！32班，必胜！

（2016年2月26日）

继续走在高中的阳光大道上

——记优秀共青团员李安南

　　李安南，男，1998年出生，中国共青团员，现襄阳第四中学高二理科特奥32班课代表、年级物理奥赛班长，多次被学校评为"北大清华之星""优秀共青团员标兵""优秀课代表"。他以大气、大度、沉稳、睿智逐渐赢得同学们的信赖、老师的赞誉，成为班团活动的核心骨干、人气十足的"巨无霸"。

　　2013年秋，李安南以中考A的特优成绩考入襄阳第四中学，当时《襄阳晚报》开辟专栏介绍了包括他在内的3名全市中考优秀者的学习经验。辉煌属于过去，一切重新起步，进入高中以后，他很快适应了高中的学习环境和生活节奏，始终以高昂的斗志、有效的学习方法和科学的计划规划，保证自己各学科全面发展，很快进入了发展的快车道，在高手群聚的襄阳四中站稳了自己的位置。只要开了课，他都怀有浓厚的兴趣，文理科通吃，即使小学科历史说起来也侃侃而谈、政治课堂听起来也津津有味，总成绩始终名列年级前茅，并且不断突破超越，多次进入年级前5名，稳在第一梯队。面对全年级2600名师生的大会，他可以泰然自若、脱稿演讲，介绍自己数学大考150分满分的学习经验，提出"平时多刷题，用好改错本"的理念，语言幽默生动，举例真实针对，被同学们称为"学霸"。他总是根据自己的阶段情况，及时调整自己的战略，学习有侧重讲方法，他挑战"向来学霸双语差"的怪圈，注重收集作文素材、读全英文版小说、搜集专项知识进行训练、加强汉字书写规范，使双语大型考试可以达到130分的水平。其作文作为范文印制供全年级学生阅览交流。

他立足现实，志存高远，积极寻求全面发展。他涉猎广泛，卧室的书柜堆满了书籍。平时订阅《看天下》杂志，坚持收看《午间新闻》，传统名著、红色传记他大多看过，过去毛泽东诗词他基本都背过，近期课外时间他又看完《货币战争》系列4部、《乔布斯传》等。他有坚强的意志力和持之以恒的精神，每天晚上下自习后，围绕校园运动场坚持跑3圈，然后回家做仰卧起坐、俯卧撑等室内训练，以实际行动响应清华大学的"每天锻炼一小时，健康工作五十年、幸福生活一辈子"的人生理念，风雨无阻，练就一身好肌肉，同时中央电视台的《新闻周刊》节目刚好在22：30，他回到家一边锻炼一边看，坚持每周必看。在学校运动会上，是班级接力赛的主力队员，是800米项目决赛的第7名优胜者，为班级赢得荣誉。他爱好摄影，虽说相机一般，但不影响他对高中生活的捕捉，凡是班级、学校的大型活动，他总是乐此不倦到处奔走拍摄，这些成果在个人空间中交流，成为师生甜蜜的回忆，也成为家长们分享关注的话题，自然每次周末难得的休息时间处理这些照片，传递团结的班级文化成为他最快乐的事情。他还策划邀请同学们客串演员，拍成校园微电影《饥饿游戏》，反映如何学会生存，编辑整理后在年级部分班级教室放映，笑翻了师生，丰富了高中生活。他动手能力强，早在初中就参加过全国的科技创新大赛，也参加过无人操作航模训练，他的魔方可以熟练玩到5级，并且热心传授同学，徒弟"三代"。他爱好游泳，从小受过系统的乒乓球训练，篮球技术不高，虽说做不了主力只能做配角，但他不在意自己是否是中心，只要和同学们在一起上体育课开心就行。

他的同学罗有为说："李安南在哪个班哪个班就会发展最好，跟着李安南就是找到组织。"不管学习还是活动，他的周围总有一圈同学，个个积极向上，充满活力，逐渐形成强大的正气场，带动良好的班风。他积极支持其他班团干部开展工作，换座位帮同学搬桌子他忙前忙后，打扫卫生布置考场他总是自愿留下来坚守到最后，辩论赛他策划竞猜有奖活动，班级辩论高潮不断，极大地推动了同学们的参与度。他们学习上相互激励，生活上相互关心，思想上相互交流，平时家长们打听到只要是李安南参与组织的活动就放心，只要李安南参加了就安心。李安南的水杯号称"爱心杯"，他总是要求家长给他买商场最大号的，所以1000毫升的大口杯很特别，学校离家近，他是走读生，加水方便，班上同学谁暂时没有水，只管倒他的，只要不嫌弃，不客气！汶川大地震时，他用收集矿泉水瓶等废品的收入捐了500元，那时他上小学，高中时只要属于团支部组织的活动他都积极参加。他喜欢与同学们一起吃食堂，有时外地同学一时生活费来不及接上，只管刷他的饭卡，有同学戏称他"土豪"为人大方。实际上他很节约，平时上学能带白开水，就尽量不买瓶装水，衣服从不追求品牌，妈妈买什么穿什么，大多是不逛商场的。当然只要是上学期间，他更是不折不扣地穿校服。

作为物理课代表，他肩负着班级物理学科配合老师教学的责任，物理老师越来越顺手这位助理，何时交作业，做什么内容，如何带动全班学习热情，只要摸清了教师教学工作特点，不需要多交代，他一切安排得井然有序，自然班级物理教学成绩好，也为他多次赢得"优秀课代表""优秀学生干部"的光荣称号。作为年级物理奥赛培训班的班长，平时开门、锁门、查出勤、组织培训，对于曾作过初中班长的他来讲得心应手，最传奇的是2014年寒假他们14人在武汉高校物理实验室培训一周，没有带队老师陪同，他们自己管理自己。培训结束准备乘火车返回襄阳时，他提前联系所住宾馆总台安排凌晨6点的退房事宜，通过网络组织大家上了3辆出租车到火车站，他和一名同学最后撤退，由于没有等到出租车，离火车出发时间很紧，他们当机立断，两人摸索坐地铁赶到火车站，顺利会合大部队一起安全返校。

对于许多问题他有自己独立的见解，绝对不人云亦云。同龄人出国留学上高中，李安南毫不羡慕。他认为中国的基础教育不差，至少自己在祖国读完大学本科，培养了成熟的价值观再出去，然后将欧美的先进科技学成归来为祖国服务。前几年有热心人士多次以奖学金许诺他出国读外国高中，他不为所动。没有根何谈人？没有祖国哪有自己？只要有机会，他就参加学校党校学习，每天中午与父母一起吃饭的饭桌时光是最美好的，常常是他发表时事评论的场所。

马上要放清明假了，他有两个计划，一是组织原来初中同学去初中母校看望老师，给马上中考的师弟师妹们鼓鼓劲，进行爱心传递；二是陪父母回老家给去世的奶奶扫墓，同时看看73岁的爷爷，与爷爷聊聊天。他每年清明都回老家，今年也不例外。

（2015年4月3日）

践行细微中　孝在生活里

——初三学生李安南"孝道之星"推荐材料

百善孝为先，孝为德之首。作为青少年，孝德就在于知恩思源，尊敬长辈，体谅父母，设身处地，力所能及，尽子女之道，让父母宽心、放心、舒心。李安南就是这样的孩子。

近日临近中考，时间很紧，备考需要安静环境，但70岁的外公外婆从老家打电话说要来玩，爸爸说："树欲静而风不止，子欲养而亲不待。我们做晚辈的不能留下遗憾，对老人尽孝要趁早。"中午放学烈日当空，李安南二话没说，陪爸爸一起到外面接老人，主动招呼外公外婆，帮助拎行李，跑前跑后。端茶递水，乃待客之道，李安南早已习惯，有时父母不在家时他也小大人似的接待客人。接待完后，他又呆在自己房间继续学习。

平时父母工作忙，李安南生活能自理有计划，独立能力强。他很小就能独自被锁在家呆整个晚上，多年来已经习惯了。有时父母忙不过来不能及时回来做饭，他很通情达理，绝不耍脾气赌性子，有时就自己煮饺子、泡方便面打发自己，从无怨言。每天要干什么，都是自己计划，都牢记在心，并能按计划实行，他认为不让父母操心就是在帮父母做事，就是在减轻父母负担。这些年从没有在外面惹过是非，给父母添过麻烦，包括个人注意冷暖，不感冒生病，就是在帮父母节约时间。对于老师布置的作业，从来不要家长督促，他自己的事情自己打理。

平时父母午休时他会关闭所有门窗，自己避免发出声响，有时同学中午打电话，他就及时提醒换个时间，以便给父母一个安稳的睡眠；在父母不舒服时，能给父母送上热水饭菜；在父母很忙时，能帮父母收拾房间、洗碗；即使有好吃的从不吃独食，总是先给父母分一些后自己再吃。平时父母交办的事情很乐意做，叫得动喊得应，服从安排。

对于父母给的花销，他一直注意节俭，包括能自带白开水就少买矿泉水，积攒下来的钱请妈妈存起来，目前拥有自己的银行户头十多年。汶川地震他捐过款，去年大姨买房手头紧，他也主动提出动他的钱，感动得大姨眼泪直流。他从不挑拣衣服，有啥穿啥，有时会因父母为他买新衣服花钱感到太贵不好意思，父母反复做工作他才要。

李安南逢年过节总是能陪父母回老家看望爷爷奶奶、外公外婆，对于老人的问话有问必答，认真对待，有啥吃啥，不提要求。每年都回老家给长辈家人拜年，常常跪地叩头，惹得长辈哈哈大笑。水有源，树有根，老家再穷不忘本。

在父母的眼中李安南是个明事理的孩子。父慈子孝，父母对李安南倾注了不少心血，作为教师之家，家庭教育比较注意方法，讲究民主，每天的中餐是教育与交流的黄金时刻。父母再忙，也要尽量回家一起吃午饭，一家三口，边吃饭边聊天，各自在餐桌上发布新闻，安南将学校的轶闻趣事一一道来，父母及时点拨，或表扬或引导，其乐融融，润物无声。

李安南也是父母的监管员。爸爸的普通话不标准，他总是及时纠正；爸爸应酬伤身，他总是适时告诫。有时父母为小事发生情绪化争执，安南总是及时提醒和制止，有时还劝几句，惹得父母相视一笑，家庭很快阳光明媚。

"只要孩子没成人，家里永远不支牌桌"是他父母的约定，坚持书香润德、悉心培养是父母的追求。目前李安南性格开朗、包容大度、习惯良好、品行端正、成绩进步，这是最顺父母心的孝行！

（2013年4月28日）

选择与守望——致自己

做有精神追求的教育实践者

过去读教育史，我总是对"教育家"这个词语很敬畏。总是为这些教育大师的深邃思想所折服，总感到他们像一座座泰山一样让人仰慕。在我心目中他们总是那么高远，那么伟大，资历上他们德高望重，学识上他们修炼到家。有时自己掩书而思，何时我若能理论上著述等身、实践上业绩显著、思想上照耀后世该多好！为此我即使旅游间歇也曾赶到陶行知墓前拜谒他老人家。

作为一位教育工作者，如果对本领域的先师大家没有崇拜之情是不正常的，没有实际追求是不尽职的，但是要真正地成为他们也是不容易的。我们也许不能成为他们，但是我们可以追求他们的事业，学习他们的精神，践行他们的道路，做一个有精神追求的教育实践者。

那么如何成为一名有精神追求的教育实践者呢？我以为：

首先需要拥有热爱教育的情怀。在当今市场经济、社会变幻的环境里，甘愿三尺讲台写春秋，甘愿坚守寂寞育新苗。对教育有一种难舍之情，从内心深处热爱她、呵护她，捍卫她的荣誉、维护她的尊严。这不是简单的语言表白，更是要用行动来诠释，用一生时光来打磨的一颗永不褪色的对教育的赤诚之心。这是专业感情，也是最基本需要的，三百六十行，必须爱这行痴情不改，禁风禁雨禁诱惑。我们做不到颜回安贫乐道的境界，但可以视教育如事业用生命去珍爱。

其次需要培养研究教育的意识。教育家具有研究修炼的能力，作为我等普通俗人也不甘其后，先天不具备，我们可以后天培养，水平虽有限，但是在竭力！深入教育的实践，在实践中发现教育问题，思考教育问题。现在我们许多同仁踏踏实实在从事教育活动，有的同仁也仅仅将这种教育活动作为一种职业、一种谋生的手段，而缺乏一种自在的激情的主动行为、主体意识，做实践者多，做有思想的实践者不多，带着问题去实践，然后再思考再实践更不多！能力不行有态度，深度不够敢思考，不追求大理论成体系，只希望解决一个一个实际问题，我们的能力就是在此基础上不断提升。

其三需要立足专业发展的基点。虽然现在的教育是大教育，但是没有学科的深入支撑是不足的，没有经历实践检验是空洞的。目前宣传为教育家的有三类居多：一类是大学研究所的居多，实际上称他们为"教育思想家"更恰当，社会确实需要他们引领启迪，但是思想层面的引导多，是否有效果还需检验。二类是教育管理者居多，他们或校长或教育官员，他们有足够的话语权和行政权，推行教育的力度比较大效果好。三类就是义务教育的、语文学科的探索者居多，他们的学段决定他们面对的社会升学压力较小、社会期望关注度稍低，动作一下也不会翻起社会大浪，而语文有学科优势，探索空间大。作为我等普通老师，一方面要学习他们，另一方面更应该立足岗位立足实际，在具体学科中、在课堂教学中一节一节地渗透。我们没有高深的理论，我们没有惊人的业绩，我们弯腰，我们躬行，我们与受教育的学生直接面对面，我们满足和解决他们最需要的，我们将后进的转为先进，将平凡的做到极致。我们脚踏实地教育学生，我们创造自己范围的奇迹，难道我们不可以称为"学科教育实践家"吗？我们也要为自己的努力而自豪！因此"主张"重要，"行动"更重要，有良好效果的现实教育实践行动最重要！

猛然想起上世纪80年代的流行歌《小草》："没有花香，没有树高，我是一棵无人知道的小草。从不寂寞，从不烦恼，你看我的伙伴遍及天涯海角！"不与树比高，但是我有向往蓝天的志向；不与花争香，但是我有小草本身的独到。立足自己、立足实际、思考与行动伴行，这就是我作为一名基层教育工作者对教育家精神的理解。

（2011年1月30日　腊月二十七）

因为心年轻，所以我没有掉队

至今我的1998届学生还在笑谈我在他们高二接手时的课

堂开场白："我今年才28岁，还很年轻，我们一起学习，一起交流，在教学上如果我不懂，我可以请教我们组的同行；如果我再不懂，我还可以请教大学老师！"当时全班哄堂大笑，我不知道笑什么，难道学生们知道我已经带了两届高三足以胜任高二教学、在伪装谦虚？还是我的普通话不标准、方音太重？哦，后来弄明白了，原来在这些十五六岁的学生眼里，我都28岁啦，够大了，还大言不惭地说自己年轻！

实际上我心态一直年轻，包括我现在已经过了不惑之年，依然感到自己年轻。因为我以为：年轻真好！

由于感到年轻，所以我总觉得自己还有机会，敢于闯荡和尝试，不怕失败与挫折，我时常规划自己的职业生涯：30岁要达到什么，40岁要做到什么；由于感到年轻，所以我总是精神抖擞、激情四射，演绎着课堂内外的分分秒秒；由于感到年轻，所以我总感到自己不足，总爱逛书店，买书占有书再读书；由于感到年轻，所以只要有机会，我总愿意不辞劳苦到处参加学术会议听报告以便更新思想观念。因为我认为我思故我在，不足是前进的动力！

当我感到心理咨询对学生越来越重要时，职业的敏锐性使我率先参加心理咨询培训师学习，坚持牺牲有限的休息时间上培训课，成为襄阳市中学教育界第一批心理咨询师，在青少年健康教育工作中得心应手；当网上阅卷成为高考评判主要形式时，我不顾自己的颈椎病困扰，争取参加了高考阅卷，与年轻人PK，了解如何科学应试，追求卷面成绩最大化，帮助学生正确应对网上阅卷；当我感到知识的更新、终生的学习需要充电时，我决定报考教育硕士。我谢绝了领导要求我学教育管理专业的建议，坚持要学自己的学科专业，我认为千变万变，当老师、站讲台的根基不能变。

记得那天我36岁生日时，正赶上学校放假，我没有接受亲友的祝福，默默关上手机，将时间留给自己，独自一人呆在阳春门公园读背教育学、心理学，准备教育硕士的考试。其实那时，我已经带完7届高三，在别人眼中，我是考出市状元的资深班主任、经验丰富的学科骨干，学生喜欢、家长钦佩、领导欣赏，又工作在四中，应该可以知足了！但是，年轻的心态呼唤我必须实现人生新的超越：停滞就意味着落后！为此我在寂寞中在华师桂子山潜心苦读，深感幸福！

回想自己有限的教学生涯，角色在不断变化：当学科教师，我就积极探索教法，力争站好讲台；当班主任，我就研究班级管理，打造一流团队；从事教学管理，我就研究教学规律，争取不负重托！干什么就要爱什么专什么研究什么，就要成为那方面的专家和能手。事实上我做到了，底气很足，充满信心！

我自认个人天生愚笨，聪慧不够，但是我乐于学习，锲而不舍。我一直告诫自己，年龄不能成为自己前进的障碍和停止前进的借口。我一直认为，年龄可以老，但是心态不能老，永远积极向上，永远知不足而进取，这也许就是自己教学工作多年有所进步而不掉队的原因吧！

(2011年4月28日)

前进2015

今天阴历正月初二，呆在房间里，思考新一年的规划。

首先定位自己。我的年龄已过45岁，孔子说的不惑之年，我还在找感觉，但数字上不再年轻，我常常为是否再来一次激情燃烧的青春岁月或是顺其自然步入中年的稳步前行而选择。我体会到身体的微妙变化，时时感到身躯不再强壮，风华不再正茂，有时看四季变化，我感叹夏秋交替、感伤严冬的萧瑟；有时看热闹后的大戏台，思考台上台下的人世变迁。我常常关注周围老人的一举一动，他们就是我的未来，我告诫自己：我老了一定要有尊严地活着。我常常提醒自己要注意养生健康，多种花少栽刺，难道我真的在走向衰老？或者感到自己对世界的支配力在减弱，不再是工作最热闹的中心？我经常要求自己，要站就站舞台中心，要唱就是最响亮的声音。虽然我想，可是世道不是这样呀！我时时也有失意的滋味涌上心头，渐渐的，我看淡了许多，我还在坚守很多，我不甘心，我还有许多需要奋斗，这就是我目前的心态。

现在我要给自己布置2015年的5件事情，要求自己完成。

1. 为儿子安南的全面成长继续添柴加木。我希望他清华之行后应该有个新的精神面貌，特别是拼劲更足、成绩更稳，争取在年级前15名以内。儿子是钢，有时父子之间易有对抗，爱妻主要交流，我幕后运作配合。尽量少呵斥他，次数越少越好。安南是个明事理的人，我有时不能将他当做孩子看，但是孩子爱热闹爱玩依然是天性，少年老成我也反对，成长的过程拥有他拥有的一切，包括青涩的东西。高二下学期将结束高中新课、结束奥赛培训与检测，也就是说明年元旦或春节前一切大局基本明朗。安南将没有周六周日，完成物理奥赛培训任务、暑假到学院实验一周、参加华师武大奥赛考试揭晓结果，同时高二收心考试、期中考试、期末考试、高三摸底考试、期中考试、市一次统考、八校一次联考相继进行，此外3月份出国一次为期10天。也就是说2015年将决定儿子高中成长的厚度和高度。翻过2015年就是过山车，时间节奏就不是靠自己能够控制的了，一切跟着年级走，走得好的主动走，走得不好拖着走！由不得自己！我的任务就是继续按"三陪爸爸"要求执行，坚持不懈地努力。

2.争取湖北省名师的评选。韩锐很早就是，李先军2013年、钟道杰2014年是，过去高不可攀的目标随着我的资历增长越来越靠近，我认为我也应该努力做到。与钟、李相比，我多个省劳动模范，但是现在少个省名师，与钟相比，还少个位置，别的是可遇不可求，但是省名师是可以个人努力做到的，所以这是我目前最有机会通过个人努力奋斗得到的。怎样做？必须增加新的科研成果，倒计时2015年5月只有两个多月，现在比较便捷的方式，是对《校园传统文化诵读》结题。加紧发几篇文章，再开发一本校本课，自加任务到各学校转转，及时记录下来并学会整理。对，关于家庭教育的是否可以收集一下，标题是"给正在成长中的孩子"，利用家长会发下去。做科研人，压倒一切，做中学学术的权威。

3. 读几本自己终身受用的经典书籍。冯天瑜教授的《中国思想文化史》是我寒假开始阅读的，这本书我很早就知道，也许太厚，一直没有耐心阅读，现在静下心来，发现如果我早读，绝对少走许多弯路，人的阅历会增加认识人生的厚度，我越来越有这种体会。我现在开不出书目来，但是少读快餐书，多看经典的很有必要，包括国外的书，了解国外的思维、文化很有必要。道教思想已决定成为我后半生关注养生修炼的一部分。原因有三：一是中国土生土长文化，具有民族性，学本国文化；二是道主老子姓李，与我本家，学家庭文化；三是学术特点，符合中年之后的处世之道。至少一年读古今中外5本书才拿得出手吧。

4. 健康身心。健康概念有三：一是身体康健无毛病，二是心情愉快乐呵呵，三是内外调节讲平衡。所以，继续坚持自己的养生之道：每天按时作息坚持午休，少熬夜不废寝，早晚走路不中断；一天三顿按时进餐，汤汤水水荤素搭配，少腌腊熏辣，多清淡蔬菜，不抽烟不酗酒不赌博，不大喜不大悲不大怒，得失看淡，进退有度，少生气不赌气，少争强不斗狠，事完气散，百事百了。多喝水少长坐，多积德少结怨，多大笑少木脸，多开心少闷气。淡定得失，舍得放下，进也从容，退也从容。检查硬指标有三：每年秋季体检，血压、血脂、血糖、胆固醇等指标一切正常；看病打针次数；发怒生气记载次数。争取学点太极拳。

5. 教学教务。坚持"一名校长决定一所学校"的理念，校长的思想决定学校的思想，校长的思维高度决定学校的发展高度，所以不再讨论是是非非的问题，中层就是忠诚与执行，可以开创性地执行，而不是偏离方向，可以将个人的教育理想与面临的教育现实分开对待，而不能混杂一起。所以2015年坚决执行校长思想，抓好常规落实，打好配合战，对年级是指导而不是主导，指导力度取决于学校上层，不必争强或牢骚，做好现实定位，不必徒增烦恼。上动则下动，上不动或者不鼓励动，下动也白动，所以2015年处室不准备大改革大调整，实际上围绕学校中心就是王道。严格按规办事，抓好常态，履行职责就是最大的创新。同时个人教学工作不能松懈，名师必须是好老师，站不住讲台的绝对不是名师，这是我的生命线。高三一定要争取只带一个班，不要受豪情干扰，年龄不饶人，一个人精力都是有限的，不要耽误了别家的孩子，教学效果一定要注意，家长与学生目前最需要的恰恰就是教学效果！同时注意小科研的同步推进与积累。

　　从个人到家庭到团队到社会，我过去一直在向前冲，而现在我是在冲和守之间，绝对不是坐守坐收，消极对待，而是抓好人生秋季的黄金时节，颗粒归仓，做努力的最大化，做自己的人生满局，挣个大满贯！既不能争满了外面的（名利）丢了家庭（幸福）和个人（健康），也不能固守个人丢了家庭失去了社会，或者顾此失彼，许多人风光的背后是悲哀，我不要别人的所有最好，只要自己的三合彩！祝自己成功和时时小有收获，小有进步，积小成大，成就自己美满的人生。

（2015年2月20日　正月初二）

一块分吃的面包

说起这个故事，那是30多年前的事了。

那年我10岁，在离家5里外的一个山崖上读村小学三年级，时间大概是1978年深秋，改革开放的春风似乎还没到来，我的家乡小山城更是封闭一些。

记得单调的学习日子里传出我们村校要包电影，至今还记得是李准的同名小说改编的电影《大河奔流》上下集，总共需要放映两个半小时，当时觉得时间很长很长。那时电影少，能传到我们小山城的就更少了，我小时候看得最多的就是《哪吒闹海》，好像看了5遍，每逢六一儿童节那天县电影院就放，学校就组织我们观看，以庆祝我们的儿童节日。我们这些小学生听说这次电影不是《哪吒闹海》更是非常雀跃，一直盼着学校通知具体时间好早早出发！

钱是早早收了的，那时物价很低，一场电影一毛钱一张票，因为我们是学生又是集体，所以只收六分钱，《大河奔流》属于上下集，所有县电影院的票价是两毛钱，所以我们学生价就是一毛二分钱了。因为我们村小学离县电影院也就是六里路程，所以常常是排着队唱着歌沿着马路一直走进电影院。这条线路需要通过我们家门口，所以我很小的时候看着邻居的哥哥姐姐走在队伍里一起去看电影，就羡慕极了。现在自己也成了小学生，也希望自己走在队伍里大声唱歌，最好我家邻居的叔叔婶婶也能看到我在队伍里，最好看清楚我戴着鲜艳的红领巾！

盼望的日子终于来到，下午上了两节课我们全校就以班为单位开始整队集合，高年级在前面，我们三年级实际上就是一个班大概二三十人吧，我们自然在后面。一路歌声一路笑语，老师不断提醒我们跟上行走的队伍。这次走在队伍里的我特别兴奋，因为我们还有一个秘密。这是我同班同桌的赵志勇策划的，他比我大一岁，爸爸在单位上班，比我见过世面。那天中午放学走在路上他跟我商量，我们都回家要粮票，下午看电影时两个人坐一个座位，将另外一张票卖掉，然后买个面包分吃。

提到面包，当时我的口水就出来了。那时家里姊妹多，家里父母都在生产队务农，有饭吃饱肚子就很知足，家里从来是没有零食的，更何况在外面买！苹果之类水果是没吃过的，因为家住在汽车站附近，来往人多，瓜子、米花糕、饼干只是看别人吃过，应该很好吃，反正自己没有吃过！因为赵同学大一些，所有的事情由他出面，我只需要找点粮票，想到还可以吃到诱人的面包，我几乎没有犹豫。

中午回到家，抓紧时间吃饭，父亲太严厉，吃饭时我根本不敢提，等到上学的时候，父亲已经出去了，我蹭到昏暗的厨房找到正在洗碗的母亲，小心地说明请求，善良的母亲一边忙着，一边听我说。等我说完，她停下手中的家什，犹豫了一会，将湿手在围裙上擦擦，然后走向他们的卧室里，我跟着进了父母的卧室，母亲用钥匙打开一个大木箱，平时里面主要放着衣物，从夹角里小心翻出一个毛主席语录小红本，从里面抽出一张一两的湖北省粮票递给我，轻声地对我说："保管好！"那时买任何东西都是需要计划票的，我们家在农村，所以计划票诸如粮票、布票、油票、肉票并不多，总是很金贵的，在当时我们家境里，对于小孩子要一两粮票也是个特殊要求。虽然很困难，但我自小一直乖巧，母亲居然没有回绝，在母亲的眼中，孩子不过是为了一口面包！十岁的我像得了圣物一般，一声欢叫而去，记得那天我觉得上学的路程特别短，我要尽快告诉赵同学，我已有了一两粮票。

一切按照计划进行，我们排队到了电影院，临近检票口时，在赵同学的怂恿下，我们溜出队列，我站在角落等待，赵同学跑到售票窗口等要买票的人，那时票面没有加盖印戳，学生票与成人票是一样的，很快赵同学按照学生价卖出了。有了这一毛二分钱，赵同学手中已有一两粮票，我凑上一两，两个孩子立即飞奔到旁边卖面包的摊点，记得是县食品厂推着人力车卖的，我们卖票前就已经观察好了这位大伯推的人力车停靠的地点。赵同学付了一毛钱又递上粮票，很快大伯就递给他一个焦黄焦黄、油亮亮的松软面包，当时我感到好大一个！赵同学并没有将面包立即分给我，他说我们进电影院再吃，这里人多不好！我不知道我们是怎么一张电影票两个人进去的，反正几经周折走进放映厅电影已经开始放映了，里面早熄了灯。我们按照我的票号找到位置，反正两个人都个子小，挤在一个座位上也行，况且还有面包吃！黑暗中赵同学将面包掰开递给我，我双手接过，捧住喂到嘴里，生怕面包屑掉了。第一次吃面包，太好吃了，三下两下还没有什么咀嚼就吞进胃里去了，还没有来得及回过味找到感觉手中的面包已经没有了，将手放在鼻孔闻闻，怪香的。赵同学吃得慢，也许他比我多一点，我也不好意思再要一点。那天电影实际上我看得不是特别注意，已经很知足很高兴，毕竟我吃过面包，我的姐姐、弟弟肯定没有吃过。

不知道怎么走漏了消息，反正第二天中午回到家里就被父亲命令下跪，也许是那天我单独行动没有管读一年级的弟弟吧，也许是我看完电影回来路上在弟弟面前吹牛了吧，也许是买面包时被别人看到告密了吧，总之父亲是知道了的。面对父亲冷峻的眼神、严厉的呵斥，我全部如实交代，父亲的训斥，我无言以对，颜面扫地，父亲骂我好吃佬、"油嘴莫子"，我当时不知"油嘴莫子"是何意，只晓得自己很下贱、很低级，简直不是人！人格完全受到侮辱，加上不懂事的小弟在旁边幸灾乐祸地嬉笑，我更是无地自容。我对自己这种见不得人的事情感到很肮脏、很羞耻，本来我就是一个胆小守规的孩子，当时就后悔不该吃面包，都是那半块面包惹的祸。自此以后我就厌恶面包，厌恶好吃，产生强烈的刺激，以后面对再诱人的食品只要家长没有允许吃，我从来没有再动过心更不会碰。至于剩下的两分钱可以买一支没有橡皮头的铅笔，计划两人平分，我也再没有找赵同学去要。因为我不愿再面对这种耻辱，而"油嘴莫子"的称呼也让不懂事的弟弟喊了很长一段时间。

关于面包，我直到20年后才开始少量吃一点，只要能有别的食品，我是一般不吃它的。虽然现在的面包比当年小苏打发酵、糖精添加的面包好吃多了，但我始终不感兴趣，因为它总是让我想起那段记忆。

有时我在想，到底我犯了多大的错？投机？好吃？影响了别人？不正当手段？毕竟我当年只是10岁的孩子！长大了，成人了，我与我的妻子、儿子谈起过此事，但从来没有与年老的父亲谈这件一辈子都铭刻在心的记忆。也许我真的嘴太馋了，也许当时条件太差吧，也许过去我们家庭成分不好，父亲被阶级斗争批斗太多吧，也许父亲当时认为我太不争气丢人吧。

没有什么可以怨恨的，只是那个时代而已。但是这个经历从此锻炼了我的绝对自控克制能力，对欲望的克制，现在面对世间的各种诱惑，我可以苦行僧般顽强生活着！不为所动，也怪好。

（2012年12月14日）

选择与守望

孔子曰"三十而立，四十而不惑"，作为一个过三奔四年龄的人，既不能"立"起来，也尚没有修炼到"不惑"的境界，但我一直没有怀疑自己对教育的追求。记得3年前我曾经在华中师范大学为本科生作过《做中学教育的守望者》的演讲，而今天下午"学习十七大精神"的集会，面对"对党说句心里话"的条幅我又郑重签上"坚定教育，守望学生"。

我的父亲是教师，我自小就深感当教师的艰辛和教育的无奈。高考后升学通知书下来时我蒙了，我也被师范录取了！我当时大脑一片空白，最强烈的念头就是一个幼稚想法："我能不能换一个通知书？换一个非师范高校？哪怕中专也行！"回家后，作为教师的父亲拿到我的通知书，默默地看着，最后他深沉地看着我说："实际上当老师也好！"就这样我开始了师范大学4年的学习，毕业以后成为一名高中教师，一晃就是15年。陶渊明诗中说"误落尘网中，一去三十年"，据说是夸张的说法，只有13年。而我却越来越发现自己钟爱教育，越来越留恋教育，愿意再过50年，但不再感觉在"尘网中"，而是"乐网中"。

我在大学表现出色，按照计划分配政策，我被分回县区，准备安排到一所高中担任校级领导。我面临一次选择，我以为年轻人应该从基层干起、从专业干起、沉下去才能健康成长。为此我选择到家乡的县一中任教，从年轻班主任、从高一教学工作开始锻炼自己。教育领域同其他一样，业务过硬是最重要的，事实证明我的选择是正确的，我踏入高中教育第3年就带完第一届，高考成绩破了学校高考历史纪录，《襄樊日报》对我的个人事迹进行了报道，我终于站稳了脚跟。到了襄阳四中我依然坚守业务第一的原则。我体会到：不管在哪里，干出来才能证明自己，而在有意义的岗位上干出来才最有价值，这是脚踏实地"为人民服务"的真正体现。

上世纪90年代以来我面临的是内地扎根还是到外地发展

的选择。我们夫妻都是教师，而且自感个人教学业务都不错，这是许多同行孔雀东南飞的便利条件。外面的世界很精彩，平时许多同学相互打电话，在比较中也感到内地收入差距很大，不能说对我们思想没有冲击。但我以为发达地区需要优秀教师，内地更需要优秀教师，面对生活我需要一定物质条件，但我不仅仅为了这些。我虽不是优秀教师，但我反复思考，认为自己更适合内地发展。一个人要有适合自己发展的空间，这就是工作有成就感，上级有认可度，在周围人际环境有归属感，这就是最好的生活空间。一个人活着不仅仅是为了钱，精神的追求、事业的成就感最为重要。一个人的生命成本是有限的，不能老折腾自己。多年前我曾经独自进入一位辞职到南方下海闯荡的朋友的陋室，他的房间大书一个条幅"大丈夫按剑居蓬阁待时而动"，面对条幅我很是思绪翻滚，但我现在甘居蓬阁，早已拔剑在手为内地的教育而起舞了。

教书还要育人，这是教师的职责。在高中教学中，我所在的学科可能无足轻重，但我要让我的学生感到我的学科地位和作用。高考的应试导向、学生的态度让小学科老师有许多尴尬。我充满自信地用个人经历告诉学生"一个人有作为然后才有地位，地位靠实力铸就"。我用自己的实际行动证明自己的实力，我坚持以每节课的精彩讲述感染学生，我坚持以每一天的认真态度影响学生，我要用无声的语言告诉我的学生："我虽然不是最优秀的，但我积极生活每一天，每天做精彩的自己！"我充满激情的生活态度给许多学生留下深刻印象，许多毕业学生的留言也证明我的态度与做法确实影响了他们以后的发展。

伴着青春步入中年，我的教育生涯主要在班主任工作中度过，有人把班主任叫做"班妈""班头""老班"，我乐意接受，但我更愿意用"教育理想的实践者""师生生命的欣赏者""学生成功的助长者"来诠释我对"班主任"的理解和情感。因为班主任工作为我教育理想的实践提供了基地。每当我走进教室，走上讲台，总有一种崇高的使命感和责任感，大有"天下之大，舍我其谁"的情怀。岁月流逝，但我情怀依旧，班主任工作给我提供了表达自己对教育理解的实践舞台，为我追求教育理想提供了空间。对班主任难解的情怀已经悄悄渗透我的生命中，变成自然的行为。在那里我能找到自我，找到充实，因为我以一个教育者的身份实践着耕耘着。班主任工作也为我对人文生命的欣赏提供了窗口。人是生命的活体，要善于欣赏生命，欣赏生命的历程，不仅欣赏自己也欣赏他人。当一茬一茬的年轻人从我生命的历程中走过，我从他们的成长变化中找到自己忙碌的见证，在他们的各种成功中找到自己生命的价值。有人将老师比作蜡烛，这是一种为高尚而殉道的赞誉，有时我有这种内心冲动，更多的我愿成为学生年轻生命理想的播种者、人生道路的引导者。我时常有一种惶恐：在他们年轻的生命历程中，作为老师的我应该扮演一个什么角色呢？我能够为这些年轻的生命做点什么呢？我不能因为我而让这些年轻的生命失去光彩！我应该让这些年轻的生命更加多彩！学生的人生路很长，我们只拥有其中很短的一段，作为班主任我总是尽力好好地珍惜和把握。

教育是项寂寞的事业，没有显赫，没有功名，我们需要学会承受；教育是项育心的事业，没有立竿见影，只有心灵的交流，我们需要用心应对；教育是项甜蜜的事业，当你爱上她时你会魂牵梦萦。现在时代为教育提供了更加崭新的机遇，我更愿守望更愿奋斗！

（2007年11月2日晚）

遭遇本命年

2005年是我36岁的本命年，第一个月的第6天，我就遭遇上了。

这天上午原计划返回武汉，由于爱妻挽留，于是陪她逛街，临到中午准备离家返汉时，才发现自己的钱包丢了。损失惨重：现金近900元，身份证、银行卡、进餐证、上机卡、图书卡甚至夹在里面的结婚照全部丢失，还有一张一个小时就要上车的火车票一同"殉葬"！凭过去的习惯，我最初只是以为暂时找不到，只要静下心来，像往常一样很快会出现，但这次栽了！随着时间的推移，事实已越来越说明不堪面对的结论就在眼前。今年一年脱产学习，经济上本来就只有出的没有进的，这倒好，本命年刚开张就加速流出了。

本命年真的是一个人的危险年吗？妻子说折财免灾宽慰我，并举证说那年她24岁在车上弄丢了相机等贵重物品的事例来为我宽心。事后，妻子说逛街前她就有种预感：担心刚给我的钱会丢失。在逛街的过程中我确实在商场寻思着准备换个新钱包。一种冥冥的力量真的在支配着什么？我向来不信命，总是坚信命运掌握在自己手中，难道命运真的在暗中起作用吗？我的钱包真的要换了，但是是丢掉的。这些都使我思考起与命运有关的人生问题来。

感叹之一：**人生的机会在无意中失去。**人的一辈子有很多机会，大多时过境迁，我们才知道那是不可多得的机会，可惜悔之晚矣。因为机会没有标记，完全靠个人感知，有时对甲来讲不是机会，可对乙却是机会，所以当机会迎面走来时，许多人并没有感觉。这次丢东西整个过程一点都不知道，似乎是一种混沌中的清醒状态，好像清醒着，实则混沌着，所以失去都在无意之中。推之人生机会也是稍纵即逝，毫无感觉。常说"机会总是降临在有准备的人面前"，看来对机会一要有准备，二也要头脑始终清醒，能够火眼金睛识得机会。

感叹之二：**人生的良机在得意中消失。**纵观世上人海沉浮，许多人开局很好，起点也高，但春风得意，缺乏危机意识，不久又有人后来居上，超过他们，结果优势丧失、良机消失。看来人生如赛场，终生都在赛跑，不能有丝毫的懈怠。妻子回忆说我们几次丢东西都是沉浸在两人世界的背景下遭遇上的。看来人生有热情有激情抓住了良机还不行，还要有警惕性，不然让良机溜走也不行。

感叹之三：**分解人生，降低风险。**人生也如走棋，一着不慎满盘皆输。虽然我们也提倡解放思想大胆实践，但这与稳重求进并不矛盾，似乎大破大立并没有稳健中创新变革更能够降低社会的成本。有时已经很成熟的部分没有必要与不成熟的部分捆绑在一起，这样可以减少风险。这次钱包里面有各种重要的卡，一丢俱丢，一锅端，如果分放在不同的地方也许损失小得多。做事情也是如此，不仅要图方便，而且也要科学合理。不然使用方便，损失也"方便"。必须考虑有进有退，才能从容应对人生的变数。

这次事故的发生，虽然要举得起放得下，但原因仍须追究，以免重蹈覆辙。深究根源：在于自己平时做事条理性不够，东西常常丢三落四，丢起来方便、找起来困难，浪费了许多时间，也常常破坏了情绪。当时把钱包随意放在口袋里，哪个环节放的？放在哪个口袋？最后一次用钱包是什么时候？始终不清楚，平时不良的习惯将导致回忆的信息也不敢确信。多年的不良习惯终于在本命年爆发。塞翁失马，焉知非福？这恰恰是本命年给我补上的一堂生活习惯课，也是一堂人生哲理课。

（2005年1月6日）

一碗泡菜面

今天周六，我上午没有课，早餐就吃得晚，8点以后我到冯家巷四川泡菜面馆去吃面。

人不是很多，但是尚需等待，因为一个家庭的老老少少四五个在前面，一个女士正在一碗一碗地端面，有的要牛肉，有的要吃素的，有的要冒豆芽，有的要辣椒，面馆老板熟练地吆喝着，一碗一碗地搭好，加汤加作料，泡菜是少不了的，这是面馆的招牌特色。

前面的一大群人忙活好了，该轮到我了，我递钱老板找钱，我将筷子拿在手中，等着自己的一碗泡菜面冒好。忽然听到背后那位女士在大声说话："老板，给我换一碗，有辣椒，娃子吃不成！"扭头一看，那位女士正将端到自己餐桌的一碗面端回到面灶前，要求换。也不知是老板搭错了，还是女士没有及时说清楚，总之这碗面有辣椒，六七岁的男孩吃不成。

"当场理清，离柜不管"，很显然，这碗面已经端走，现在又端回来，转了手，换了人，别人谁也不愿意再要这碗面条。下面将要发生的是：要么是老板与顾客吵架，讨论谁是谁非，最后彼此都不愉快；要么是老板自认倒霉，倒掉这碗面。总之问题出现了。

好在老板快人快语，立即反应过来，"好，再换一碗！"没有埋怨，没有争吵，和谐的面馆。常在这面馆过早，老板都面熟，我见此情景，也表明态度："算了，不再搭了，这碗面我来吃！"说着我就端起这碗有辣椒的泡菜面，找个桌子坐下来吃起来。那位女士开始一愣，连忙对我说："不好意思，不好意思。"老板也说："谢谢老师！"我说"没事没事！"

关于食品餐饮安全问题，我也看过许多案例，平时在外面就餐也比较注意。但是今天我毫不犹豫地做了，虽然我也不认识这位女士，更不认识这个男孩，但是我相信他们，我要传递的是人与人之间的这种信任，世道还是好人多。同时即使小到一碗面条，也不能无缘无故地浪费！

（2014年11月22日）

这世界，有些事不知道也不丢人

前几日我们同学聚会在樊城进行，东道主同学告诉我地址，电话解释了半天，我死活还是不知道。他笑骂道：堂堂四中一个大主任，这么有名的地方你都不知道！

我确实真的不知道，我以为这个世界热闹和有名的地方很多，作为一名从事教育的老师不知道也罢，自己不知道也不丢人，没有什么面子可言。

这世界太大，这世界变化太快，我觉得能将自己的本职做好就不错，作为中学教师，特别是新课改带来的观念的压力、知识的更新、模式的探索，亟须要充电、需要太多思考。对于一个已过四十不惑年龄的人要想保持过去的记录，要想领跑领先，实在不容易。一个人毕竟精力有限，忙了这头，顾不上那头，能将手边的事情忙活好就烧高香了！

我平时的活动范围就是从家里到学校，仅仅局限在襄城东边，二桥以西很少去，也很少过河到樊城，樊城变化太快，开发又多，再更远的不谈。每天早晨6点多起床活动一下，不当班主任了，也不需要检查学生出勤，转到7点半到学校，每天来回三趟，上班、备课、上课、开会，每天晚上10点多回家，也怪充实。我们周围有菜场有商场，基本生活有保障，没事到外面干啥？

一个人兴趣不能太多，一辈子集中忙一件事就行。我这人不会玩也不爱玩更不爱应酬，比较拙笨一些，那就静下心来不到处跑，只忙一件事，今年就是手边的处室的事和高三教学！明年争取让我的学生有个好前程，这是我人生在积德。

外面的世界很精彩，流行的和变化的太多。我想，只要思想不落伍、知识在更新、工作有创新、身体很健康、同仁都认可，外面的该了解则了解，不了解的也罢，反正也跟不上趟！

今天9月1日，新学期新征程，自己表个态，我要集中精力带好2013届！

（2012年9月1日）

重返大学之梦想

重返大学，重新充电，重新发展，多年来一直是我的一种梦想。不经风雨何以见彩虹？只有失去了才知道珍贵！钱钟书在《围城》中说得好：里面的想出来，外面的想进去。离开大学已经12年了，社会的冲击，工作的压力，个人的追求，使我越来越渴望有一个安定的环境，以平静的心态能够读几本书、思考几个问题，因为我清醒地感知到时代的步伐和人生的危机，只有在不断的挑战中我才能感知自己的存在，也许只有重返大学校园才会成为我人生的新的增长点，继续学习，终生学习，这是我来自内心的体验：做一个终生的学习者！做一个终生的思考者！我思故我在，我学故我存。

多年来我一直在苦觅这种机遇。自1999年夏季开始，最初是研究生课程班，先报名缴费后开班，像我这样的积极响应者，成了高校办学不成熟的牺牲品。钱是交了，可是因为历史是小学科，人数不够，班开不起来，费用是不愿全退的，反而鼓动我改学中文，一来二去折腾了我好几千元，也惹得一些安于现状人的见笑。别人笑我是不怕的，怕的是我失去机会！后来我又折腾了几次，再后来我只好利用平时和假期进行自我充电。我这人是不爱应酬的，打牌唱歌也不会，呆在一个安静的地方，读读书、散散步、想想事是最好的享受。同时我不甘心，仍在等待成熟的机会。

我已经快35岁了，孔子说三十而立，可是我现在怎么也立不起来！岁月不饶人，我不能够原谅自己，我只有继续不懈地努力了。我已经钟爱中学的教育事业，更钟情我的历史专业。过去我和许多同行一样抱怨过小学科的狭隘，但我深信有作为然后才有地位。成为一代名师，成为教育专家，这是领导对我们的期待，也成为我们的追求，我深知也许我永远成不了名师专家，但可以永远成为一名追求者。在职历史教育硕士的学习将是我多年寻觅的最好机会！

非常感谢学校领导给了我这么一个难遇的机会，我也雄心勃勃准备抓住这个难得的机会大干一场，总体来讲计划从下面几点着手：

开眼：开阔眼界，见多识广。

我准备在短短的一年里着重从历史学、中学教育学、中学生心理学、教育管理与教学改革等领域进行突破，从专业来讲，我以为应该在中国现代史与世界史方面多涉猎些书籍，特别是外国学者的著述，这可以扩大我的视野，更加客观地看待历史。因此我将请一位学者前辈开一个书单然后老老实实地读完，作些笔记，厚积薄发，我想史能明志，不管在学术还是思想上都能终生受用。书可以稍微读杂一些，为督促自己，我将每个阶段的读书内容列成表格进行填写，也增强了成就感。社会的发展，不仅需要迅速更新知识，而且需要改善知识结构，自然科学的、世界时事的、社会前沿的，都需要尽快补充，摆脱文科生的局限，摆脱小天地的局限，与现实接轨，与社会接轨，与世界接轨，力争使自己的思想不落伍，走在时代的前列，优胜劣汰的规律谁也逃脱不了，必须有这种危机感。我想通过读书、看报、社会观察、朋友交流等四种途径来实现。

聪耳：广收信息，八面来风。

如今的信息时代需要我以开放的心态主动接纳一切。首先是听讲课听教导，认认真真地抓好课堂的信息，我认为自己是能够坐得住冷板凳的，我不是为了镀金混文凭，那不是我的初衷，我真的需要扩展自己，也许有人认为我太认真，但我没法改变自己的风格，有些方面我可以变通，在学习方面我做不到。其次是听讲座，大学的学术氛围很浓，各种讲座很多，教育设施很全，这是我最为看重的，我将如饥似渴地抓住一切时机当好学生，听各种讲座，能够有机会向专家们提问最好，我准备一个笔记本，按日期做好讲座笔记，看看一年能够记录多少，我平时就喜欢阅读《到北大听讲座》，大学如此难得的教育资源我为什么不利用呢？其三，来自不同地域的同学也是潜在的资源，三人行必有我师，平时里我总是认为每个人都是人才，都有优点值得我学习，关键在于自己是否注意，到华师的学友总有他不平凡的地方，他们的阅历、见识、思想实际上将成为我耳朵的延伸，我也会鉴别吸收。其四，听新闻听不同阶层的言论，然后用自己的头脑分析。

洗脑：勤学善思，永远清醒。

一个人是应该有思想的，有主见的。从教以来，我曾经希望能够像教育大家孔子那样立德立言，一生有三千弟子七十二贤人，事实上我做不到，但我一直在探索，希望自己有一套完整的思想体系。我越来越感到观念的改变非常重要，思想也是生产力，有些传统的东西真的不合时宜，它虽然没错，但它不能让时局更为主动，必须与时俱进。我要反省自己，不断从生活中得到启迪，不断更新自己陈旧的观点。天天躲在象牙塔里是不行的，有些事情虽然没有机会去做，但并不妨碍我们去想。做一个人生道路的清醒者也未必是件坏事情。

勤手：勤练笔头，善用电脑。

多年的教学实践，终于有机会从理论上进行总结进行探讨，过去将理论带到实践进行教学，现在能不能将实践上升到理论高度呢？经常想一想，动动笔，将自己所想所思写下来，争取在一年中能够有两篇像样的论文发表。有位前辈说："如果你每个学期有一篇文章，30年的教龄累计起来也就不少了，能够坚持下来的人却很少。"过去总有各种理由为自己辩解，现在终于没有退路了，不管是写论文还是学电脑。台式电脑购买多年，学校又帮老师们配置了笔记本电脑，很惭愧一直用得不很好，30多岁的我们绝对逃脱不了电教时代的到来，多媒体的便捷大大改变了我们的生活，只有新技术武装我们才不会落伍，谁逃避谁就意味着被淘汰！

健身：生命活力，工作源泉。

我很赞成清华大学领导对学子们的嘱托：锻炼好自己的身体，为祖国工作40年！长期拼命的工作，超负荷的运转，无尽的压力，我已经明显感到身体比不上以前，真是人过三十无少年！过去我总爱说：年轻就是资本，敢拼就是本钱，错了可以再来，就怕不给机会。但现在我才感知毛泽东的话是何等的正确：身体是革命的本钱。我希望利用这个难得的机会，暂时喘喘气，加强体育锻炼，为此我也制定了健身计划，早晨我有早起的习惯，以跑步为主，下午适当参加一些体育活动，好好养一年，以便更好地战斗。

如此的机会实在难得，我要做的事情很多很多，我也想了很多很多，并做好了最充分的思想准备。多年来我一直全身心地投入工作，不管是否有人关注，视工作如事业如生命，没有辜负领导对我的期待，但也确确实实没有机会公派出去学习甚至短期培训。现在学校领导制定政策并在大会宣布，实际上给了我一个机会，不管自己花费多少我都愿意，我深深地明白并暗中感激着，我深深地知道学校在为我个人的持续发展创造条件。我认为这比评为模范更值得珍惜，我将把握机会，思想不变心，作风不变色，家庭稳定，学有所成，不负厚望，更好地贡献四中！这是一个追求者的独白，也是对组织的交待！

（2004年7月21日凌晨2：55）

（此文是桂子山学习前向组织汇报的思想呈文）

培养临考心理素质　实现高考超常发挥

高考是国家为高校选拔优秀人才的正规考试，也是千百万考生至关重要的大型考试。考场如战场，成败得失，两天显现。有的考生看似操胜券，结果风云突变，名落孙山；有的考生看似中榜无望，结果吉星高照，一路凯歌。怎样使考生在高考中正常甚至超常发挥，考出理想成绩，这既是备考老师们研究的课题，也是考生家长们关心的话题。俗话说，考试是好是坏，功夫贵在场外，虽说平时努力备考固然重要，但万事俱备只欠东风，临门一脚无法破门更是令人遗憾。我自参加工作担任班主任3年来，在培养学生临考心理素质方面进行了一些尝试和探索。

一、高一当做高三抓，塑造临考心理素质

任何事务的操作总有规可循，考试也不例外。探讨考生的应考策略，使学生明确学习目的，端正考试动机，学会调节情绪，培养科学的应试能力，塑造良好的临考心理素质，对于考试出色发挥具有重要意义。怎样将一些考试环节条理化、秩序化、系统化，增强可操作性；怎样使学生面对考场的突发情况应对自如，排除意外干扰，保持良好的心态，这些问题一直是我从带高一以来注重探讨的。我在从事班主任工作期间，除了抓好班级常规管理，使学生学有计划学有效率、落实平时学习环节外，始终注意学生应试心理的塑造。从高一起，每当大型考试来临之前，我总有将近半小时的演讲。我告诉学生考试来临之前在思想上、物资上做好哪些准备；在考试中应注意哪些细节，如何审题答题，出现思维卡壳怎么办，上场结束下场考试之前怎么办，整个考试结束后怎么办……从高一到高三不间断，这种演讲至少有12次，不厌其烦，一次不行下次再讲，将有意引导与强化训练相结合，讲的次数多了，学生也开始有意识地调整自己不合理的环节，减少考试中不必要的时间浪费和走弯路的思维方式。学生王海群说："李老师真过细，我们考试中所有遇到的细节都考虑到了，他总是饱含热情地讲，我们慢慢地尝到了良好心理下科学化考试的甜头。"

人的思维定势是经过长期强化形成的，要想一下子纠正过来是不现实的，因此对于学生不良的应试心理习惯要及早着手，不能拖到高考前一个月抓。我通过思想上提高认识，训练上不断强化，有效果时及时鼓励，使学生慢慢培养了良好的应试习惯。在平时考试中，我观察到徐帮强同学虽然成绩较好，但答题速度慢，习惯将选择题答案在题卷中勾出后就去做后面的主观题，结果有时主观题做不完，有时刚刚做完却忘了将客观题的答案转抄到答卷上，有时匆匆忙忙又丢三拉四地抄错涂错，学习成绩很不稳定。我摸清情况后，将徐帮强找来，首先对试卷分析失误的原因，并将平时的失误与高考联系起来，说明其危害性，然后指导他确定试卷每类题大体控制的时间，使他在以后的考试中有意用手表卡时间以提高答题速度，同时下死规定要求他先将客观题涂在答题卡后再做主观题，经过几个反复，他的成绩逐渐稳定下来，高考以优异成绩被华中师范大学录取。

二、培养学生自信，提高应试能力

两军相遇勇者胜，高考打的是实力战也是士气战，越是关键时刻越要显出豪迈的气概。高考之所以许多考生发挥失常，就表现在缺乏自信。人首先必须战胜自我，只有通过改变自己对世界的态度才能达到改造世界的目的。只有自信才能坦然迎接人生的挑战，才能激发自己的潜能，变不可能为可能。平时学生缺乏自信心，主要表现在对许多事情的认识多从消极面、阴暗面思考，看不到积极面、光明面；对暂时的挫折迷惑看不到前途，容易怀疑否定自己；对生活中遇到的困难既不能正视又不能以积极的态度去处理；心理承受力差，自己对自身潜力缺乏认识。因此学习中一遇成绩下降、学习被动就自暴自弃，生活上一遇不顺心的事就自寻烦恼，怨天尤人，思想上一旦困惑就不能自拔。

"天生我材必有用"，使学生充满自信非常重要。我根据实际情况，既从全班整体上公开讲，又针对个别同学私下谈，既定期常规讲，又结合偶遇事件机动谈。在班上我设立"班主任演讲"，时间不定，内容自由，每次演讲既谈成绩又批问题，既指不足又明确目标，使学生在不同阶段知道自己的近期目标是什么，该怎样努力，时时唤起他们昂扬的斗志。对于"逆境不久强者必胜"的道理，李海燕同学体会最深，她说："班主任的演讲一次又一次唤起我的斗志。"她在多次的挫折中不放弃努力，像海燕一样与暴风雨搏击，终于考上大学。对于个别同学的自信心不足，我因人而谈，我私下谈心既诚恳待人又设身处地，既符合实际又有针对性，因此学生很乐意主动找我谈心，谈后使他们进一步增强了学习的信心和勇气。陈红玉是位很上进的女同学，她几乎每次考试后都找我谈一谈，我们一起探讨出现的问题，制定下一个具体目标，由于信心十足，她今年高考发挥出色，脱颖而出，考得553分（重点线538分）的高成绩。她在给下一届学友的信中说："每次与李老师谈后浑身都是劲。"不同的对象提出不同的要求。于海荣同学在高三上学期信心不足，提出与其拖垮不如回家的请求，我用"世事我曾抗争，成败不必在我"鼓励她，帮她分析了不利与有利因素，帮她订了切实可行的学习目标，今年高考她以自己满意的成绩考上了省共青团干部学校。

由于优生差生一样对待，个个学有计划，学有目标，自信自强，士气高昂，整个班级形成了一个积极向上、比学赶帮的良好态势，在今年文科高考中全班同学发挥出色，比平时推进一个档次，全班上省线占全校文科生的55%，上重点线占全校文科生的67%，最高分583分，除第2名外，几乎囊括全县文科前7名。其中重点线（538分）的4位考生成绩是554分、553分、552分、551分，如此雁行鱼贯，若不是平时培养自信心，展开公开竞赛，哪有如此喜人的景观。

三、稳定考前情绪，实现超常发挥

5月统考之后，各科都转入了大规模全方位多层次的强化训练阶段，于是平时隐藏的许多问题不断暴露出来，而高考期限迫近，加上天气炎热，学生的情绪极不稳定。表现在学习上，手忙脚乱，眉毛胡子一起抓，复习无目的，盲目性大；表现在思想上，疑神疑鬼，心神不定，顾虑重重；表现在生活上，茶饭不香，失眠频频。如果此时班主任不能采取有效措施及时给予稳定，将会使前面的复习前功尽弃，效果大打折扣，更谈不上参加高考了。

首先从思想上开导他们，"打泼了牛奶不要哭"，哭是解决不了问题的，最重要的是想办法解决问题。对于问题的出现要采取冷静积极的态度，不要夸大问题，不能回避问题，相信任何问题都会成为过去，任何问题总有解决的可能，我们应让问题的解决向好的方面转化。同时大谈今年高考国家政策的有利因素，我校今年的良好势头，领导教师充满希望的预测，淡化消极因素，使学生以饱满的情绪成熟的心态坦然对待临考前发生的一切。

其次从生活上关心他们。进入备考后期，我更密切地深入寝室、学生中，严格规范他们作息，减少加班加点，慢慢调整他们的生物钟，问寒问暖，以人情味去感化他们。由于长期以来与学生建立了深厚的感情，学生认为班主任总在设身处地为他们考虑，所以很乐意去接受生活方面的指导。高考前一周，我班忽然出现一些学生患热感冒，精神萎靡，不断咳嗽。我一方面要求病情轻的吃药，另一方面我强制并亲自护送3名学生到校外医疗点进行输液。当时邱拥华同学做皮试时由于身体虚弱、皮肤过敏而晕倒，经抢救脱险，随后我抱着邱拥华坐三轮车回校。我一面请食堂师傅开小灶做病号饭，一面让邱拥华躺在我单身寝室进行观察护理，老天有眼，两天后3位同学病愈并顺利参加了高考而且发挥出色，其中邱拥华成为全县文科状元。

其三，在学习上指导他们。我组织任课教师进行专家会诊，以座谈的形式分析了当前备考的问题，商讨应采取哪些有效措施，使学生既不盲从企图重新学习，又能心平气和地查漏补缺，取得良好的效果。我动员老师与"短腿"学生结对子，既从学科上指点又从思想上鼓励，使学生的复习即使到了后期也有升温的效果。

在高考前的一段时间及高考期间，年仅26岁的我非常注重自己的形象，充分发挥班主任的主帅作用。我尽量不批评学生，和颜悦色指点学生，不用偏激话刺激学生，整天精神饱满，非常乐观，显出镇定自若、稳操胜券的样子，这种指挥若定的情绪感染着学生，学生也不再紧张。高考3天，我煮绿豆汤送给学生喝，每场考前我进行10分钟演讲，激励他们投入考试，然后目送他们一个个从我身边走向考场。考完后我用笑脸迎接他们考场归来，再用5分钟演讲激励他们放下包祆，将目光转向下一场。整整3天，全班学生复习考试井然有序，师生情浓，个个劲头十足，士气高昂，保证我校文科高考大破县文科历史纪录，以一所山区学校挤进全市20多所学校前5名，而且我班也单班破了县文科历史纪录。

总之考生能在高考中取得满意成绩，原因是多方面的，但作为班主任必须将备考意识贯彻到整个高中3年，将临考心理素质的培养从平时抓起、从高一抓起，打好平时基础，我想功夫不会辜负有心人的。

（1995年12月）

【后记】

此文为1995年高考结束后自己进行的总结，并成为当年全市高考经验交流的材料。10年以后翻找出来才豁然发现自己很早就在使用心理学备考，自己也为当年的超前理念而感动，永远掌握新的教育理念并应用在教育实践上才是我的追求。我现在同文打印，一是在标点符号上修正，二是在个别语句上稍作调整和删减，如将高考的时间由3天改为两天，其他基本与原文一致。虽在使用理论上尚显浮浅，但是保留26岁我的水平原貌也有纪念意义，特此记之以鼓励自己继续进步。

（2005年6月20日）

我的硕士我的梦

重返大学，重新充电，重新发展，多年来一直是我的梦想。离开大学已经十多年了，社会的冲击，工作的压力，个人的追求，使我越来越渴望有一个安定的环境，以平静的心态读几本书、思考几个问题，我思故我在，我学故我存。多年的工作实践，使我越来越钟爱中学的教育事业。成为一代名师，成为教育专家，这是社会对我们的期待，也是我的追求，我深知也许我永远成不了名师专家，但可以永远成为一名追求者。在职教育硕士的开办恰恰是我多年寻觅的最好结合点，重返大学校园将会成为我人生新的增长点。

"雄关漫道真如铁，而今迈步从头越"。当我走在桂花飘香的桂子山时，我才真真切切地感觉到自己终于又成了华中师范大学的一名学子了。我终于开始向梦想进发了。

在开学的座谈会上，一位德高望重的学术前辈殷切寄语我们："大学不是高楼大厦构成，而是大师、学者构成，也需要更多高质量的大学生、太学生来支撑。太学生指的就是你们这些研究生，你们要有学术追求，带着问题学习，在宽松自主的环境中学会思考，在某些问题上不惜时间不惜成本，注意阅读的广泛性、思考的独立性、学习的成果性。"我们心里暖乎乎的，开始了井然有序的学子生活。

学校量体裁衣，开设了符合我们实际和发展方向的课程。课堂上我们聆听大师的传授，他们侃侃而谈充满自信，引经据典信手拈来，我们感觉着学术发展的脉动，我们呼吸着学术最前沿的新鲜空气。我们根据老师开列的书目在图书馆、资料室充分查阅，穿行在摆满书籍的书架之间，犹如在知识的海洋里遨游。电子资料搜寻系统使我们大开眼界，真正体会到科技发展导致的学术研究的便捷。华师的学术氛围很浓，各种讲座很多，这是我们很看重的，我过去就喜欢阅读《到北大听讲座》，大学如此难得的教育资源我为什么不利用呢？于是在各种讲座活动里闪动着我们的身影，也有我们的声音在提问请教。

我们像年轻的大学生一样背着书包，走在绿树葱郁的校园里，走进安静的自习室里，我们感到自己的年轻和活力。我们这些来自不同地域的同学相互交流着，探讨着，共同分享全国各地的教育成果。在这个百年老校里，我们明显感到教育新思想的冲击，我们洗脑、我们开眼，我们慢慢更新知识、逐步更新观念，设计着未来的教学思路和科研道路，实现着向新时代教育工作者的转变。

带着教育硕士的梦走进华师，我们如饥似渴地学习着，作为重返校园的圆梦者，我们的学习更有针对性、更有目标。我们规划着学习日程，因为我们知道机会的不易和需要的紧迫。我们会损失一些，但我们收获更多。我们不仅仅为了学位，我们将获得新的知识、新的观念、新的思维方式。我们已经可以深信：我们将满载而归，不虚此行！

（2004年12月25日）

（此文应华师研究生处之邀而作）

我谈"高一当做高三抓，三年一致抓到底"

2007年秋，作为年级主任，针对当时学校的教学实际我曾经提出这句口号，我觉得经过三年的努力，基本上解决了当时存在的一些问题。这句话我是这样理解的。

一、不否认高一入学的起始性，但从时间上三年一致都得抓紧

高一确实是高一，是高中的起点，是基础年级，这一点必须承认，我们所有的工作必须从此基点出发。因此对高一学生来讲，抓初中到高中思维的转型、知识的衔接、学法的调整、习惯的养成都很有必要。教学上我们必须研究学情，要调查了解，要从学生的实际出发，才能针对性教学，才能体现有效性，而不是一味拔高、求难、贪多、图快。但是在教学时间内必须抓紧、抓有效。学生带着家长的期待、更是带着自己的梦想到四中，不仅要学得愉快，有成长快乐，更要有阶段性的特别是3年后的成就感，实现人生跨越！过去"高一玩、高二看、高三起跑再流汗"的思想使许多学生麻痹松懈，误以为进了四中门，就意味着进了重点大学的门，高一放松要求，等到高三才恍然大悟，这是大错特错的思想。现在我们每年高一新生的指令计划900多人，而每年高考纯文化课上重点大学线人数至今也没有突破900这个数。可以明确地说3年前的指令生并不等于3年后的重点大学生，因此家长也好、学生也好，不要期望值太高，更不要以为指令考上四中的学生就是北大清华的料，还需要努力多多呀！刀不用要生锈，人不学习要落后，有的中考优生高中3年期间不抓紧，搞不好连重点大学线都难保啊！因此从高一必须紧起来，三年一致地不能松懈，真正三年一贯始终如一，实现起跑重心的前移，从进入四中大门一开始就必须全力以赴地起跑，不存在中考之后到高中调整的间歇期。

二、不否认高一知识的基础性，但从内容上必须强调三年一贯的整体性

知识的学习有个由易到难、循序渐进的过程。只有高一高二知识的积累才有高三的升华，只有高一高二新课的学习，才有高三后期的综合复习、融会贯通、能力拔高。但是必须有三年内容的通盘考虑、有计划讲授的三年白皮书，在知识内容上、能力要求上，什么阶段讲什么，什么该讲什么不该讲哪些讲了哪些没有讲、哪些还需讲哪些不需要讲，必须心中有数，着眼高三，讲究有步骤有分寸有章法，这就是强调教学内容的连贯性、一致性、整体性，而不是脚踏西瓜皮滑到哪里算哪里，或者滑到高三再想办法。我想只要没有特别明显的问题，也应该保持班级学生的相对稳定性、师资队伍的相对稳定性，这样师生相互熟悉、讲授知识连贯，达到最佳组合，就可以增强有效性。重复教学不是有效教学、盲目教学也不是有效教学，是骡子是马总要拉出来的，最终教学都要接受3年后的高考检验。所以平时教学，必须着眼高三，着力高一、高二，一环套一环，梯度推进，环环相扣，环环有效，毫不松懈。

三、不否认高一目标的多样性，但更关注三年后主体目标的评价性

作为高中生，文化知识的学习不是高中阶段的唯一目标，但是应该作为主要目标，此外还有为人处世、道德修养、情感价值、理想信念等培养目标，不能3年学下来只剩下分数。我们对学生的评价应该是多元的，而不是单一的唯分论。过去是这样，现在、将来也是这样。作为教育者，我们必须有自己的社会使命和职业责任，因此在高一高二除了高考科目，国家教育部规定的其他课程我们也要开，而且要重视，不仅是课内的，而且有课外的，让学生适当地有引导地全面参与丰富多彩的高中生活，让学生成为全面发展的人、真正的人！同时，我们也不能走极端，不能谈分色变。学习是学生的天职，一个不爱学习的学生，我们不能武断说他没有生存的空间，提前定论，但是至少我们不能鼓励这种导向。特别是在当前的国情里，崇高的东西固然令人敬佩、谈起来令人向往，但是我们必须面对现实，为我们的求学者、为我们的学生找到将来生存的出路，这才是最实际的、老百姓最欢迎的。一所失去社会民众支持、向往、关注的学校，办学是没有生命力的，是走不远的，它再崇高再令人敬仰，也不过是海市蜃楼！还是我们的一位领导说得好："一所只追求升学的学校将会平庸化，一所不追求升学的学校将会边缘化。"现实需要我们寻找平衡点和结合点，这既是教育的无奈，也是教育的真实，而我们必须活在理想与现实中。

我无意想表达什么，但是前些年的经历让我们有切肤之痛，让我们受窘过、难堪过、忧虑过。现在我们的日子虽然有所改变，但是并没有绝对改变，谁也不能麻痹大意！所以当前我们必须清醒地认识到：好日子不远了，当前紧日子还要过，而且更要理性地过！

（2011年11月29日）

我谈"看起点、重过程、比结果"的评价理念

作为基层教学管理人员，我在2006年曾经提出"看起点、重过程、比结果"的评价理念，我是这样理解的——

首先强调看起点。一位成人与一位孩子不要比挑担子，因为起点不一样，比，无疑是不公平的。随着高中竞争的日益加剧，我校分层教学成为必然，这种做法让不同学力的同学都能吃饱吃好，我认为这是真正的因材施教。一所学校出于多方面的考虑，设立一个层次高一些的班级，势必在评估上要求更高，如果本来学生起点就高，几乎集中全校的所有优生，本来按学校正常水平可考8-10个北大清华的特优生，结果这个班只考了3个，而且全校就这3个，能否认为这个班就是该午高考成绩最好的班级？我看不行！学校即使这样评价，老师们也不会这样认为，甚至以为他们是学校的罪人！这个班的教师影响了学校的声誉、耽误了学生的发展。该考好没有考好，就应该担责任。考得好要奖，考得不好要惩，奖惩分明。我们四中这些年当着全体教师的面，高三年级主

任立下军令状，白纸黑字与校长签协议就是效果好。所以我认为应该看起点，没有起点不谈评价。

其次突出重过程。三年说长也长，说短也短，是个难得的变化发展时期，关键是是否看重这个时期，是否抓住有限的变化时期很重要。起点不决定终点，起点与终点变化的关键在于过程，所以我们应该在乎过程、监控过程、投入过程。任何事情从量变到质变的转化就是过程，因此我们做足过程。过程不是辉煌，过程就是寂寞就是奋斗就是艰辛，谁也不注意、不喝彩甚至怀疑，但是坚毅的人哟，我们能把握的就是过程，能改变的就是过程。如果呼吁所有团队的人关注过程，将是一种了不得的效益，改变了过程就将改变结果。等待与埋怨是消极的，不要期待外在因素，贵在埋头投入过程！这些年我们总有低进高出的典型同学就是在过程中成长起来的。

其三坚决评价结果。必须建立评价机制，必须旗帜鲜明有个结论。此时不再谈原因，根据结果，该肯定则肯定，该批评则批评。不同的层次有不同的标准，高层次不一定都进步，稍低的层次不一定不进步，特别是起点低的有突出成绩的更是难得，更需要表扬和肯定。不靠辩解说明，而是用数据说话，这才是实实在在的！

不看起点一锅煮是不对的，不投入过程只等待结果也没有好结果，最后有了结果不评价实际上打击努力者，这也是不公平的。所以我强调"看起点、重过程、比结果"。

为此，要根据起点定指标，要注重过程管理，要给予结果一定评价。毛主席教导我们说："世界上怕就怕认真二字，共产党就最讲认真。"只要我们认真，把事当做事去做，就会减少许多遗憾！说话不靠吹，火车不靠推，啥事就怕具体，一具体就显山露水了。

四中的金字招牌打造不容易，维护更不容易，我们大家很辛苦，都是靠身体与血汗在打拼，社会诱惑很多，守住自己，耐住寂寞，我们才能守卫尊严！

（2011年12月10日）

做一个干净的教育人

前几天，我收拣长期堆积的桌面文件，无意中发现3年前一份中考招生录取请示报告，看到这份报告，我长期压抑的心绪一下子打开，这件事虽说已经委屈和憋闷了3年，但是我内心是坦荡荡的。我不过做了一个有责任心有爱心的教育人应该做的事情。

事情从3年前——2012年的夏天说起，一年一度的中考招生工作正紧张有序地推进，特别是到最低成绩最后一批录取，往往是在议定的分数线内以是否向所在学校缴培养费为准。所以成绩稍低的家长往往聚集在学校招生办附近，等待符合条件便于立即缴费。教务处紧邻招生办，许多年我也参与招生咨询与录取。记得那是7月中旬的一个下午，最后一批缴费工作已经进入第二天，时而传出降分的消息，让焦虑不安的家长激动不已，不管怎么样，可怜天下父母心，虽然花出了血汗钱，但是毕竟将孩子送到当地最好的高中可以接受优质资源教育了！当时快5点，招生办忽然接到学校领导的电话，缴费名额基本满了，不再办理缴费手续。消息一出，现场家长炸开了锅，有两个女家长死死拉住办理窗口，不让关窗，甚至哭泣起来，招生人员束手无策，现场显得有些混乱。听到外面吵闹声很大，我作为学校党员干部有责任维护学校安定，赶紧走出教务处办公室控制局势。原来学生的中考成绩相当，但是家长办理时间晚了，缴不上费就意味着孩子上不了名校，所以家长急了。我知道如果就此闹下去，现场家长很多，场面就会不好收拾。我赶紧将这两个家长带离招生现场，结果还有两个同样分数的家长也跟来了。在教务处办公室，我好言相劝，主动亮明身份，告诉他们，我是教务处主任，这个事情我将向学校领导报告，如果大家僵持在招生现场社会影响不好，也不利招生程序。待家长稳定了情绪，我让家长们将学生的姓名、准考号、中考成绩、初中毕业学校、家长联系电话登记下来，但是他们还是放心不下不愿走，即使我将个人的电话给他们。我觉得如果继续闹下去肯定是校园不稳定因素，于是我去行政楼找校长，向领导简短汇报了情况，校长没有说什么，只是签了"待研究"。待我回到自己办公室，家长们才放心离开。

就是这一主动担责的举动，一等就是一个多月。每年招生工作最后的压力是很大的，因为符合条件的学生很多，还有方方面面需要解决的特殊学生，而优质学校的教育资源有限，学校也不是世外桃源，也需要方方面面的帮助，这一直是名校招生的瓶颈问题。这4个学生，两个襄州四中、1个三十二中、1个三十五中，我素不相识，更不是我招生负责的县区，如果我多占一个就意味着学校特殊照顾的少一个。回来后我告诉家人，家人埋怨我多管闲事，为啥？既不是亲戚也不是朋友，更不是工作范围内的事。当时也听说社会上有些所谓的神通人士以帮助别人解决上名校为名收取高额好处费。现在八竿子打不着的事情却自己揽着，不怕领导怀疑我借招生名义捞钱财？我也曾经接到过有不认识的人打来的电话，他知道我是中层干部，明确提出合伙挣钱，他谈价联系生源，我负责录取，两人分成，遭到我的拒绝。我想自己身正不怕影子歪，纯粹是为了当时学校的招生秩序，怕什么？因为前些年，曾经有学校就是招生缴费中由于不能及时处理应急事件，结果现场失控，激动的家长砸门、砸玻璃、围拦领导的车。我是学校党员干部，维护学校声誉义不容辞，一旦出事，社会传播快，没有机会解释，我不能让这样的事情发生在我校！当时现场工作人员主要是年轻教师，我不出面谁出面？

从7月到8月，天气炎热，我更焦躁，这4位家长总是不停地打电话、发短信，我总是耐心解释。正如一位家长所说："李主任，我们全家就靠您啦！"搞得我压力很大。我知道招生后期领导面临最后录取的压力比我更大，我也不敢多催，只有等机会，等呀等，一直等到8月底，我向招生办报告，我向主管副校长报告，我向校长报告，终于签了一大圈，待我通知4位家长时，3位家长电话中千恩万谢，1位家长后来回电话，当时他去东南亚旅游去了。我总算松了一口气，我没有耽误4个孩子的前程，我为4个家庭带来了新的希望。

我对4位家长说，我是党员干部，帮助孩子创造好的学习环境我愿意助一把，希望你们认识到社会上还是好人多。孩子将来是否能够发展好，关键在于自己，实力很重要。我作为一名教育工作者，我希望将这4位学生作为教育实验跟踪对象，3年后我再考察一下，希望我们的努力和期待是值得的。

这件事情一晃3年过去了，我不知道学校领导是否在内心嘀咕过，我为何无缘无故地对这4个学生热心。不管是信任还是怀疑？感谢学校领导最后还是批准录取他们了。有些问题越说越说不清，我也就没有再向领导解释说明过。我可以用自己平时的言行证明，我是能够严于修身、严于用权、严于律己的，我是能够敢于担当、敢于担责、干净做人的。作为党员干部，有些事情你要敢于应对，有些场合你要敢于面对，有些原则你要敢于坚守，把忠诚作为一种品质，把责任作为一种追求，把干净作为一种境界。这3年，我没有喝过这几个家长一口水，没有收过家长一支烟，更没有与他们再主动联系过，甚至说走在校园里我根本不认识他们，其中有位家长新生报到时送的红包我也严词拒绝了。但是这4个孩子的名字我还保留着，他们现在参加完2015年高考，马上高考成绩要出来，也不知怎么样？但愿我当年的行为是值得的。

（2015年6月20日）

是星星，我们也要闪光

——在处室整风会上的谈话摘录

我们教务处处室的宗旨是"指导、协调、监督、服务"，涉及到我们在座的绝大多数同志，职责就是"服务"。我们是学校的教辅人员，我们要准确定位自己，我们的职责就是要以教学为中心，以一线师生的教学需求为中心，打好配合，做好服务。

我们一些同志总觉得自己不受重视，不被肯定，学校领导好像眼里只有一线教师，不怎么表扬我们，即使表扬也是群体性象征性地一句带过，同是四中人，工资待遇不高，平时又不被认可，心里总是拔凉拔凉的，所以工作积极性不高，按部就班，拼劲也不足。作为处室主任，这种处境我能理解。

同志们，四中是个大机器，各环节都重要，离了哪个环节都运转不灵，我们与一线教师只是岗位不同，分工不同，都是在为大四中发热出力。仰望天空，我们不是太阳，也不可能是太阳，自然不是中心，但我们也不愿是月亮，不能靠太阳被动反光，我们是星星，虽然不是天空的中心，也不可能有这么多中心，那么我们就站好自己的位置，发好自己的光，而且发的要是热光，而不是寒光。众多星星的职责就是闪自己的光、发自己的热，让黑夜星光灿烂。我们不仅能发光，而且要发光！不是被动的，是主动的，大四中的荣耀和我们紧密相连！生活中也是如此，有舞台我们唱戏，没有舞台我们自己也要唱；不是主角不要紧，唱好配角也不容易；有掌声我们卖力唱，没有掌声我们自己给自己喝彩。有肯定更好，没有肯定照样干，有人关注更好，没人关注不伤心，为自己活，活出自己的精彩！

我们要站好自己的岗，上好自己的班，看好自己的门，完成分内的事。不要与老师比，他们有早自习，晚自习，要改作业要阅卷，要找学生谈话，没有过多强调坐班。但是我们处室人员主要在白天正常上班，其他特殊情况，如加班有加班费、值班有值班费，所以必须强调白天坐班。过去美国总统肯尼迪说："不要总是问国家为你做了什么，你要常问自己为国家做了什么。"现在我们要多问自己为学校为教育做了什么，而少问比别的老师比别的行业少发了什么。我们每个月发的岗位津贴、基本工资加起来虽然不多，但是一周五天上班，你做了什么，做了多少？有多辛苦？有多大压力？教学一线老师比我们辛苦得多压力大得多！我们都要对得起国家、人民和纳税人！

现在各单位都在清查吃空饷问题。我以为吃空饷有两层含义，一是有岗不上拿工资叫吃空饷，还有一种是有岗不好好上，也对不起那点工作，同样也应该叫吃空饷。历史证明，一个国家一个民族如果只给待遇不好好干活，社会上庸懒散养的闲人太多，这个民族国家是没有前途的，早晚是要堕落毁灭的，一个单位也是如此……

（2015年1月22日）

激情教学　阳光课堂
——李自斌讲课风格追求

　　【前言】人过不惑之年，投身高中历史教育已经22个年头，也该对自己的教学风格进行总结、提炼，以便自己沿着适合自己特色的道路前进，学习别人的，归根到底是探索自己的。面对日新月异的教学改革，我始终是一名永不言老、永不成熟的新兵，执着走，不回头！

　　每位教师都应该结合自己的实际，探索属于自己风格的课堂。因为只有自己的风格和特色，才能吸引学生，才能把课上得精彩！我的性格阳光大气，我的语言激昂向上，我喜欢演讲鼓动，我爱好相声小品，我鉴赏说书、快板，我收集谚语、歇后语，我关注民俗风情，我逐渐爱上了中学教育事业，我愿做教育的守望者，我愿做学生成长的助长者，于是20多年的教学课堂上，我饱含激情，我寄予理想，我不断尝试，我追求成功，我逐渐形成自己的教学课堂风格，归纳起来那就是"激情教学、阳光课堂"。

　　我对"激情教学、阳光课堂"解读的内涵是：（1）民主的原则：体现在"阳光"二字，我的课堂是阳光不是激光，是面向全体而不是个别。太阳能量巨大，她阳光普照，辐射万物众生，而激光能量有限，且能源集中，聚焦一处，只是指向个别精英。（2）向上的原则：体现在"激情"二字，我用自己的言行示范和感染，永远传递的是正能量，鼓励我的学子积极追求进步，敢于克服困难，不屈不挠，挑战人生，"逆境不久，强者必胜"是我讲得最多的话题。（3）有效的原则：只有学生接受的方式才是有效的方式，只有学生感兴趣的模式才是容易接受的模式。"阳光"的温暖和"激情"的冲击，让鲜活的生命更有活力，让有限的课堂更有效果。

这些年，作为中学历史教师，我做了以下努力。

首先，形象服饰要鲜亮。 我要求自己的服装不一定上档次，不一定是名牌，但是一定颜色亮丽，干净整齐，让人耳目一新。夏秋天我喜欢上身红T恤，下身白裤子；冬春天我则是正装上衣，下身是深蓝色裤子，不追赶潮流，不老土落俗。作为男教师，3天一洗头少头皮屑飘扬，每天刮胡子保持面容干净。我非常自豪自己的头发，发黑质硬，40岁以后没有一根白头发，更没有大量脱发聪明绝顶。过去年轻时留小平头精神抖擞，现在则是传统堆头沉稳大气。场合不同，我也注意服饰不同，例如重大活动，我也西装革履，扎上鲜艳的领带，让人感到帅呆了。只要在校园里，我始终走如风，坐如钟，站如松。上课前绝对不吃大蒜、韭菜等食品，每次课前在整衣镜前面站一站很有必要。我一直要求自己，一旦出现在学生视野里，"每次出场必须闪亮登场，每次站台总是走到中央"，传统样板戏《智取威虎山》中的英雄人物杨子荣登场亮相的表演细节对我影响很深。

其次，开课起立要洪亮。 必须先声夺人，气势到位。每次我课前在教室门口静候，上课铃声响后，我面带微笑，大步流星，面对全体，声音洪亮，大声指令："上课！"让音量立即充溢教室四方，令人为之一振，宣告一节课开始，待学生起立师生相互问候以后，我逐渐移动目光，环视全体学生，标准地对学生鞠躬，再来一声"坐下"，一节课就在高起点的氛围中开始了：干净利落，情绪高昂。我有洪亮的嗓门、激昂的语调，我相信情绪是相互感染的，我相信我的语调是良性感染的，师生能够互动，一堂课自然就会顺风顺雨。良好的开端是成功的一半，我反对授课老师开课的随意性，站不直、声调低、无表情、不看人，学生跟着老师走，老师随意学生也就随意，别指望学生当回事，毕竟课时多，学生上了一节又一节，又将在沉闷与单调中再度过一节。人不尊重自己，指望别人尊重自己是不现实的，我一直强调"别人可以瞧不起历史学科，但是自己不能瞧不起自己的专业"，历史学科作为学生心目中的小学科，我们自己可要将它当回事哟，有作为才有地位，这种积极心态将启迪学生明白"自立自强自重是赢得他人认可的前提"的人生道理。潜移默化，言教不如身教！

其三，驾驭课堂要多样。教师主导、学生主体是课堂的基本要求。老师如何导很重要。我比较注意讲课的节奏、语调的调节变化。正如乐曲一般，如果调子始终重复不变，就容易单调和枯燥，学生坐在那里，时间一长，容易昏昏入睡。为此我注意学习相声和评书的艺术风格，突出重点内容时，一字一顿吐词清楚、抑扬顿挫有节奏感，在叙述过程中，可以快速激进铿锵有力，汩汩滔滔一泻千里。随着我的语言陈述、语速升降，我可以声音洪亮，我可以嗓门沙哑，我可以豪情万丈，我可以低吟沉痛，有肢体语言，有面部表情，有比方举例，有幽默故事，音质不好也敢唱，表演不好也敢串，进入角色，投入状态。歇后语、歌谣、口诀、俗语等等，在强调专业的前提下只要便于学生掌握都可以采用。我表情丰富，两眼发光，讲到兴奋时手舞足蹈，妙语连珠，思维敏捷。我认为激情是贯穿整个授课过程的一种感染力，一种让学生感到你的拼命的精神和投入的状态，通过老师的行动、语言、语调和发自内心对教学的热爱都将体现得淋漓尽致。当自己讲得津津有味，课堂气氛活跃，学生积极响应，课堂充满欢乐和笑声时；当自己讲得滔滔不绝，课堂凝神聚气，学生聚精会神，流露出渴求、赞赏的眼神时，我的教育幸福指数立即飙升！生活千烦劳万烦劳，进了课堂忘烦劳啦！

其四，内容辐射正能量。历史必须发挥教育功能，"逐步形成对国家、民族的历史使命感和社会责任感，培养爱国主义情感，树立为祖国现代化建设、人类和平与进步事业做贡献的人生理想"。我的历史课堂内容始终坚持三个原则：损害国家民族利益的不能讲；反党反社会主义的不能讲；违背人性伦理道德的不能讲。教师的职业操守使我深深明白：不能迎合学生哗众取宠而肆意妄为；可以通俗但是绝对不能庸俗；形式可以活泼多样，但是内容绝对不能走样；思维可以活跃，但是原则底线不能放弃；头脑可以解放但是嘴巴必须管住。我们面对的是未成年的学生，他们的世界观尚未成熟，对社会的认识不全面，责任感和担当意识不强，思想容易走极端，我们有责任引领他们。历史人文教育的素材很多，要通过我们的引导认识人世间的真善美，激励学生超越自己。所以热血沸腾的语言、积极向上的故事和令人启迪的格言可以使学生振作起来，使他们感到生命充满力量，产生想冲向和拥抱整个世界的感觉。对学生要动之以情，晓之以理，以自己的情绪取向感染学生、感动学生，得到学生的认同，学生就会和你一样对生活、对明天充满热烈的期盼。我努力坚持内容烂熟于胸，教法得心应手，讲解洒脱自如，主题紧扣时代，这样课堂上既让学生收获丰富的知识，又让学生收获生命成长的正力量，催其奋进，这就是我追求的师道。

其五，注重细节不走样。细节决定成败，维护完美的形象必须和细节结合起来。一切都要细心，在细心中准备，努力将讲课由一门技术提升到艺术。台上一分钟，台下十年功，备好课才能讲好课，要知道学生想什么，如学生不喜欢拖堂的老师，所以铃声一响，我立即收尾："要知后事如何，且听下节分解！"当然若能把控好时间，将结束语与下课铃相伴最好；如布置的作业质量不高、量又大又不批阅检查，学生不满意，所以我的作业向来是少而精，让学生感到没有做完实在是自己的错，对不起老师；如不管作业训练还是提问，学生需要认可，所以评价时赞许的肯定句比责问的反诘句更温暖人心；如学生不喜欢发脾气的老师，特别是反感将对个别学生的情绪撒到众生身上、实行集体连带的老师，所以我就区别对待、注意场合。我反对对中学教师按照大学教授的学术水平要求，中学教师就是中学教师，不是大家更不是大师，不必要学术高深，要将复杂的问题讲简单，而不是将简单的问题讲高深。同样我们面对的是中学生，而不是大学专业生、成年人，所以我们更要学会弯着腰平视，精心设计让学生跳一跳、能够能力提升解决的问题，不以考倒学生为荣来展示自己。我认为用自己现在的水平去要求评价比自己小许多的学生是苛求的、不道德的，退转20年，自己的水平又会怎么样呢。轻易地脱口而出"某某笨死、脑子灌水"评价我们的学生，是我们教师自己脑子灌了水，学生是鲜活灵动的生命体，学生是有思想有感情的成长人，所以尊重我们身边正在成长的学生，相信他有些方面现在就比我们强，相信他将来一定比我们强！老师是学生平等交流的朋友，而不是高高在上的长者。许多生活例子说明：老师的威信是靠学识和师德而不是靠摆架子支撑的。

20多年来，我一直充满激情，毫不厌倦。有时候同样的内容讲许多遍，我充满激情，因为我总在反思教学，期待下一遍讲得更好；有时候同版本的教材反复用，我依然充满激情，因为我每次备课都有新感受新收获，讲授的学生对象变了，我的思路也调整了，但是我的激情没有变，真正体会到教学相长的甜头。岁月流逝，我心依然年轻！

我的魅力在激情，我的特色在阳光。激情不是无缘无故产生的，阳光不是永远都愿辐射的，我的激情和阳光根源于浓厚的专业兴趣、强烈的事业责任和真挚的仁爱之心，这是永不枯竭的源泉。因为我爱教育、我爱学生、我更爱生活！

（2014年9月26日）

新学期我的课堂教学新追求

2015年，人生步入秋天，应该属于成熟的岁月，但是教学追求永无止境，刚才看了上学期学生对我的教学评价，除了大量点赞给我鼓舞之外，我应该更加精益求精，每次进步一点点，做一名课堂更加展现迷人风采的名师。

1. **依然注意形象亮人**。学生对此一直高评，平时面容、头发、服饰、举止等细节继续保持。头发时常打理，注意及时洗头去头屑；胡子要常刮，面容光鲜；衣服及时更换，不要档次高，但是得体整洁；少吃葱蒜韭菜，不抽烟，保证无异味，进教室前要照照正衣镜；只要在学生视野内，都要精神饱满，充满活力，用举止感染学生积极向上。

2. **继续改善书写质量**。书写不好是我的硬伤之一，经学生提醒后，上学期比过去黑板板书有所进步，这次学生评价也指出和肯定了这点进步。随着个人年龄增长，书写想大变不现实，但是小变完全可以，不能王跛脚以歪就歪，活到老追求到老，让学生更满意。板书哪些，如何板书，一定提前设计思考，有所取舍，减少书写量，提高书写质，分清正副板书。板书要达到：首先能系统体现授课思路主要知识，其次必须让学生能迅速抄写笔记唤起思考，其三才是尽量有特色地美观。用个人行动给学生一个人生理念：改掉坏毛病，什么时候都不晚。

3. **继续操练特色语言。**普通话不好是我的硬伤之二。虽然不标准，但是最好不要读错字别字，有地方口语尽量憋一些，要逐渐拥有自己特色的语言风格，激情、逻辑、顺口溜、歌谣、恰当类比，这是我的语言优势，努力让学生对知识理解掌握通俗化，书面表达专业化，一定要使用适合学生年龄特点的词语，拉近心理差距，与时俱进，打造李氏特色的课堂语言模式。调查发现学生不赞成我用PPT，喜欢我激情演讲式讲课，我只有发扬光大讲授教学了。

4. **多些耐心做老父式老师。**现在学生的父母年龄与我相仿，我从内心将学生看做自己的孩子，时不时流露父爱的举动很正常，虽然大多时间我都是和蔼可亲，耐心细致，但是上学期针对个别学生的学习态度，我有时暴露恨铁不成钢的严父情结，结果忍不住对全体学生发过几次火。提醒自己做个老父亲，多些耐心，多些容忍，学会等待学生成长成熟，处理好自己学科教师的角色，争取本学期不发一次脾气，让自己更稳重更成熟。学生不喜欢发飙的老师，不管你的出发点是什么！

5. **做学生找得到的老师。**说一千道一万，不管自己职务工作再忙，既然做了教学教师，就必须保证师生接触的时间，要让学生答疑辅导找得到人，不能老是神龙见首不见尾。除了上课必须准点到达外，必须留时间让学生找到老师。不要让学生理解自己工作忙，须自我加压要求自己满足学生需求。调查发现学生不赞成我课间提前到教室，他们自由放松不方便，我可以注意这点。如果下节没有课，讲完课后我可以在教室多停留一下，满足个别学生问问题；与学生约定固定时间，何时呆在办公室等大家答疑，提前告知。每次大考后必须留时间帮助学生分析试卷。讲课是面向全体的，也要重视个别辅导。讲得好更要考得好，没有落实一切枉然！

新学期开始，研究学生上学期结束时我个人进行的教学书面调查，特要求自己以上5条落实。学生的需求就是我的追求，让学生满意是我的目标！

（2015年2月28日）

师德劳模的那些事儿继续在演绎

李自斌，湖北省特级教师、湖北省劳动模范、全国优秀工作者、华中师范大学特聘硕士研究生导师、襄阳市劳动模范、襄阳市十佳师德标兵、隆中名师，大学期间1991年入党，25次荣获基层优秀共产党员和优秀党务工作者等光荣称号。

他1992年大学毕业，先是分配在基层山区县南漳一中工作4年，由于工作业绩显著，1996年调入湖北省重点中学襄阳四中工作至今。在他的业务档案中，一串串数字记载着他的青春足迹：23岁参加工作，从事高中教育24年，担任班主任14年，其中担任管理难度大的文科班主任12年，目前共带完高三12届，多年担任高三学科备课组长，始终奋斗在教学第一线。每届高考所带班成绩发挥出色，自认为"高考教学和管理没有失过手"。他的第一届学生1995年单班破学校建校50年以来文科高考历史纪录，该地区前10名他带的班囊括6人，文科状元、榜眼出自门下，那时他26岁；最为自豪的一届是2003年担任文科平行班班主任，该班考上北大、清华2人，其中1人获2003年襄樊市高考文科状元，创造全市恢复高考以来文科班上北大、清华2人的纪录，那年他34岁；最近的一届是2013年带文科实验8班，北大、清华录取3人，其中杨曦631分、李宁如630分名列全省文科前10名，此外本班过重点线72人，创造文科上重点大学总人数超90%的纪录，为本校高分段人数全省文科第2做出了贡献，这年他44岁。人生有几个青春时代？冲在高中教学教改的最前沿，在火线上亮剑、在浪尖上跳舞，他感到幸福、感到踏实、感到自己人生的价值所在！他的美好时光在校园里、在课堂上、在学生身上！

"激情评书很投入，生动形象受感染，提问针对有启迪，善于总结讲方法"，这是学生对他的评价；"有水平，很务实，循循善诱有耐心，教育育人有爱心"，这是家长对他的印象；"德的表率，业的标兵，做得比说得更多"，这是同事对他的认识；"他办公室的灯总是最后关，经常晚上把他锁在教学楼里"，这是教学楼管理师傅的回忆；"平时见面很热情，一年四季每天总是出门早回家晚"，这是家属区的门房师傅的介绍；"工作狂，即使放假，肯定又在学校里"，这是家人无奈的理解。

他确实因教学水平被评为"襄阳名师"，也因师德表现被评为"襄阳十佳师德教师",更因关注青少年心理健康成长被评为"全国校园心理辅导之星",20多年,年年被评为优秀共产党员,秉性不改,本色不变。"是金子终究会闪光",这是他信念的追求,所以他脱颖而出,从山区基层走来;"小学科大作为",这是他教学的追求,所以他成为资深的高考状元升入北大清华学生的班主任;"做不了太阳做月亮,总要带些光和亮"是他的道德追求,所以他走到哪里正能量就传到哪里,一路阳光一路欢歌一串故事,因为他愿意。

故事一:十年假期自习室不谈钱

2016年2月10日,正是新年春节正月初三,上午8点刚过,一位中年男教师又像平时一样按时出现在襄阳四中的校园里,走在寒假的校园,没有往日的喧嚣,显得空荡荡的。他穿过樱花大道,在至善楼前停下,掏出钥匙,打开一楼多媒体教室,门口的展板赫然写着"寒假自习室"五个大字。他将教室所有的灯打开,这样光线好一些,再将室内扫扫、垃圾倒倒、桌子摆摆,然后静静地等待学生的光临。不久,来自市区的各年级学生背着书包鱼贯而入,很快坐满教室,不管熟悉不熟悉,都是积极上进的好孩子,他用父辈的眼光静静地看着,享受着这种幸福……

他就是李自斌!春节亲友走动多,学生放假在家却难有安静的学习环境,李自斌想到若将学校的空闲教室资源利用起来,自己来照管,不就解决了学生的心愿?2007年他是高三的年级主任，肩负着2007届高三的备考重任，也肩负着这所省重点中学的声誉。平时老师们压力大休息少，又是个春节，好不容易有个假期，安排谁来值班他都开不了口，那么就自己吧！为此他放假前贴出了公告："寒假时间虽然有限，如果能够静下心来，大有作为！特别是家住学校附近的同学，在学校寻一方净土、远离喧嚣，在一安静无干扰无诱惑的环境中做作业、看书学习将是何等快意！"自此自习室开设一发不可收拾，从2007年到2016年，一开就是10年，年前从放假开始一直开放到腊月二十九，年后从正月初三开始一直开到全校正式开学。这十个春节他没有踏踏实实完全休息过，更谈不上出远门旅游，就是回老家过春节，也是腊月三十当天中午去、下午马上回。

开设假期自习室，市区的学生首先得益，交通方便，虽然学校不提供食宿，但是有老师管理，学习氛围浓，效果好，所以一到假期，各个年级申请、家长呼吁、学生打听，寒假自习室就变成了假期自习室，寒假办、暑假办，甚至平时长假也有学生要求开，逐渐成为襄阳四中一张教育活动的品牌。

李自斌最担心的是安全问题。放假期间校园只有值班人员，学生流动性大，来自全校各个年级各个班，从家里到学校，上午、下午、晚上各一次，有的学生刻苦中午就不回家。如果个别学生来回路上出了安全问题谁负责？有好心的同志提出这个责任问题：搞得不好，自斌好心办砸事，吃不了兜着走！李自斌只有将工作做得更细，好事还要办好。

自习室越来越得到社会的认可。今年春节，不仅有在四中就读的市区学生来了，不愿过早回家过春节的学生住在亲友家的来了，甚至过去的老"粉丝"们如今上了大学放了假也背着书包来了，有的是准备考研、有的是自修、还有的是重温旧梦。据参加自习的同学们传播：2012年四中毕业的考取北大的张旅欧同学也悄悄坐进自习室。由于校园悬挂有近3年北大清华校友风采照片，所以张旅欧被悄悄认出又悄悄传播，大家自习的热情更高。很感人的是个别家长晚上也带上书坐在自习室里，既陪了孩子，也自己学习。正如一位女家长所言："自习室学习氛围浓，我就不敢出声，自己也被净化了。"

这些年李自斌一直默默地坚持着这项活动，社会家长都知道襄阳四中常年办假期自习室，却不一定知道主要是李自斌一个人长期在做；都知道是以襄阳四中的名义举办，却不一定知道这些年李自斌一直是义务在做。10年，李自斌从年级主任到现在的教务主任，自习室开设假期值班累计至少在200天以上，他从没有提过报酬，从没有为此领过一分钱值班费。作为教务主任，他不制加班表，谁也不知道，他不说实情，谁也不知道！

10年春节没有休息，10年自习室没有一分报酬。这时代不谈报酬不谈钱不声张，李自斌可以算一个。

故事二：七次救火救人从不留名

李自斌，1米67的个头，既不强壮也不高大，但是正如小品所说："董存瑞个不高，关键时能举炸药包！"平时貌不惊人的他，倒有许多大胆之举。

提到救火，他好像这一生与火有缘，从高中读书到现在他至少主动参与过6次救火。高中2次，第一次是1986年，他读高一正在教室上晚自习，旁边的高二男生宿舍失火，他闻讯与部分同学冲到现场，在老师的指挥下，他闯进燃烧的寝室，抢被褥拖木床，而自己在混乱的人群中被踩掉一只胶鞋，只好光着一只脚抢救学校财产，直到火灾后的第二天他到现场才找到自己的另一只胶鞋。大学2次，1991年他读大三，中午时去青年教师筒子楼拜访一位大学辅导员，刚好一楼简易厨房的一位教师家属炒菜操作不当，煤气罐的皮管脱落，煤气直接喷射到炙热的煤气灶周围，整个小木房迅速燃烧，先后进去的两名教师都被烧伤，煤气罐气温升高随时可能爆炸，殃及整个宿舍楼。当围观的人群正在七嘴八舌时，李自斌已经毫不犹豫地冲进去，农家出身的他从来没有使用过煤气罐，自然也不会关阀门，不知道哪来的勇气哪来的力气，他抓住不断泄气的煤气罐奋力向外拖，将厨房的木门框都拖散架了，煤气罐居然被他拖到外面的空旷场地里，当随后赶到的消防队员忙着用水枪喷射冷却时，李自斌已悄然离开现场，最后学校对受伤的两名教师进行了表彰和慰问。20年后他回大学母校，才与同学谈起此事。他笑曰："我没有受伤，所以也没有被表扬。"他参加工作又遇上一次，作为2000年北京科技夏令营的带队老师，从襄阳市区出发途经老河口的路途中，发现旅行车辆运行异常，前面发动机忽然起火，现场的他命令男生开门砸窗，果断疏散车上50多名学生，5分钟后车厢迅速燃烧，他虽然手指受伤、眼镜被挤掉烧变形，但学生安然无恙、物品大多完好。最近的一次是2010年冬天临近春节晚上11点左右，准备休息的他在阳台收东西，忽然发现对面四楼外阳台由于市民燃放的孔明灯飘落燃烧阳台堆积物，火光冲天，他着单衣穿拖鞋疾奔五楼，敲开不熟悉的房门，一对老夫妻在家，他立即操起盆子朝楼下阳台泼水，经过呼救中赶来的邻居帮助，虽说阳台的杂物烧了，但是熊熊燃烧的火焰没有上窜到楼上的空调机，也没有殃及周围的人家，完全控制在外阳台，小区的安全保住了，又是一个祥和的春节！

2013年冬季一个周六的黄昏，李自斌在护城河的荟园散步，冬季天黑得早，5点多钟已经没有什么人，李自斌正准备走上前面10米左右的一座拱桥时，一名老者骑着自行车迎面上了拱桥，摇摇晃晃的，他正疑惑这个骑车者上坡为何不下车推行时，那位老者已开始边骑边滑，向拱桥的旁边倾斜，可是老者四肢不便，只有听任摔倒，李自斌一个健步冲上去，一手抓住老者的衣领，一手抓住自行车把，老者没有继续下摔，自行车篓的蔬菜食品倾撒一地，乖乖，拱桥3米下面是乱石水塘，又是冬天，又快春节，李自斌一边说："人重要，命重要，东西不重要。"一边将老人拖拽到安全地方坐下，然后将他的自行车搬到平坦地方。一打听，老人家已经72岁了，跟李自斌的父亲同岁，李自斌责怪道："老人家您年龄这么大，都70多了还骑自行车？胆子够大了！以后少骑车多走路！"就像儿子在劝老父一样。惊魂未定的老人坐在那里充满感激，连连称是。回到家里与爱人谈起此事，爱人担心地说："现在电视天天在报道老人大街摔倒扶不扶的问题，好心惹麻烦的事太多，你胆子真大！"李自斌说："当时哪想得这么多！"生活中别人有困难，不管熟悉不熟悉，顺手拉一把，对他来讲，都是常态之举。

故事三：七天超负荷从不叫累

荣誉不是资本，而是更加敬业的动力。2014年3月初的一周最能体现李自斌的工作量。他本身是一名学科教师，作为处室正职干部，带一个班就是满教学工作量，但是他带了两个班，然后又担任学科备课组长，当月由于特殊情况，年级一个班班主任没有合适人选，年级主任亲自到教务处请他出山，他二话没说，答应了。此外他还每周六全校值班，还担任轮流值周校长，全校巡视。这样值周校长—教务主任—班主任—备课组长—学科教师多个角色同时扮演，有同事戏称李自斌将学校所有职责全兼了。从白天到晚上，从周一到周日，从教室到处室，从高一到高三，都是他工作活动的范围。过去全国有个校长同时兼任班主任带两个班语文课，了不得！但毕竟是义务教育阶段，教学压力小，而在一所90多个班、6000多师生规模的省重点高中，既是教务主任负责全校教学组织协调，同时兼班主任兼备课组长带多个班，好像李自斌破了这个纪录。

李自斌常说："我是革命的一块砖，哪里需要哪里搬，盖了大厦不骄傲，砌了厕所不悲观。"22年来，他用行动印证着这句话里蕴含的平凡和伟大，他像老黄牛一样年年超负荷运转，在高中的教学田野上奋力耕耘，身后留下了一串串扎实、厚重的脚印。最苦莫过1998届，妻子身怀有孕，没有人照顾，他牺牲了家庭，早起晚回依然忘我地战斗在教学楼，周六下午难得的休息时间，他没有给妻子和未出世的孩子，而给了学科短腿的学生，义务为他们补习。这一切使当时不知内情、补习偶有迟到的学生至今内疚不已。孩子出生日期在高三的5月统考期间，李自斌没有请假，白天上班，深夜坐在产后的妻子及婴儿的床前，一边哄婴儿换尿布一边阅卷，困了在床沿打个盹，就这样在中心医院度过了两个漫漫长夜。医生和护士感叹地说："难怪四中的教学质量这么高，原来有李老师这样勤奋、敬业的优秀教师啊！"

　　最累莫过1999届。5月份，高考、会考两线作战，李自斌周课时工作量已突破30节正课，每周五个晚上从6：30—10：30交替穿插在高三、高二五个教室三个楼层，有时同时进行。高三要讲要练、高二要督要查，一点也不能马虎。学校领导为此也想过借调教师救急的办法，但因种种原因没有解决，找他谈话说："李自斌，千斤重担你也要顶着！"他二话没说，接过了这副寄托着学生及家长无限期望的沉甸甸的重担，整整两个月他咬紧牙关，奋力拼搏，不仅自己所带高三班级历史学科的高考总休情况名列年级第一，而且高二四个会考班无一人补考。事后连他自己都不敢想象能创造出这样辉煌的奇迹。他说："当时我唯一的念头就是挺住，挺不住再住院。"这对一个连续多年奋战在备考一线的老师来说，支撑他克服疲劳超负荷运转的信念，就是党性，是对教育事业的满腔热忱！

　　这些年李自斌一直忙碌着，也一直让自己忙碌着，他实在闲不下来，也不愿意让自己闲下来，每天早晨6点多自然醒了，总觉得心中有事，立即起床到校园转转，到办公室坐坐，到教室走走，他心里就踏实多了。晚上很晚回家，他觉得晚上安静，可以读些书、写点东西，不受干扰，思想自由驰骋，很美。他常对别人说："干部不是当官做老爷，而是部门干事的。"他要求自己每天第一个开处室门、烧办公室第一壶开水，办公期间窗帘是拉开的、大门是敞开的，随时欢迎大家检查、交流。

2011年他被评为襄阳市劳动模范，2012年被评为全省劳动模范，2015年被评为全国优秀工作者（全国劳动模范），在表彰大会上，受到过市、省、中央领导的接见，特别是2015年"五一"前受到习近平总书记和全体政治局常委的接见，每次表彰回来后他总是悄悄地收起勋章与绶带，又像往常一样迅速投入紧张的工作中。荣誉代表过去，追求没有止境，脚步没有停止，精神依然饱满，李自斌捍卫着劳模的荣誉，不断制造新故事，诠释新时代的劳模内涵。到目前为止，李自斌在省级以上刊物发表教育论文30多篇，获省级以上教育论文奖11次，主编、参编著作8部，撰写教育随笔100篇。按照习总书记"大力弘扬中华民族优秀传统文化"的指示，他开发主持的校园道德讲堂系列讲座《弟子规解读与青少年道德养成》已经4年，累计35000人次受益，又将成为中学教育的新亮点！

（2015年6月）

后 记

我是一名来自基层的教育工作者，从山区到市区，从普通高中到重点百强；从青年走向壮年，岁月已逝，激情犹在，始终战斗在教学第一线，始终没有离开过三尺讲台，始终走在孩子们心间。

作为一个普通教师，一晃20多年，我从职业上排斥教育到钟爱教育，情感上经历了从爱教育到爱学生、爱生命的转变。作为一名历史教育工作者，对于孔子有着特殊的情结，他是交汇在历史人物与教育家之间的圣人。我虽然没有圣贤伟岸的志向，但是古代读书人"立德立功立言"的追求倒是时时萦绕心中。我从科任教师到班主任，逐渐参与教育教学管理，经历多种教育岗位后终于在年级主任、教务主任岗位上更有机会全面思考、全面实践，难得襄阳四中的广阔天地促使我在此耕耘乐此不倦。

很多时候我在想，在这世上走一遭，好坏总得留下些什么做纪念吧。这种想法在40岁以后就逐渐明显。立德，谈不上，我一直善于反省自己，尽量多做好事善事，别人理解也好不理解也罢，我慎独自己不受干扰，只要认为有利于他人的，我都做，所以修炼品行，加强道德，注重礼仪，低调内敛，弘扬传统文化。现在我是师德标兵，我是劳动模范，荣誉达到全国，不敢再需要荣誉了。立功，也谈不上，我就是干好自己的行当，得天下英才而教之，桃李满天下也很快意。已经带完12届高中毕业生，我现在评了名师，成了特级，这是中学教育者的追求。立言，我思故我在，我一直思考很多，很喜欢独自漫步读书遐思，与自己对话，与古人交流，高中大学时记日记，参加工作后写反思。工作之余，有人喜欢喝酒打牌聚会热闹，我从不羡慕，我就喜欢看书思考独处，我手写我心，记录成为我生活的习惯，离离拉拉20多年，加起来也就有了不少的文字"垃圾"了。

这些文字"垃圾"到底是伴随着自己老去一把火毁掉，还是留在世上反映一个普通教育工作者的思考历程呢？我一直很犹豫，比起理论大家来，我的这些都是小儿科，没有理论支撑，全是实践随感，我之所以将每篇随笔的时间标上也是体现这种思索的痕迹。我想到了苏霍姆林斯基和陈鹤琴这两位影响我的教育实践家，观察写实也是科研的一种方式，贵在坚持不懈，豆腐块千字文为主，没有高大上的，全是接地气的，满满的正能量。我就是我自己，为什么不让它存在呢？所以真实的、自己的、原汁原味的，这是一名基层教育工作者的本色思考与实践。

真正让我有信心整理出来的原因有三点，一是2015年"五一"前到北京人民大会堂接受颁奖，像过去的王进喜一样成为全国模范，我感到非常幸福和荣光，我觉得自己应该为时代发声，站在自己岗位发声；二是2015年夏季到武汉受洵师湾邀请为湖北省骨干教师混合式培训讲课，我主要讲了自己的成长经历，大约两个半小时，现场和网上引起同行极大的共鸣，这是我没有想到的，因为平凡的人说真实的话，这也极大地鼓励了我继续追求；三是自己儿子走向高三，态势越来越好，既有他的老师和学校领导长期的培养，也有我和爱人长期悉心的家庭教育，我们夫妻都是教育工作者，也一直将孩子作为自己教育科研的样本，从娃娃就开始抓起。特别是在孩子高考的关头，我连续写了系列备考家书，不仅孩子看，也转发在校园博客或者微信群中影响周围许多人。

现在，当时间推移到2016年盛夏时，伴随着高考成绩揭晓，孩子湖北高考693分，另有清华大学40分加分，已经被清华大学协议录取，我可以给自己人生一个阶段性的交代，我以为很满意。不管是个人是事业是家庭是孩子，我都满意。我曾经与孩子约定，你在努力，爸爸也没有闲着，希望你在拿到大学录取通知书时，爸爸也将拿出一本个人著述，现在正是我编辑冲刺的时候。因为这本书意味着我人生一个阶段的结束，同时对我来讲，也是一个新时代的开始，成为襄派教育家已经越来越成为我的信念和追求！

出书的念头一出现就赶上机遇，一次偶然聚会我遇上我10年前的学生，从事出版工作的张莹女士很是鼓励我将随笔整理出来，因此书稿付梓印制凝聚着她的团队的心血智慧。此书的书名来自10年前在华中师范大学，当时程红艳老师给我们教育硕士带教育学，作为一名在职读硕的中学教师，受她的邀请曾给本科师范生做专业追求的讲座，当时的标题就是"守望中学教育"。后来感到不仅要守望教育，而且要幸福守望教育，用自己的切身体验阐述一种新的教师幸福观，感染更多的同行投身基层教育，所以书名就定为"中学教育的守望与歌唱"。因此也就邀请程红艳博士为此书写序，

10年没见，忐忑中告知，不想老师欣然答应，只当是我把晚交的教育学作业呈现给老师。

此书不指望显名追利，只是供教育共鸣者赏玩而已，所以阅读对象可以是高中学生、高中学生家长和高中教师，如此而已。最后感谢我的爱人叶红云长期对我工作的支持和前期资料整理，更要鸣谢刁竞先生对本书智慧的付出，没有他的努力就没有此书的顺利出版。

2016年6月，李自斌于襄阳四中